滨溪集

BIN XI JI

万竟君 著

天津出版传媒集团

天津古籍出版社

图书在版编目(CIP)数据

滨溪集 / 万竟君著. --天津：天津古籍出版社，2022.7
ISBN 978-7-5528-1244-2

Ⅰ.①滨… Ⅱ.①万… Ⅲ.①文化史–桂林–文集 Ⅳ.①K296.73-53

中国版本图书馆 CIP 数据核字(2022)第 124096 号

滨溪集
BIN XI JI

万竟君 / 著

出　　版	天津古籍出版社
出 版 人	张　玮
地　　址	天津市和平区西康路 35 号康岳大厦
邮政编码	300051
邮购电话	(022)23517902

责任编辑　杨　颖
策划编辑　张福寅
美术设计　高馨月

印　　刷	天津午阳印刷股份有限公司
经　　销	全国新华书店
开　　本	710 毫米×1000 毫米　1/16
印　　张	16.75
字　　数	189 千字
版次印次	2022 年 9 月第 1 版　2022 年 9 月第 1 次印刷
定　　价	79.00 元

版权所有　　侵权必究
图书如出现印装质量问题，请致电联系调换(022-23517902)

目 录

小 引 I

第一辑　历史地理与经济研究 1

20 世纪以来关于秦汉古象郡的争论 2
秦汉象郡问题的再讨论 8
东晋南朝庄园经济试探 17
庄园制、小农经济与农民战争 25

第二辑　历史人物与文化研究 35

贵攻心遗爱人间：西晋·羊祜 36
中流击楫誓言壮：东晋·祖逖 39
风声鹤唳丧敌胆：东晋·谢玄 43
月夜量沙避强敌：南朝宋·檀道济 47
宋初科举制和《册府元龟·贡举部》的编写 50
宗徽宗《神霄玉清万寿宫诏》碑考略 58
金石学奠基人赵明诚 62
重温七十年前名诗《哀沈阳》 71

第三辑　桂林历史文化研究 81

汉始安县建置问题 82
漓江源头之争刍议 85
临桂南陡河的历史和现状——南陡河的初步调查 92
桂林古代的人工河道 102
论桂林古代人工水道的兴建缘由 119
试论南宋末期桂林的城壕建设 140
宋徽宗崇宁癸未奖谕敕书——记桂林龙隐岩一件已毁的重要石刻 149

桂林定粤寺大钟铭文考释 ······················· 154
　　定粤寺大钟与孔四贞 ························· 167

第四辑　论著序跋集粹 ······························ 169

　　《崔颢诗注》前言 ··························· 170
　　《崔国辅诗注》前言 ·························· 174
　　广西的民族问题碑刻——《广西历代民族问题碑刻校释》前言 ······ 178
　　醉心金石　妙擅丹青　情结砚刻
　　　——介绍林汉涛先生精心力作《桂林历代名贤砚石造像》一书 ····· 187
　　闲看云起云收——介绍《邓福觉水墨山水》巨册 ············ 190
　　谢世湖著《指书艺术》序言 ······················ 192
　　《实用文物珠宝钱币鉴定》后记 ···················· 194
　　百家荟粹　百花争艳　——介绍《明清名人名联选》赏析 ········ 195
　　绵远深厚的叠彩文化　——《叠彩联话》前言 ············· 205
　　《叠彩联话》后记 ··························· 220

第五辑　往事如昨：问学忆师友 ·························· 223

　　幼年的艰辛求学之路 ························· 224
　　高考与初入大学学习杂忆 ······················ 228
　　大学学习生活的雪泥鸿爪 ······················ 232
　　几位老师的风采一瞥 ························· 244
　　春风化雨　热心后进——纪念万仲文先生百岁诞辰 ·········· 255

后　记 ······································ 257

小 引

这里汇集的30多篇文字,是我在20世纪八九十年代在授课之余写的一些东西,这并不是说以前没有写过东西。其实我在青年时代也为报刊写过许多东西,也出过书(书名《秦始皇的故事》)。但这些都是当时应景之作,就像我在学生时代和青年时代办过不少墙报、黑板报一样,写过许多文章、写过许多诗词一样,是一时的应景之作,就不去管它了。

记得1979年秋天,我刚结束了为期四年的《辞源》修订组工作。回到广西师范大学历史系里,最初安排在中国古代史教研室,工作约两年之久。当时"四人帮"打倒不久,许多思想上的问题还刚从"四人帮"流毒的桎梏中解放出来,社会科学学术研究被停顿了十余年,许多科研、教学上的问题不知怎么做,怎么处理。这些问题归纳起来主要是:

其一,中国古代历史的分期问题。具体说是中国古代奴隶社会与封建社会的分期问题。这是个老问题,归纳起来大致有三种意见:

第一种是以著名历史学家范文澜同志为代表的"西周封建说",具体体现在由他主编的《中国通史简编》第一册。由他协助起草的毛泽东著作《中国革命与中国共产党》(载《毛泽东选集》第二卷)说:"中国封建社会,自周秦以来,历三千年之久。"周秦,自西周至秦末,经历有八个多世纪。这是一个笼统的说法,实际是说,从西周以来。

第二种意见是以郭沫若院长为代表的春秋战国之交是中国奴隶社会与封建社会的分期点。具体年代是公元前476年,这一年是司马迁《史记·十二诸侯年表》终结的一年,标志着春秋时代的结束。下一年,即公元前475年是《史记·六国年表》的开始之年,标志着战国时代的开始,也就是封建社会的启始。郭老之所以把西周定为奴隶社会,主要是依据《诗经·大雅》的一些篇章歌颂奴隶的集体劳动,以及奴隶劳动的监督者"田畯"的一些记载。西周青铜重器《大盂鼎》铭文中有把人伕(奴隶)作为土地的附属品一起赐给大臣的记载。至春秋时,"礼崩乐坏",奴隶社会逐渐破败,封建制度逐渐兴起,而以公元前476年作为标志。

第三种意见是中国的封建社会,起始于魏晋,形成于南北朝,即公元5世纪中期,是以中国人民大学的一批学者为代表。这样便与世界中世纪史接轨。世界中世纪史是以公元476年西罗马帝国灭亡,作为奴隶制时代结束,封建社会开始。人民大学教授尚钺同志所编著《中国历史纲要》称秦末陈胜、吴广农民大起义为奴隶大暴动,便是持此观点。范文澜同志讥这种观点为"三尺郎君七尺妻,凑得头齐脚不齐"。意思是,即使是魏晋进入封建社会,可是到近代西欧已进入资本主义社会,而中国却仍然是封建社会。后来,教育部决定,学校教材、课本,暂以郭沫若同志的观点统一各级学校的教材。此问题至此便告一段落。

其二,农民战争的问题。中国封建社会如此之长,却又易爆发农民起义,其规模之大,气势之雄,次数之多,为世界历史所仅有。其造成的结果不外是:一种如农民领袖刘邦、朱元璋,有众多知识分子的帮助,为其出谋划策,最后削平群雄,建立新的封建王朝——汉朝与明朝。一种是地方封建贵族窃取了农民起义的成果,在众多知识分子的帮助下,削平群雄,建立新的封建王朝,如刘秀建立东汉、李渊李世民父子建立唐王朝。凡是没有知识分子协助、不能实行较好的政策的起义最终多趋于失败,如陈胜、项羽、刘盆子、张角、李密、黄巢、李自成、张献忠、洪秀全等。农民起义领袖或旧贵族的领袖,在取得农民起义的成果后,建立新的王朝,建立新的封建秩序。如刘邦建立汉朝,刘秀建立东汉王朝,李渊李世民父子建立唐朝,朱元璋建立明朝,满洲贵族建立清朝。这些王朝的初期,由于吸取了前朝的教训,在农民起义破坏了旧的封建秩序,打乱了旧的土地占有关系后,使农民重新获得了土地,而安心生产,社会安定。因而,产生了西汉文景之治,东汉的明章盛世,唐初的贞观之治,明初的繁荣,及清初的康乾盛世。农民起义的另一个结果是,没有出现一支统一全国的力量而造成短暂的分裂,如东汉末黄巾起义之后出现了三国的分裂,唐末黄巢大起义之后出现了五代、十国、辽、宋、金的短暂分裂。那么,对农民起义的作用,如何评价?是起进步的作用还是破坏的作用?史学界历来聚讼纷纭,未取得一致意见。

其三,土地的问题。土地,是封建社会最主要的生产资料。土地的分配直接影响着农民的命脉。土地大量集中在地主手里,农民失去土地,便会使社会动荡不安,稍有风吹草动,便会揭竿而起,爆发农民起义。于是封建统治者实施各种各样的土地制度、法规,解决当时的土地问题。对这些土地的制度,怎么看?历代史学家争论不息,当代史学家也各持看法。吾师陈守实先生为从马克思主义观点出发,潜心研讨数十年,把《资本论》三巨册通读了三遍,对中国土地关系、土地制度等问题提出许多具有卓见的看法,也没有得到史学界的普遍认同。土地问题还是史学界存在争议的一大问题。

其四,资本主义萌芽的问题。中国封建社会长达两三千年之久,为什么不能同西欧那样进入资本主义社会?有没有一点资本主义的萌芽?史学界众说纷纭,在中华人民共和国成立前就有人说战国时代中国就进入资本主义时代。20世纪50年代后期,当时的江苏师范学院历史系主任柴德赓教授在苏州玄妙观发现清雍正时的一块《永禁机匠叫歇碑》,一时就热闹起来,有人提出这简直是无产阶级的工人罢工斗争,18世纪初中国已进入资本主义,比西欧还早。对中国的资本主义萌芽到底如何看,20世纪50年代末,三联书店出版了《中国资本主义萌芽问题讨论集》,上下两巨册,收集论文近百篇。陈守实先生说,这部书的原稿他都看过。其结论仍是五花八门。

其五,历史文选教学的问题。1980年前后,我系中国历史文献教研室的骨干教师许先生调回山东家乡,任曲阜师院要职,教研室顿失大将,教研组长严沛先生就要我去补缺。古代史教研室也同意放人,这样,我就去了文献教研室,去教历史文选了。

这门课,同样存在很多问题,首先是教材问题。中国历史如此悠久,历朝历代都非常重视历史著作的编写,一个新的王朝建立后,便要组织学者集团,编写前朝的历史。并组织人力编写本朝的实录,起居注,大政记,政书(如通典、通考、会要之类)。所以,上下数千年以来,留下历史典籍之丰富,体例之完备,也是世界历史上所仅有。加上儒家经典、诸子百家,无一不是历史,历代文人的文集、笔记小说,从考古遗址所发现的铜器铭文、竹简、帛书等,无一不是丰富的史料。要编一套历史文选,那是如入宝山,俯拾皆是。我手头就有四五种各高校编的《历史文选》。最早、最著名的一套是署名周予同主编,实由我的老同学朱维铮主持,结合许多青年教师编集而成的《中国历史文选》,分上下两册。最初在1961年出版,其后屡加修订改版。这也是流行最广的一套历史文选。有东北师大、哈尔滨师大及我系参加编写的《中国历史要籍介绍及选读》,编于20世纪80年代初。该书上下两巨册,约有1000页。按时代分六大部分:先秦、秦汉、魏晋南北朝、隋唐、宋元、明清,分别按时代罗列该时代的"历史要籍"。如先秦时代就有儒家经典、诸子百家以及《国语》《战国策》《楚辞》、甲骨、金文等，选出文章20多篇。秦汉时代的要籍主要是《史记》《汉书》《后汉书》，也介绍《春秋繁露》《论衡》等，选出文章近40篇。魏晋南北朝时期介绍了正史中的《三国志》《晋书》等二十四史中的11部，以及《华阳国志》《十六国春秋》《世说新语》《水经注》《洛阳伽蓝记》等，选出文章50篇。另外选有10篇古籍的不加标点的白文，作为学生作业。另外，还附有古汉语语法知识及常用工具书简介。下册也很丰富，依此类推，就不一一介绍。还有一套是中国人民大学、山东大学、杭州大学合编的《中国历史文选》，有上中下三册，收文108篇，平均每册36篇，是按典籍产生的年代编排，而文章内容不一定是按年代的次序，如《宋太祖收兵权》却放在最后的第106篇。所收文章除正史、编年、纪事本末、政书、史论之外，还收集了大量的文集、笔记、杂史、野史等著作，为一般历史文选读本所未收。如明末清初的大量野史，收录了《明季南略》中两篇当时著名政治文献：多尔衮致史可法的诱降信，和史可法的回覆以义正辞严的复信。为一般文选所未有的特色。还有一套是扬州师院等院校编的《中国历史文选》，我的老同学贡久谅参与编写。其特点是按文体编集，如经籍类收《尚书》《诗经》，诸子类收《论语》《孟子》等，杂史类收《国语》《战国策》《吴越春秋》等，正史类收《史记》《汉书》等二十四史，政书类收《通典》《通考》，史论类收《史通》《文史通义》，编年体收《资治通鉴》等，再加各大家的文集、笔记、小说等。体例与众不同，但很少有学校用，贡久谅所教课本，仍用周予同先生主编的《中国历史文选》。20世纪末，我系（广西师大历史系）张家璠教授结集了许多院校教师新编一套《中国历史文选》，张家璠任主编，我也参加了编写工作。这部文选的特点是所选文章一部分用旧注，以培养同学便于阅读原著。全书两册，分成十四个单元，每单元附有问答题，便于自学。

至于这门课怎么教、怎么学，也是各有千秋，各显神通。我的老师周予同先生的教法是先介绍所选文章的典籍，然后，由他通篇全讲。为培养同学掌握古汉语的能力，他布置的作业很多，大部分是课堂作业，学生要当场交卷，每学期有四五次，还有一次是课外作业，一篇小论文式的学习心得。有些老师的教法是加强预习，一篇课文，同学事先作充分准备，把课文通篇搞通搞透。在课堂上老师先讲一段课文，然后指定某同学讲一段，全体同学和老师静听其讲课。讲完，由老师和同学们提出修正、补充。也有讲课与平时学习成绩挂钩,将课文分成若干段落,分配到每一个学习小组,由各小组集体备课,再由各组派代表或各组成员轮流去讲。大概每隔数周搞一次,作为平时学习成绩。至于学期考试,更是形式多样,我就主持过口试的学年考试。当时,全年级同学有60余人,我出了大约40套考卷试题,做成考签。每份试卷一般是一大题一小题。大题一般是一段古文,要加标点符号,再翻译成语体文,并回答问题或作出提要。小题主要是一些古文献的知识。考试时,同学抽签取考题。其效果,同学及系领导也都满意。

后来,从本科79级开始,我又开设《中国历史地理》一课。是以我听谭其骧师的课堂笔记整理加工作为主要教材,编写了课堂讲义,再行授课。这门课为本科、函授生讲了十几年,深受同学们的欢迎。又为文献专业研究生开设《儒家经典入门》一课。是据吾师周予同先生为我们开设的《中国经学史》的课堂笔记和他写的《群经概论》等书为主要参考书,并参考清末皮锡瑞《经学历史》编成讲稿。就这样,工作到1993年初退休。其后又继续工作两三年,又续聘二年。后来又为我系函授进修班、系办文物鉴定装裱中专班等授课两三年,至七十岁方完全退定。

这里的这些文章,就是在这个时期内所写的一部分,是否能入时人之眼也难说。但这些文字,只是我所写东西里的一个部分。我花费大部精力所写的东西,却没有反映在这里,这是我毕生的遗憾。

首先是《广西历代民族问题碑刻选编》。原为20世纪80年代末我系承担的一项科研项目,由我来负担主持。原来的题目是《广西的平蛮碑》,后来觉得"平蛮"二字不妥,就改为"民族问题",内容就扩大了,不光是限于军事,而扩大至经济、政治、文化教育等问题。碑刻由原来的五六十篇扩大到九十篇左右。稿子由我统稿,并搜求碑的拓片,或早期的文献复印件,已基本完成,且写好《编例》,只缺少一篇《前言》。由于自己课程繁忙,拖沓了好些时间,请同组老师审稿,也一拖数年,至20世纪90年代末方始完成。但极为可惜的是,现在稿子还躺在教研室里,无人过问。

还有一部书稿是《明清科举与官场名词浅释》。我们在查阅明清的史料时,如私家文集或笔记资料,乃至杂记小说,每遇到一些科举名称如"明经""贤书""计偕"等等,官场中的二府、别驾、司马、大令,等等,不知所指何职何官,翻阅史料,触目皆是。即使翻查《辞源》《辞海》也不一定查得到。何况一般读者,家里未必有许多工具书。因此想编一本这方面的工具书。此项工作20世纪70年代末就开始了。后来贪大求全，条目增至3500条，均已做成卡片，书证也基本找齐，但只是编写了一部分，许多条目尚待编写，一拖再拖就耽搁下来了。至今原稿一大袋，塞在床底下。

为论证秦所置的象郡，并非汉武帝所置的日南郡，我曾写有文章，现收在本集里了。我还想写一本二三万字小册子，题目是《汉武帝南越诸郡的设置前后》，内容为自秦始皇南海等三郡的设置，直至公元10世纪中期交趾郡的独立，一千三百多年岭南的历史。已经写了一个开头，由于各种原因也搁置下来了。

还有一部是《唐寅画目》。20世纪70年代初，闲暇无事，因同情唐寅的遭遇而有意为之。这位被称为风流才子的唐伯虎，为了友情，不肯出卖朋友，在严刑之下，坚不多言，把莫须有的罪名顶承下来，结果，只能以绘画为业，以此而潦倒终身。画目以国内外博物馆馆藏和出版的唐寅画集中所录唐画并收集以往的书画目为主，并从明清笔记、杂记中所载有唐画的诗文中收辑。这些工作，已基本完成，但也没有正式出版，成果现在还躺在书架里。

我还想写一部《岭南历史地理》，包括汉代交趾三郡，因工程浩大，只有寄望于后昆了。

这里要交待一下本集的名称，滨溪的溪指荆溪。这是宜兴的主要河道，清朝曾分宜兴设过荆溪县。荆溪上源自安徽经溧阳、宜兴东注入太湖。荆溪就是宜兴境内河段的总称。我们家乡是在荆溪上流西氿的北沿，行政名称一直叫滨溪乡，到20世纪六七十年代才并入红塔乡。滨溪是我幼年时游钓之地，以此来纪念家乡对我的哺育之恩。

2022年4月12日
九十老翁万竟君谨志于桂林

第一辑

历史地理与经济研究

20 世纪以来关于秦汉古象郡的争论

秦始皇在进兵岭南取得"陆梁"之地后,于三十三年(公元前 214 年)设置了桂林、象、南海三个郡。其中象郡在哪里?一般均依《汉书·地理志》:"日南郡,故秦象郡,武帝元鼎六年(公元前 111 年)开,更名。"由于《汉书》的权威和影响,近二千年来,从未有人提出不同的看法。直至 1916 年,法国汉学家,当时远东博古学院(河内)教授马伯乐(Henri Maspero,1883—1945,或译作马斯伯乐、马司帛洛)写了《秦汉象郡考》①,开始打破传统的说法,说秦象郡在今广西、贵州境内,包括今湖南西南角的一小部分(古镡城县)。自此近 80 年来,或维护班固传统观点,或主张马氏之说,争辩未息。

一

马文的立论论据主要有五:一、《山海经·海内东经》沅水条:"沅水出象郡镡城西,入东注江,入下隽西,合洞庭中。"马氏认为,镡城(今湖南靖县南)是象郡北边。二、《山海经·海内东经》郁水条:"郁水出象郡,而西南注南海,入须陵东南。"马氏认为郁水在广西南部,则广西南部应属象郡。三、《汉书·高帝纪》五年注引《茂陵书》:"象郡治临尘,去长安万七千五百里。"临尘,据《嘉庆一统志·太平府》,在广西太平府(今崇左)境。清代李兆洛《历代地理志韵编今释》卷四,谓在今南宁西。总之,临尘在广西。马氏认为,既然象郡治所在广西,则象郡在中国之说,更为有力。四、《汉书·昭帝纪》元凤五年(前 76 年):"秋,罢象郡,分属郁林、牂柯。"象郡必在郁林、牂柯之间,有今广西、贵州的各一部分。五、关于安阳王的传说。马氏认为:安阳王立国于今越南北部,亡于割据时代的赵佗。而象郡的设置远在赵佗割据之前,故象郡不可能有今日越南中、北部,而应在中国境内。

马文发表时,正值第一次欧战正酣时,而中国正处于多事之秋。《新青年》杂志虽已创刊,而奄奄一息的旧学仍笼罩着学术界。所以,马氏的文章当时在中国学术界并未引起多大波澜,倒是远东博古学院的另一位法国教授鄂卢梭(L. Auroseau,1888—1929)在1923年发表了《秦代初平南越考》②,对象郡地址坚持《汉书》旧说,对马伯乐立论的文献依据,逐条驳斥,其要点如下:一、"沅水出象郡镡城西",镡城应在今湖南靖县西南,地在五岭之北,属黔中郡,为秦固有。而沅水上源在贵州,贵州在公元前二世纪末才为西汉所有。二、"郁水出象郡,而西南注南海"。郁水上源在云南,象郡不可能包括云南;郁水没有哪一段是西南流向的,《山海经》属小说类,是可疑的材料。三、《茂陵书》:"象郡治临尘,去长安万七千五百里。"若临尘在今南宁附近,则距离显然有误,临尘为林邑之误,林邑(象林)才是象郡治所。四、"元凤五年(公元前76年)秋,罢象郡,分属郁林、牂柯。"中国的考据家历来对此条怀疑,自公元前207—前109年,从未见有重置象郡,公元前76年分属郁林、牂柯,早已成为事实,象郡在一百多年前已不存在,《汉书》此条记载,不攻自破。

日本史学家佐伯明义于《南丰》杂志第137期(1928年9月),用汉文写了《象郡位置考》,立论与马伯乐相同。

在国内,当时的学者也无人同意马氏之说,这可以翻译鄂卢梭《秦代初平南越考》的冯承钧为代表,他在1932年6月为该文单行本所写的《序》里,除赞同鄂氏的观点外,批评马伯乐说:

从前考据家皆以其地(指象郡)当今之安南。不意马司帛洛(即马伯乐)在1914年(原文如此,应为1916年)河内校刊里面,根据《山海经》同《汉书》的几条孤证,撰了一篇《象郡考》,翻了旧案,硬说象郡在广西、贵州。鄂卢梭此文引了许多证据,力驳马司帛洛立说之误。③

二

马氏观点为国人接受,似在20世纪40年代以后。1944年谭其骧先生写了《秦郡界址考》④,其中象郡的界址,亦置于广西与贵州,引用《山海经·海内东经》《淮南子》《汉书·昭帝纪》等材料,立论与马氏相同,但未提及马氏。是受其影响,抑或巧合,不得而知。

陈修和先生所著《越南古史及其民族文化之研究》一书中,对象郡的设置提出了新的看法:鉴于《汉书·地理志》对处于越北的交趾、九真二郡未注明秦时郡名,而地在其南的日南郡却注明"故秦象郡",有其他一些矛盾问题,他提出了秦始皇三十三年进兵岭南,一年内即置三个郡,如此快速,是用楼船之士(水军)自番禺泛海,直抵越南中部,遂设置了象郡。⑤

中华人民共和国成立后,学者们对古象郡的看法,仍以传统观点为主,今以几部较有影响的中国通史为例:范文澜《中国通史简编》修订本第二编,说"象郡(广东雷州半岛等地)";而所附《秦的疆域及郡治简图》⑥,把秦的南疆及象郡仍画在越南中部。郭沫若《中国史稿》第二册,其中秦代地图就把秦南疆和象郡都画在越南中部。尚钺《中国史纲要》说:"开桂林、南海、象(今广西南部及越南北部)等郡。"一些较有影响的历史地图,如顾颉刚、章巽编《中国历史地图集·古代史部分》、南充师院编《中国历史地图册》均把象郡画在越南中部。只有谭其骧主编的《中国历史地图集》第二册,秦代的有关地图,才把象郡基本上画在中国境内。中国学术著作中,只有蒙文通先生写于20世纪60年代的《越史丛考》一书,其中《"秦象郡为汉日南郡"辨》一章,全面肯定马伯乐的观点:

  法人马司帛洛作《秦象郡考》,据《山海经·海内东经》载:"沅水出象郡镡城西""郁水出象郡",《茂陵书》载:"象郡治临尘,去长安万七千五百里",《汉书·昭帝纪》载:元凤五年"秋,罢象郡,分属郁林、牂柯。"谓象郡当在牂柯、郁林之间,其地部分地跨有广西、贵州两省。所考可谓当矣。⑦

并逐条驳斥鄂卢梭的论点。

1954年越南北方解放后,其史学界对秦象郡问题,看法屡有改变。1955年出版的明峥《越南史略》的第一卷第三章中明确指出:公元前214年安阳王请求臣服秦朝,设象郡(今天的越南北部)。⑧1957年出版的陶维英《越南古代史》第二编第七章,特别讨论了象郡的位置问题,首先批判了马伯乐认为秦军没有进入越北的论点,而得出秦军曾进入雒城之地(即越北),受到雒越的反抗而为安阳王击败的结论。从而又同意马伯乐的观点,象郡必然设在广西西部无疑。⑨陶维英1964年出版的《越南历代疆域》,再也不提秦象郡。征服越北,自汉武帝元鼎六年(前111年)设立交趾等三郡开始。

三

维护"象郡在日南"传统观点较为全面的文章,要推《历史地理》第三辑所刊覃圣敏《秦代象郡考》,该文重申鄂卢梭的论点,全部否定马伯乐立论的史料依据,并较深入地稽考古象郡及近人研究的有关资料。

覃文的主要立论是,秦始皇三十三年前进军岭南,已达到越南北部。《淮南子·人间训》载秦军杀西呕君译吁宋、越军杀秦尉屠睢这场恶战,发生在越南北部,故秦所置象郡应在越南。对于马伯乐立论的史料依据,予逐条驳斥:1.《山海经》"沅水出象郡镡城西"条,镡城地属黔中郡,在五岭之北,地为秦固有,不可能属象郡。立论与鄂卢梭同。2.《汉书·昭帝纪》元凤五年"秋,罢象郡",说此条时间上有矛盾,象郡已不复存在。《汉书·南粤传》所列平南越后所设九郡名称,与《史记·平准书》"汉连兵三岁,诛羌、灭南越,番禺以西至蜀南者,置初郡十七",《集解》引晋灼所列十七郡名单中,均无象郡之名。并引许多考据家对《昭帝纪》该条怀疑的材料(亦均是鄂氏所引者)。3.《山海经》"郁水出象郡,而西南注南海,入须陵东南"条。郁水,本应指今西江及其上游,但今西江及上游无论哪一段,均无西南流者,须陵应是项陵之误,项陵即是象林。故《山海经》中之郁江应在越南,而非今日西江。按此条全是重申鄂氏之说。4.《茂陵书》"象郡治临尘,去长安万七千五百里"条。覃文首先对《茂陵书》怀疑,再次重复鄂氏的观点,"如临尘在广西,则长安至临尘的距离显然有误;或临尘不在广西;或象郡不治临尘,三者中,象郡不治临尘的可能性最大。"临尘应是"临邑"之误,临邑即林邑。5.关于安阳王的传说。《史记》《汉书》均不载有关赵佗与安阳王战事,二书的《南越传》均详记南越称王以后事而前事甚略。故灭安阳王事必在赵佗称王之前,其一可能在尉屠睢被杀之后,"秦乃使尉佗将卒以戍越"。第二可能在赵佗"击并桂林、象郡"之时。"事虽在赵佗称王之前,而地又不能在象郡之外"。

近年出版的一些秦汉史专著,如英国《剑桥中国秦汉史》,在叙秦始皇武功时,南方设置了四个郡(南海、桂林、象、闽中),包括今广东、广西及福建省的部分地区。说到遣往南方的移民区时,却提到越南的一小部分。⑩田昌五、安作璋《秦汉史》在叙述秦始皇统一岭南时,所置三郡,限于两广,未提在日南。⑪

最近,《地名集刊》第二辑⑫,及《东南亚纵横》1995 第 4 期刊载万竟君《秦汉象郡问题的再讨论》一文⑬,与覃圣敏《秦代象郡考》进行商讨。万文的要点是:

1. 关于镡城与象郡北界问题。镡城在今湖南西南角、沅江上游,但该地区不同于湘江上游的湘桂走廊。前者的开发要晚得多。该地区汉属武陵并不等于秦属黔中郡,属武陵郡应是较晚的事。《山海经》"沅水出镡城西"条,正是反映了秦末政区情况。

2. 《汉书·昭帝纪》元凤五年秋罢象郡。《汉书》此条当采自朝廷档册而写进《本纪》,十分重要。《汉书·南粤传》载元鼎六年(前 111 年)平南越后所设九郡名单中,珠崖、儋耳二郡是一年之后、元封元年设置的,此二郡应为零陵与象郡。《史记·平准书》"汉连兵三载,诛羌、灭南越,番禺以西至蜀南者,置初郡十七"条,《集解》引晋灼所列十七郡中无象郡,是晋灼有误:(1)司马迁把 17 个郡的地域说得很清楚:"自蜀南至番禺",武都郡在蜀郡之正北,不在此范围,此郡应是象郡;(2)若以三年之中立"初郡"而言,则犍为郡置于建元六年(前 135 年),比这些其他郡早立 25 年,不能算是"初郡",那么,这个名额也应由象郡填补。所以时间上并无矛盾。

3. 《山海经·海内东经》郁水及临尘。《山海经·海内东经》:"郁水出象郡,而西南注南海。"高山大川,人所共见,《水经》《汉书·地理志》均有郁水的记载。但至临尘的里数应高于珠崖、儋耳的里程,因古代计程是由政治中心转达。西汉交趾刺史部设于苍梧郡之广信县(今梧州),京师至交趾刺史部所属各郡,必由广信转达。广信至临尘的路程就应高于至珠崖、儋耳的路程,如此看,计程是合理的。故临尘不可能是临邑(林邑)。

4. 安阳王的传说。赵佗灭安阳王不可能在秦进军岭南时或"击并桂林、象郡"之时,《交州外域记》关于安阳王的记载,是反映赵佗称王后的情况,如派其子勾引安阳王女儿及设交趾、九真二郡等。结合《史记·南越列传》的史料,赵佗灭安阳王应在公元前 180 年,即汉文帝即位前后。

该文并提出,象郡在日南之说所以深入人心,原因是:(1)象郡存在的时间短;(2)象郡辖地日小;(3)慑于班固和《汉书》的权威,使人毋庸置疑,发现矛盾之处,反而曲为其辩护。

（本文发表于中国社会科学院主办的《中国史研究动态》1995年第4期，署名敬轩。后收入华林甫编《中国历史地理学五十年（1949—1999）》一书，学苑出版社2001年1月出版。）

注　释：

①原文刊于《远东学院通报》（河内，该刊简称BEEEO，或有译作"校刊""集刊"）1916年第1期，第49—55页。后由冯承钧译成汉文，收入《西域南海史地考证译丛四编》，中华书局1958年11月出版。

②原文刊于《远东学院通报》23卷（1923年），第137—264页，冯承钧译，有1934年商务印书馆单行本，后收入《西域南海史地考证译丛九编》，中华书局1958年8月版。

③冯承钧《秦代初平南越考·序》，商务印书馆1934年出版。

④原文刊于《真理杂志》第1卷第2期，后收入《长水集》上册，人民出版社1987年版。

⑤陈修和《越南古史及其民族文化之研究》，1944年昆明出版。

⑥范文澜《中国通史简编》修订本第二编，1958年4月第1次印刷本。1964年版无地图，1978年版地图上不画象郡。

⑦蒙文通《越史丛考》，第58页，人民出版社1983年3月版。

⑧明峥《越南史略》中译本，第12页，北京三联书店1958年11月版，据河内1954—1955年原版译出。

⑨陶维英《越南古代史》中译本，第134—164页，科学出版社1959年9月版，据越南1957年版译出。

⑩《剑桥中国秦汉史》，中国社会科学出版社1992年版，据英国剑桥1986年版译出。

⑪田昌五、安作璋《秦汉史》第一章第五节，人民出版社1993年3月版。

⑫本文刊于《地名集刊》第二辑，桂林市地名委员会编印，中共桂林市委宣传部属内部刊物，1994年4月出版。

⑬原载《东南亚纵横》（季刊），1995年第4期，广西社会科学院东南亚研究所出版。

秦汉象郡问题的再讨论

自1916年法国汉学家马伯乐发表了《秦汉象郡考》[①]，对《汉书·地理志》"日南郡，故秦象郡"提出了不同的看法，认为秦象郡在今广西、贵州境内，包括今湖南靖县以南的一小部分（古镡城县），即遭到法国另一位汉学家鄂卢梭的反驳，于1923年发表《秦代初平南越考》[②]，深入稽考秦汉以来子史古籍，对马伯乐立论的文献依据，逐条进行驳斥，维护了班固以来象郡在日南的传统说法。数十年来，学术界或主班固旧说，或同意马氏观点，仍各执一词，两相争持不决。近年来刊于《历史地理》第三期覃圣敏《秦代象郡考》一文，又深入地研究古象郡的有关资料，全面否定马伯乐的观点，重申鄂卢梭的立论主张，是维护秦象郡在日南传统观点较为全面的一篇文章。今就覃文中涉及的一些问题，略具浅见，与之商讨。

一、《山海经》与《水经》关于沅水的记载

《山海经·海内东经》："沅水山出象郡镡城西（清·郝懿行按，山字为衍文，因《文选·江赋》注引此条无山字），入东注江（郝按，入字疑衍，或又字之讹），入下隽西，合洞庭中。"此条晋郭璞注引《水经》云："沅水出牂牁且兰，又东北至镡城县为沅水，又东，过临源县南，又东至长沙下隽。"今本《水经》此条云："沅水出牂牁故且兰县，为旁沟水。又东至镡城县为沅水，东过无阳县，又东北过临源县南，又东至长沙县西北，入于江。"三者文有小异而义大同，《水经》文字不同，系郭璞作注时作了删节。覃文却说《水经》此条，却未在镡城前冠以"象郡"二字，因而怀疑《山海经》此条的真实性。如果说《水经》是桑钦的作品，桑钦应与班固同时而稍前，桑的老师悝子真因治《古文尚书》而在王莽时显贵（见《汉书·儒林传》），那么，桑钦当活动于东汉初年。《汉书·地理志》平原郡高唐县、泰山郡莱芜县等条，班固的自注中均引"桑钦言"，当即引自《水经》。而《山海经》此条，当作于秦末汉初，即公元前三世纪与公元前二世纪之交，距桑钦、班固的时代约有250年。桑钦时，象郡早已撤销，写

书人当然是按当时的行政区名称来写作,如何能要求东汉的桑钦写书时用秦代的政区名称呢?

二、象郡的北界问题

覃文据西汉王朝与南越的分界线,诸如越城岭与都庞岭之间的湘桂走廊,是在汉境内,而地居五岭之南。从而断定秦黔中郡的南界亦应在沅江的上游,而镡城(成),《汉书·地理志》属武陵郡。秦应属黔中郡,从而作出"既是镡城不属赵佗,就意味着秦时不属象郡"的结论。

汉与南越的边界,实源于秦进军岭南前的秦越旧界。最迟在战国后期,楚国的势力已深入湘江的上源及其大支流潇水诸多支流的上源。这一点无论从古文献的记载和地下出土的文物完全可以证实。而这些湘江本支流的源头都在五岭之南。秦灭楚后,这一事实理所当然地为秦所继承。所以秦与越的交界决非纯以五岭划分。而这些跨入五岭以南的峡口、隘口,便是日后秦进军岭南的据点。《淮南子·人间训》所列秦进军岭南的五路大军,其中"一军塞镡城之岭"。岑仲勉先生释"镡城岭"为"越城岭",无论其考证正确与否,秦在进军岭南前就占有今湘桂走廊,这是铁的事实。

但是越城岭并不能等于沅江上游的镡城县,象郡北部沅江上游地区,不同于湘江上游地区,沅江上游的开发要比湘江上游的开发要晚得多。象郡设置后,治所在南部临尘,而设镡城县控制象郡北部,同时又控扼沅江,以便日后向上游地区开发,向西南地区进军。至于象郡的西面,便是尚处于未开发的广大"西南夷"地区。所以象郡的西界甚为模糊,一般人心目中对这一地区所知甚少,直到汉武帝时搞外交的官员唐蒙,亦不甚了了。及至他在番禺吃到蜀产的蒟酱,方知川南至两粤间有水路可通。[③]所以赵佗也大可不必担心象郡的西北界,事实上,在秦末大乱,赵佗割据岭南,他封锁向中原的通道,只限于五岭地区的横浦、阳山、湟溪关[④],即大庾、骑田、萌渚、都庞诸岭的隘口。到秦亡后,他"击并桂林、象郡",也不一定就击并象郡全境,包括象郡的西北部。再后来,吕高后崩逝,南越和西汉关系缓和,赵佗进一步"以兵威边,财物赂遗"少数民族而"役属"的,也主要是闽越、西瓯、骆等福建、越南北部的少数民族。赵佗虽也曾以财物来役属夜郎,夜郎不予理睬,赵佗也没有办法。可见赵佗势力没有越出象郡西北界。而镡城可能一直为西汉所掌握。待到后来,形势变化,政区调整,镡城县地区因统治已久而划入武陵郡,这是十分自然的事。

三、《汉书·昭帝纪》元凤五年罢象郡条是否矛盾

《汉书·昭帝纪》明确记载了汉代象郡的撤销,元凤五年(公元前76年):"秋,罢象郡,分属郁林、牂牁"。覃文认为,"如果象郡罢于昭帝元凤五年秋,则时间上颇为矛盾。""即使象郡在赵氏割据时期尚存,则元鼎六年(公元前111年)当不复存在。因为汉武帝在这一年平定南越后设置了南海、苍梧、郁林、合浦、交趾、九真、日南、珠崖、儋耳等九郡,其中无象郡之名。"按此条,《史记·南越列传》只写作"遂为九郡",没有开出这九个郡的名称。至《汉书·南粤传》就列出上述九郡的名单。我们只要稍加留意,就会发现这九郡名单确有矛盾。汉武帝对南越的用兵,准备了20多年,在兵力、组织、进军路线上,早就预作部署,并在南越内部制造矛盾,寻找借口。故其进军非常顺利。元鼎五年(公元前112年)秋天进军,次年冬(当时尚用秦历,以十月为岁首,实为当年之冬)即攻下南越首府番禺,春天,南越全境平定,随即设置了九郡。因而这九郡中不应包括珠崖和儋耳。这两个郡是一年以后即元封元年(公元前110年)进入海南岛才设置的。《汉书·地理志》:"自合浦徐闻(今雷州半岛)南入海,得大洲,东西南北方千里,武帝元封元年略以为儋耳、珠崖郡。"海南岛的发现,明明在合浦置郡以后。那么,当时九郡之中还有两个郡是什么呢?一个应是零陵郡,《汉书·地理志》:"零陵郡,元鼎六年置。县十。"这是割原长沙郡南部,加上新得南越的桂江上游地区设置的。另一个应是象郡,但此时的象郡辖地较秦象郡要小得多了。

覃文据鄂氏《初平南越考》中所引《史记·平准书》:"汉连兵三岁,诛羌,灭南越,番禺以西至蜀南者,置初郡十七。"《集解》引晋灼曰:"元鼎六年定粤地,以为南海、苍梧、郁林、合浦、交趾、九真、日南、珠崖、儋耳郡,定西南夷以为武都、牂牁、越嶲、沈犁、汶山郡,及《地理志》《西南夷传》所置犍为、零陵、益州郡,凡十七也。"并说,其中亦无象郡之名。其实,司马迁此处虽未列出17个郡的名称,但把这17个郡的信息条件定得非常明白,若依此来衡量,则晋灼所列17郡名单就大有问

题。一是连兵3年,时间上定得很清楚,即元鼎五年至元封二年(公元前112—109年),而犍为郡是建元六年(公元前135年)设置的,比这些郡要早置20多年,不是初郡,当不属此列。二是司马迁把17个郡的地域说得很清楚:"番禺以西至蜀南"。即今中南、西南地区。而武都郡处在蜀郡之正北,地在今甘肃南部,应属西北地区,故不应在这17郡之中,无论以哪方面来衡量,总是少了一个郡,这个郡应该是象郡。

四、《山海经·海内东经》的郁水是否在日南

《山海经·海内东经》:"郁水,出象郡,而西南注南海,入须陵东南。"

覃文因《山海经》此段文字的难于理解,引鄂卢梭说,《山海经》中的郁水,不一定是广西的郁水。并把"须陵"二字转了几个弯,释成为"象林",从而得出郁水在日南的结论。

这个问题的结论,也涉及如何对待古文献的态度问题。古文献,尤其像《山海经》这样作于二千多年前的作品,毕竟受时代和其他条件的限制,不可能要求它具有今天的科学水平。况又经过千百年来的流传,必然会出现一些问题。但是,高山大川,人所共见,记载决不会只是一家。有时候,各种文献,各家所载,可以互相参证。当然各家所载也会有互相矛盾之处,我们必须从大处着眼进行分析。《水经》《汉书·地理志》均有详叙郁水,且郁林之名得自郁水。我们却没有看到日南郡有郁水的记载。覃文说:"今郁水专指左右江合流至桂平一段,而古郁水则包括今右江及桂平以东浔江、西江……即使如此,古郁水也没有哪一段是向西南流的。"其实,如此庞大的郁水水系,我们且不说桂江上游漓江、柳江大支流洛清江均西南流向,即以贺江、融江、柳江及左江支流明江等言,均有多段河流为西南流向。而在越南中部,却没有哪一条河流是西南流向的,可见,郁水不可能位于越南中部。

传讹和错简,对《山海经》这样一部古书当然有可能,但与其说"须陵"二字错讹得如此离奇曲折,要转好几个弯才成为"象林"二字,倒不如说"而西南"是"西而南"的错简,这样的可能性要大一些,假如是这样,那么一切问题都便迎刃而解了。

五、《茂陵书》所载有关临尘的问题

《汉书·高帝纪》五年"立番君为长沙王"注引臣瓒曰:"《茂陵书》:象郡治临尘,去长安万七千五百里。"

覃文首先认为:"《茂陵书》不知何时、何人所撰,何以班固未见,《汉书·艺文志》未著录,而臣瓒引之? 殊为可疑。"

班固在东汉任兰台令史,他编《汉书》的资料来源,主要是内庭藏书,如东观、兰台等处,这批图书,有来自长安,是西汉、王莽的皇室藏书,也可能收集一些民间藏书,但不能说已经包罗无遗。随便举一个例子,东汉学者杜林,藏有一部漆书《古文尚书》,珍爱常不离手,便为皇家所无。⑤臣瓒是西晋宫廷校书官⑥,《茂陵书》很有可能在民间流传,后为汉献帝、或曹魏、或西晋的皇室所得,而为班固所未见,总之,不能说班固所没有见到的书就一概不可信。

覃文又说:"或《茂陵书》之临尘不在今广西,或者所记临尘至长安里数有误,或者象郡不治临尘,三者必居其一",于是完全照搬鄂卢梭的意见:象郡不治临尘,临尘为临邑之误,临邑即林邑。

岂知《汉书·地理志》郁林郡所属12县,临尘赫然在目,其地正属古象郡,岂有能为林邑之误? 不错,《茂陵书》中所载珠崖郡治瞫都、儋耳郡、临尘三者离长安的里数为7320里、7368里、17500里,三者相去太大,即使作者缺乏地理常识或计算错误,也不至有这样大的差距,其中必然有误。其实,这正是后来《汉书》的校注者,囿于象郡在日南的旧说,觉得三者至长安距差不多,不甚妥当,而在临尘下妄增一"万"字,这样才合理。覃文又说:"即使删去万字,临尘去长安里数仍多于珠崖、儋耳,矛盾仍然存在。"殊不知古代计算路程,并非以直达的直线距离计算,而必须从政治中心转达。首都—州—郡—县,其计程是上级治所至下级治所的驿程。而元封五年(公元前106年)置十三部州刺史后,交趾部刺史驻地是苍梧郡广信县(今梧州)。长安到临尘的路程必先经广信,而不是今天的湘桂走廊—桂林—柳州—南宁—崇左。所以长安到临尘的里程应高于珠崖、儋耳。

六、关于安阳王传说的问题

一般认为,安阳王是越南北境最早出现的政权。战国后期,秦惠文王于后元九年(公元前316年)派大将司马错来蜀,原蜀王表面上虽仍予维持而或遭废,或被杀,到秦昭王二十三年(公元前285年)才正式设立蜀郡,废除蜀王。其后裔遂逐向南迁徙,约在秦末时,进入越南北部当时称作"骆越"的地区,征服骆部,建立政权,称号为"安阳王",后为赵佗所灭。马伯乐认为,既然是赵佗灭越南的安阳王,那么建立在此前的象郡,决不会在越南,而应在越南之北的中国境内。而覃文则认为,赵佗灭安阳王是在尉佗时代,即始皇三十三年建象郡之前的进兵岭南过程中。所以,象郡能建立在越南中部。为了说明问题,现仍将覃文所引有关安阳王最早的材料《水经注·叶榆水注》引《交州外域记》原文照录(个别标点作些调整):

交趾昔未有郡县时,土地有雒田,其田从潮水上下,民垦食其田,因名为雒民。设雒王、雒侯主诸郡县。县多为雒将,雒将铜印青绶。后蜀王子将兵业讨雒王、雒侯,服诸雒将。蜀王子因称为安阳王。后南越王尉佗举众攻安阳王,安阳王有神人名皋通,下辅助为安阳王治神弩一张,一发杀三百人。南越王知不可战,却军住宁武县(按《晋太康记》,县属交趾)。越遣太子名始降服安阳王,称臣事之。安阳王不知通神人,遇之无道,通便去,语王曰:"能持此弩王天下,不能持此弩者亡天下。"通去。安阳王有女名眉珠,见始端正,珠与始交通。始问珠令取父弩视之。始见弩,便盗以锯截弩,讫,便逃归报越王。南越进兵攻之,安阳王发弩,弩折,遂败。安阳王下船径出于海。今平道县后王宫城,见有故址(《晋太康地记》:县属交趾)。越遂服诸雒将。

越王令二使者典主交趾、九真二郡民。后汉遣伏波将军路博德讨越王,路将军到合浦,越王令二使者赍牛百头、酒千钟及二郡民户口簿诣路将军,乃拜二使者为交趾、九真太守,诸雒将主民如故。

《史记·南越列传》《索隐》引《广州记》,《太平寰宇记》一〇七引《南越志》,《太平御览》三四八引《日南传》等亦载安阳王事,文有异而事略同。这些都是魏晋南北朝或更早的著作。

我们先排一下南越国和赵佗的时间表,结合上段材料,再来分析一下史实。

"秦已破灭,佗即击并桂林、象郡,自立为南越武王。"(《史记·南越列传》)这是南越王立国之始。又据同篇记载南越亡国时,司马迁说"立国九十三岁",那么它的立国应在公元前205年前后。赵佗死于武帝建元四年(公元前137年),《史记》没有记他死时年龄。但晋皇甫谧说,赵佗卒时"盖百岁矣"[7]。古人百岁难得,今姑从其说。"盖"是约数,大约九十七八也可称此数。据此,赵佗生于公元前235年前后。立国时称王,30岁左右。秦军进军岭南,赵佗属后援部队,进入岭南不会太早,但也不会迟于始皇三十三年(公元前214年)置象郡之时,那时他不过20岁左右。若赵佗于此时灭安阳王,则上面所引《交州外域记》这段史料,多难吻合。首先,赵佗不会有勾引安阳王女儿的成年"太子始",这个故事所反映的史实,必在赵佗称王之后。其二,汉文帝时,曾派陆贾往南越修好,陆指责赵在高后执政时称帝,赵佗解释说:"蛮夷中间,其东,闽越千人众号称王,其西,瓯、骆、裸国亦称王。老臣妄窃帝号,聊以自娱。"(《史记·南越列传》)可见,骆越诸族在高后时尚有王,这就是安阳王。所以,赵佗灭安阳王,必不会在秦始皇进兵岭南时。

"高后崩(公元前180年),即罢兵,佗因以兵威边,财物赂遗闽越、西瓯、骆,役属焉。"(《史记·南越列传》)这段史料覃文解释成"赵佗建立南越后,曾推行'和集百粤'的政策。""财物赂遗乃赵佗抚慰自己下属之举,并不能说明瓯雒至此才服属于赵佗。"果真如此,则何以解释"以兵威边",及上面所引《交州外域记》中"越王令二使者典主交趾、九真二郡民"?正是吕太后死后,南越与汉的关系缓和,才能腾出手来对闽越、西瓯、骆等南越国东、南的少数民族,"以兵威边"是大棒,"财物赂遗"是胡萝卜,二者兼施,最后达到"役属"的目的,设置了交趾、九真二郡。假如赵佗征服安阳王是在秦朝进兵岭南之时,那么始皇三十三年设置的将不止桂林等三个郡,还应增加交趾、九真二郡。

班固象郡在日南之说为什么会在近二千年来使人深信不疑呢?主要是:

1. **秦汉象郡存在时间较短**。秦始皇三十三年(公元前214年)初置象郡,不过五六年,秦末大乱,赵佗拥岭南割据独立,与中原隔绝,秦象郡所留下的资料不会太多。汉初,虽号为统一,实质上是分裂时代,西汉中央所能直接控制的不过是关中、关东的十几个郡。而对赵氏割据下的岭南,所知甚少。汉武帝元鼎六年(公元前111年)平岭南重立象郡,至昭帝元凤五年(公元前76年)即行罢废,汉象郡也只存在35年。班固写《汉书·地理志》所用的政区、户籍资料,主要采自汉哀帝元始二年(公元2年)的档册。其时离象郡的撤销已经80年了,很难找到旧象郡资料的痕迹。到班固写《汉书》时,又经过了约80年,其间有汉末、王莽的大乱,图书资料遭受浩劫。班固编《汉书》取材只限于东汉皇室图书,此时能反映古象郡的资料就更为稀少了。

2. **汉象郡辖地日小**。元鼎六年平岭南和收编西南地区之后,对政区进行了调整,原象郡东南部(今雷州半岛与广西钦州地区)划置合浦郡,原象郡北端镡城县等地划归武陵郡,在象郡西邻设立了牂牁郡。这样,此时的象郡,比之于秦象郡缩小了一半左右。以民情而言,汉象郡东部地区与郁林郡类似,而西部则与牂牁郡相近。经过三十多年的经营管理的实践,觉得还是把象郡分属郁林、牂牁为好,这样就促使了象郡的罢废,它的影响也就日渐淡薄了。

3. **慑于班固和《汉书》的权威**。这是最主要的一个原因。由于班固和《汉书》在中国史学史和史学文献上的崇高地位,使秦象郡在日南之说深入人心,毋庸置疑。后世学者即使看出某些矛盾或纰漏之处,也反而曲为辩护或述而存疑。考据大师如钱大昕、全祖望、齐召南、王国维及周寿昌诸名家,他们对"罢象郡"这样一条郑重其事写进《本纪》的重要史料,反而觉得可疑。[⑧]清代学者郝懿行在笺疏《山海经》沅水一条时,也指出"言象郡镡城,则知秦时镡城属象郡矣。"对这样重要的发现,就没有人更进一步深入研究象郡的四址。等等,就是很好的说明。反而是外国学者,没有陈陈相因的旧框框和包袱,根据史实,从实际出发,进行实事求是的研究,从而能得出较为科学的结论,这是值得我们深思的。

[原载《东南亚纵横》(季刊)1995年第4期由广西社科院东南亚研究所主办]

注 释:

① 马伯乐(Henri Maspero,1883—1945)或译马斯伯乐或马司帛洛,当时任河内远东博古学院教授。原文刊于《远东学院通报》1916年第1册,第49—55页。由冯承钧翻译,收入《西域

南海史地考证译丛四编》，中华书局1958年11月版。

②鄂卢梭(L. Auroseau，1885—1929)，远东博古学院教授、院长。原文亦刊于《远东学院通报》23卷(1923年)，第137—264页，冯承钧译，有1934年商务印书馆单行本。后收入《西域南海史地考证译丛九编》，中华书局1958年8月版。

③事见《史记·西南夷列传》："南越食蒙蜀枸(蒟)酱，蒙问所从来，曰：'道西北牂柯，牂柯江广数里，出番禺城下。'"

④横浦、阳山、湟溪关：横浦，《索隐》引《南康记》："大庾岭三十里至横浦，有秦时关。"阳山，《索隐》引《地理志》："揭阳有阳山县，今此县上流百余里有骑田岭，当是阳山关。"湟溪关，《集解》引徐广曰"在桂阳，通四会。"

⑤事见《后汉书·杜林传》："林前于西州得漆书《古文尚书》一卷。常宝爱之，虽遭难困，握持不离身。"

⑥臣瓒：所指何人不明，一般认为是西晋初宫廷校书官。《穆天子传》目录有校书郎中傅瓒校，《汉书·武帝记》元鼎四年注，臣瓒引《汲冢古书》，这是西晋初出土的一批古书，其中有《穆天子传》。故很可能为傅瓒，因任内庭校书郎，故称臣。据清臧镛《拜经日记》五。

⑦《史记·南越传》《集解》引，徐广曰："皇甫谧曰，越王赵佗以建元四年卒，尔时汉兴七十年，佗盖百岁矣。"

⑧钱大昕《廿二史考异·汉书考异》一，及《潜研堂文集》卷十六关于秦汉郡县的考证。全祖望《汉书地理志稽疑》卷二，收入《粤雅堂丛书》第十七册。齐召南殿本二十四史《汉书》卷七考证："按此文可疑，秦置象郡，后属南越，即故象郡置日南郡。以地理志证之，此时无象郡名，且日南郡固始终未罢也。"王国维《观堂集林》十二《秦郡考》《汉郡考》只字未提《汉书》有关象郡的记载。周寿昌《汉书注校补》卷二十五："武帝立郡既无象郡名，自以其地分属各郡，何以至昭帝始罢象郡分属也。"

东晋南朝庄园经济试探

一

在我国漫长的封建社会中,凡是经济上升、国家强盛的时期,总是以个体生产的自耕农为主的小农经济占主导地位的时期。而封建大土地所有制的壮大,土地兼并集中于大封建主或豪强地主,则每每伴随着社会的动乱或兵灾战祸。这通常有两种情况:一是地方豪族、大地主势力壮大,就标志着国家权力相对削弱;由于大地主的兼并土地,就必然使自耕农民破产,失去土地。阶级矛盾尖锐,动乱和不安也就随之到来了。另一种是战争年代,由于战乱兵祸,个体农民无法进行正常生产,封建主为了维持其本身利益,不得不采用大土地经营方式。

封建社会的大土地经营方式,主要是庄园制经济。魏晋南北朝这个分裂的时代,正是大土地所有制特别壮大的时代,也就是庄园经济发展的时代。它的形式是多种多样的,诸如北方的坞堡、壁垒,南方的田墅、田园、别业等。甚至国家经营的集体农业生产组织,如曹魏的屯田、孙吴领兵制下的"兵业"等大土地经营方式,也可以说是庄园的一种。而南方别墅式的田庄,则是这个时期庄园制经济的典型。

这种不同历史条件下出现的各种不同形式的庄园经济,都代表着一个时代,是特定时代的产物。我们不能因为这些不同的庄园经济对劳动者的沉重剥削和强烈的人身依附关系而否定其历史作用和它的意义。例如北方出现的坞堡,是封建主利用宗族或乡里等形式,残酷地奴役大量的奴婢、部曲、徒附等劳动者而组织起来的生产、政治、军事相结合的封建堡垒。生产力很低,生产关系上是强烈的人身依附关系。但是,在汉末军阀混战时代、十六国民族矛盾和斗争尖锐的时代,这种组织却保持了一小块安定的环境,保障了生产的继续进行。在抵御少数民族落后的生产和生活方式的侵蚀,保存汉族先进生产技术等方面有一定的意义。又如屯田制,屯田客所受的剥削很重,生产品的分配,从四六分到二八分,并用严酷的方式把屯田客束缚在土地上。但它对北方生产的恢复和北方的统一起过积极的作用。即如孙吴领兵制下的"兵业",士兵又要打仗,又要为将领生产,他们的地位逐渐部曲化,人身依附关系很强。但在当时的情况下,对巩固孙吴政权也有一定的作用。

但是,这些各种类型的大土地庄园经济,只能收一时之效,起着一时的作用。时代条件一变,它就无法存在。如一旦战争结束、社会安定、国家强盛的时候,有作为的封建统治者,必然会限制或舍弃大土地经济,而采取能发挥生产积极性的个体农民为主的小农经济经营方式;以扶植小农经济为主的占田制、均田制能够很快地顺利实行,而屯田制和坞堡等大土地经营则很快退出历史舞台,便是明证。

二

东晋南朝的统治者偏安江左,没有力量也不想统一北方。经济上,田墅式的庄园经济特别发达兴盛。如果说,东晋南朝门阀制度是承认世家大族在政治上享有的特权,那么,他们经营的田墅式庄园制的存在,就是承认他们在经济上所享受的特权。它是门阀制度的经济基础。所以庄园制这种大土地所有制经济的发展,就决定了东晋南朝在政治上的无所作为和软弱无力。正是这些衣冠世族大庄园主,他们的眼光只看着自己在江南的庄园,不愿收复北方失地,统一全国。

东晋南朝的庄园,其来源形式,大致有以下几种情况:

早在孙吴时代,由于孙吴政权本身就是依靠北来和土著的豪族支持下建立起来的,所以对豪族大姓一直采取纵容态度。有"兵业"的将领也逐步成为拥有大量部曲和土地的大地主。在吴国晚期,豪族经营的大庄园就大量出现了。我们可从西晋葛洪所著《抱朴子·吴失篇》中看出这类大庄园的一些情况:

> 势利倾于邦君,储积富于公室。僮仆成军,闭门为市,牛羊掩原隰,田池布千里。……金玉满堂,妓妾溢房。商贩千艘,腐谷万庾。园囿拟上林,馆第僭太极。粱肉余于犬马,积珍陷于帑藏。

经营这类大庄园的,都是一些吴国大族,如吴郡的朱、张、顾、陆,会稽郡的虞、孔、魏、贺,以及阳羡周氏、吴兴沈氏等。

西晋灭吴以后,这种情况并未有多大改变。我们从西晋著名文学家陆机、陆云兄弟在饶有"清泉茂林"之胜的华亭别墅(在上海市松江区西)优游十几年然后到洛阳做官①,以及张翰因秋风起而想起家乡"鲈脍莼羹"的滋味、弃官归家的事②,就可以看出来的。吴国灭亡不过三十年,司马睿就渡江南下,建立东晋政权。为了巩固他的地位,首先对江南大族采取拉拢态度,对他们百般优待,决不会损害他们的利益,所以东晋时江南土著大族的大庄园决不会减少而只能增加。

同时,西晋永嘉前后,由于北方少数民族的入侵和西晋的灭亡,北方的世家大族,带领着大量的奴婢、宗族、乡里等劳动者和大量的财物逃到江南。他们在人烟稀少之地或山区、水旁等江南大族势力薄弱地区建立庄园,从事生产。这些大族除著名的王、谢、袁、萧之外,还有颍川庾氏、高平郗氏、渤海刁氏、谯国桓氏等。他们的庄园大都分布在江南茅山地区及附近的京口(镇江市)、晋陵(常州市)等地,以及浙东的山区和沿海地区,如会稽(绍兴市)等地。

南朝以后,庄园经济有了飞速的发展,庄园见于历史记载的材料急剧增多。不仅世家大族有庄园,凡是宗室、公主、王公以至皇亲国戚,都大搞庄园。文武大臣,各级官员,可依"给客制度"取得四十户以下的佃客作为庄园的基本劳动队伍。另外功臣武将,皇帝有赐田,可以直接建立庄园。因此经营庄园几已成为贵族、官僚们积聚财富、维持奢侈生活的主要手段。如宋沈庆之:

又有园舍在娄湖(在南京市南),庆之一夜携子孙徙居之,以宅还官。悉移亲戚中表于娄湖,列门同闬焉。广开田园之业,每指地示人曰:'钱尽在此中!'身享大国,家素丰厚,广业累万金,奴僮千计。再献钱千万,谷万斛。③

一些寒素之家或低级官吏,见到世家大族别墅式的舒服生活,丰厚的经济收入,无不垂涎三尺,也要以经营田园来发财致富。例如梁裴子横:

之横,……少好宾游,重气侠,不事产业。之高(其兄)以其纵诞,乃为狭被疏食以激励之。之横叹曰:'大丈夫富贵,必作百幅被。'遂与僮属数百人,于芍陂大营田墅,遂致殷积。④

又梁时掌典机要的寒人、中书通事舍人吕文度,也"于余姚立邸,颇纵横"⑤。

此外,由于东晋以后佛教在南方盛行,南朝后期,佞佛到了疯狂的程度。建康及国内各地寺院林立,一般都拥有大量的财富,并有不少经营庄园的。宋谢灵运《山居赋》及自注里,叙述他庄园的东面有"五奥",其中一奥为僧人昙济所占有,昙济住在孟山,有庄园名叫孟墅,有"芋薯之疄田"⑥。又梁武帝向王骞收买在钟山(建康东郊)的庄园(王的祖先王导的赐田八十余顷),转赐给大爱敬寺⑦。从这些材料,我们可以看出南朝佛寺兼营庄园是普遍的现象。

三

庄园制经济的发展,其后果怎样呢?这也就是对南方庄园制经济所起作用的评价问题。毫无疑问,庄园经济的发展,在客观上曾促进了江南的进一步开发。但有同志说:"江南的国家没有掌握这么多无主荒地(不少荒地是国家管不着的,或者是非常难以开发的),公社残余正在衰落,因此江南发展农业的途径只能通过封建大土地所有制、田园别墅组织来实现,而不是通过国家。因为国家既没有力量,而且成为农民急需摆脱为羁绊。"似乎庄园制是开发江南的唯一的、最好的办法。这样的说法恐难以令人信服,因为事实远非如此。庄园经济的发展,虽然对江南的开发起过一定作用,但同时它对南方整个经济又具有很大的破坏力;即就庄园本身为生产而言,也非常落后。因此它的发展,对江南开发所起的作用是非常有限的。

庄园的大量发展,它的经济地位虽在南朝整个国民经济中的比重越来越大,但这并不能增加国家的收入。因为庄园主并不负担国家的租税劳役。他们非但本身有免税的特权,而且根据"给客制",王公以下所有的品官,可以有四十户以下的田客和数目不等的衣食客,典计等也免税免役。此外,还荫蔽大量的隐户(即"黑人黑户")为其劳动。至于王公以上的宗室、公主、皇亲国戚那就不用说了。

大土地所有制庄园的发展,庄园的增加,就必须集中更多的土地和劳动力,这就意味着自耕农的土地不断丧失,更多的人沦为庄园的劳动者。这样发展的结果,必然使自耕农的数字越来越少。自耕农的减少就会立即影响到国家的收入。马克思说过:"赋税是政府机器的经济基础,而不是其他任何东西。"⑧由于"纳税人"的不断减少而政府赖以生存的税收却不会减少。这样,全部负担就移到了没有破产的自耕农民头上了。愈来愈少的自耕农怎么能负担得起如此庞大的税收和劳役呢? 看一下当时的赋税情况吧!

(东晋)孝武太元二年(公元 377 年),除度田收租之制。王公以下口税三斛(晋时每斛十斗,即一石),唯蠲在役之身。八年(公元 383 年),又增税米,口五石。⑨

六年之中,口税竟增加了二石! 还有名目繁多的户调,杂调。以致"乃令桑长一尺,围以为价,田进一亩,度以为钱。屋不得瓦,皆责赀实。民以此,树不敢种,土畏妄垦。栋焚榱露,不敢加泥。"⑩赋税的征收,达到了这种地步,自耕农还能进行生产吗?

还有无休止的劳役,更使农民不能进行正常的生产。东晋范宁说:"古者使人,岁不过三日,今之劳扰,殆无三日休停。"以致"残形剪发,以要复除。生儿不复举养,鳏寡不敢妻娶。"⑪宋周朗说:"重以急政严刑,天灾岁役。贫者但供吏,死者弗望埋,鳏居有不愿娶,生子每不敢举。"⑫农民在如此繁税重役之下还有什么生路呢? 他们的出路不外是:一是投靠大庄园主,在其庇护之下作为"隐户"。为庄园的生产带来土地和劳动力;或者投入寺院,当下级的僧徒,或者为寺院经营的庄园劳动。二是实在走投无路的,"窜避山湖,困者自经沟壑。"或者"奔窜山湖,聚为盗贼。"⑬结果呢? 自耕农固然破产,而国家也就财政枯竭,兵源不足。

所以自耕农民的破产和国家的衰落是庄园经济发展之果而不是因,但自耕农的破产确实又为庄园的发展提供了有利条件,这是相辅而又相成的关系。但总的来说,是庄园经济的发展促使广大自耕农民的破产。自耕农民的破产遂使保护庄园制的国家机器衰惫不堪,从而使国家丧失进一步组织发展生产的能力,而一步步走向反面,以至非但不能再起保护庄园的作用而乃至最后灭亡。

我们再看一下庄园本身的生产情况,以便对它的作用有更进一步的了解。宋谢灵运写了一篇《山居赋》,以大庄园主的身份描写了庄园生活的如何舒适美妙。我们从文里可以看到,他那庄园"左江右湖,面山背阜;阡陌纵横,连岗盈畴。"又有园林山川之胜,自竹木、花草、虫、鱼、鸟兽以至各种药材、园珍,无不一一俱备。

规模真是不小。它是靠谁来劳动经营呢？据他自己说："山作水役,不以一牧;资待各徒,随节竞逐。"[14]一句话,是靠一大批劳动者按照不同季节来为他种植采集的。可见庄园主舒适美妙的生活,全是庄园劳动者血汗所构成。

庄园的基本劳动队伍,主要是奴婢、佃客、部曲和门吏等。奴婢的地位大致和奴隶相同,没有人身的自由,也没有独立的人格。如宋建康令沈文秀,曾"为寻阳王鞭杀私奴"[15]。梁临贺王萧正德的庄园里,"蓄奴僮数百,皆黥其面"[16]。他们生命没有保障,人格遭到侮辱,遭受非人的待遇和压迫自不必说。侯景之乱时他们愿为侯景效劳,当侯景解放了他们,他们就为侯景攻台城打头阵[17]。以佃客来说,他们是庄园的主要生产者,他们大部分是"给客制度"下的荫户,他们注入庄园主的"家籍",不得自由行动。连主人犯罪,他们也要受到牵连,"其佃谷,皆与大家量分。"[18]即收获的庄稼要和庄园主共同分益。其地位类似屯田制下的屯客,其人身依附关系是很强的。庄园生产者之中还有门吏,包括门生、义故等。上述的大庄园主谢灵运,"因父祖之资,生业甚厚,如僮既众,义故门生数百,凿山浚湖,工役无已。"[19]门生、义从肯定有一定的身份和地位,决不会低于佃客,但谢灵运却"辄杀门生"[20]。他竟敢于随便杀戮门生,那么其他劳动者如奴婢、佃客、部曲等更不用说了。谢灵运的庄园是南朝庄园经济的典型,从他对庄园劳动者的态度,就不难推想出整个南朝庄园制度下的劳动者的命运了。

此外,庄园还有大量的"隐户",主要是破产的农民为了逃避繁重的赋役而投进庄园的,他们为庄园提供土地和劳动力。梁贺琛在给梁武帝的封事里说:

> 百姓不能堪命,各事流移,或依于大姓,或聚于屯封,盖不获已而窜亡,非乐之也。[21]

通过对庄园各种劳动者地位的了解,不难看出他们所受的剥削和压迫是很深的。他们在庄园制度下的劳动不可能产生很高的积极性。因此也不难看出庄园制生产的局限性。它对江南的开发能起多大的作用也就可想而知。

另外,由于广大自耕农的破产,破产农民除掉大部分投身于庄园之外,流亡于山泽的也不少,这就带来一系列的社会矛盾,愈是庄园集中的地区,各种社会矛盾也愈集中、愈激化。我们就不难理解东晋南朝较大的农民起义总是爆发在江南富庶之区,如孙恩、卢循、唐寓之等起义。江南"三吴"地区共八个郡,正是世家大族的大小庄园集中的地区,所以也集中反映了东晋南朝庄园制下面的一切社会矛盾。孙恩、唐寓之起义都是"旬日之间、聚众数万。"反映了这个地区的阶级矛盾已尖锐到何等程度。而且南朝时期在这个地区发生的起义还有九次之多。[22]这难道不足以说明这是庄园经济的发展所引起的又一恶果吗?

四

固然,南方庄园制经济的发展有其历史因缘,南朝庄园实力雄厚,由于长期的存在和发展,其生产方式已经根深蒂固;政治上又有门阀制度作保护,要一下子改变这种局面,似有很大的困难。但这并不能说南方经济体制就没有改革的可能,庄园制是唯一可走的道路。事实上要改革这种局面也不是没有机会。假如在孙恩、卢循起义之后或侯景之乱后,当时的封建国家如果采取类似均田制这样的保护自耕农民为主的小农经济政策,那么南北对立、南弱北强的局面未必不可能改变。但是当时的统治者刘裕和陈霸先都没有这样做,前者是想改变一下世家大族在政治和经济上的地位,可惜他即位两年就死去,后继者的苟安和自相残杀,使原来的局面每下愈况。而后者执政时,国力更弱,虽然打击了一下地方豪强,但陈国政权已衰弱不堪,他也是即位二年就死去,他的后继者只是苟延残喘而已。

总之,南朝之所以衰亡,经济上庄园制发展使自耕为主的小农经济崩溃是一个重要原因。南朝之苟延很久,并非是庄园制或门阀制具有生命力,只是当时全国范围内还没有一支能统一全国的力量。一旦在北周统一北方基础上建立的隋朝,以其生气勃勃的自耕小农经济为主的均田制和在它基础上建立的府兵制在整个北方确立的时候,南朝的灭亡便指日可待了。隋的灭陈不只是军事上的决战,也是经济制度上的一次优劣较量,结果是以自耕农为主的小农经济以其适应当时历史潮流的优越性很快地战胜了腐朽的庄园制度。

(原载《广西师范学院学报》1981 年第 2 期)

注　释：

①《世说新语·尤悔篇》注引《八王故事》。

②《晋书·张翰传》。

③《宋书·沈庆之传》。

④《梁书·裴邃传附兄子之横传》。

⑤《梁书·止足顾宪之传》。邸，在当时一般是指与田庄有关的仓库、货栈或商店等，有时也指田庄。

⑥⑭⑲⑳《宋书·谢灵运传》。

⑦《梁书·王皇后传》。

⑧《哥达纲领批判》，人民出版社1965年版，第24页。

⑨《晋书·食货志》。

⑩⑫《宋书·周朗传》。

⑪《晋书·范汪传附子宁传》。

⑬《宋书·沈怀文传》《南齐书·周颙传》。

⑮《宋书·沈文秀传》

⑯《南史·临川静惠王宏附子正德传》

⑰《南史·侯景传》。

⑱《隋书·食货志》。

㉑《梁书·贺琛传》。

㉒据郑欣《东晋南朝时期世族庄园制度》所举材料统计。原文载《文史哲》1979年第3期。

庄园制、小农经济和农民战争

近年来关于历史上小农经济的研究和讨论活跃起来了。前些日子批判封建主义，很多人都把小农经济和封建主义联系起来，还有人把小农经济，当作封建主义来批。他们的论点归纳起来无非是小农经济"分散、落后、脆弱、不稳"，这是由于个体农民"愚昧、落后、自私、保守"所造成。结论是：小农经济"是中国贫穷落后的根源""是封建专制主义的基础""中国封建社会长期停滞不前的根本原因"等等。差不多众口一词，并无异议。这里我想结合中国历史的实际情况，谈一些个人的看法，不当之处，请批评指正。

一

什么是"小农经济"？即以户为单位经营农业的个体经济。如果单从经营的规模而言，那么封建社会的农业无论是地主制的租田制或领主制的庄园制都属小农经济。租田制自不必说，地主把土地租给佃农分散经营；即使是庄园式的农奴制也是以个体经营为主，生产者农奴有自己分得的份地，有自己的工具，有自己的独立经济，无论领主的领地或是农奴自己的份地，经营都是分散的。而奴隶制的生产倒是同种劳动简单联合的大生产。现在为了和庄园制有区别，这里所说的小农经济一般指自耕农，也包括地主制下的佃农，但封建前期庄园中的佃客、徒附、部曲等，类似西欧封建庄园的农奴，这里就不包括在小农经经济范围之内。

目前有一种观点：认为只有西欧的庄园制才是完全的封建制；中国以小农经济为基础的封建制是没有完成的封建制。西欧封建领主的庄园制要比中国小农式的封建制先进得多。他们把小农经济和庄园制作了对比，封建庄园制无论哪方面都要比封建的小农经济优越。事情果真是这样吗？我们从中国的历史情况来看，事实并非如此。

本来，小农经济并非封建社会所特有，在奴隶社会、资本主义社会都有，尤其在这些社会的初期。即在当今世界各国中，小农经济在农业中的比重也不小。例如日本、英国、法国。斯大林在论述封建生产关系时曾指出："除了封建所有制以外,还存在农民和手工业者以本身劳动为基础的个体所有制,他们占有生产工具和自己的私有经济。"①正因为社会形态不等于整个社会,小农经济可以成为封建社会经济的一个组成部分。所以马克思也说："小农经济和独立手工业生产,部分构成封建生产方式的基础。"②只是在中国的封建社会里,这个"部分"就占得大了一点。那么,中国的小农经济为什么会在封建社会里占很大的比例呢？这确实和土地私有有关。

目前,由于许多问题尚在争论之中,如奴隶制与封建制的分期问题,井田制的存在与性质问题,领主制与地主制封建,等等,还是各持己见,迄无定论。至于井田制,目前分歧更大,今就孟子所述井田而论(因为详细、系统论述井田制的典籍,如《周礼》《公羊传》《穀梁传》《韩诗外传》等,其成书年代远远后于《孟子》),孟子心目中的井田制度,极似西欧领主制下的封建庄园："方里而井,井九百亩,其中为公田,八家皆私百亩,同养公田,公事毕,然后治私事。"这不是典型的农奴分有份地,而为领主耕种领地吗？

中国的小农经济,在奴隶社会里的情况怎样,尚很难了解。在封建社会里,公元前四世纪秦国商鞅变法,"废井田,开阡陌",小农经济才逐渐取得优势,战胜领主制而登上历史舞台。

商鞅为了打击领主的特权而废除"世卿世禄"制度。大刀阔斧地改革,大力鼓励和扶植个体自耕农。"为田开阡陌封疆,平赋税"。就是打破井田的界限,可以自由开荒种植。"民有二男以上不分异者倍其赋。"就是提倡小家庭式的个体农民,把他们从领主的桎梏中解放出来。另外还招诱东方邻国赵、魏、韩三国的无地游民来秦国开荒种地,三代不交租赋,免除服兵役的负担,成为完全独立的自耕农。③但是这些政策和措施都遭到当时的大理论家孟子的斥责,他痛骂秦孝公、商鞅是"暴君污吏",并叫嚷要给开辟土地、发展自耕农的人"服刑",因为他们的"罪状"仅次于好战分子。④可是历史的发展却并不按照某些理论家的主观愿望。小农经济制还是战胜了领主式的农奴制。个体农民比农奴来,一是没有强烈的人身依附关系,要自由得多,二是只向封建国家交纳赋税,服一定的劳役,不像农奴一样俯首帖耳为领主耕种领地,有着强烈的超经济强制。毫无疑问,小农经济制度比起农奴制度来要优越得多,小农经济战胜领主制不能不说这是一个大的进步。

所以,商鞅变法之后,"行之十年,秦民大悦,道不拾遗,山无盗贼,家给人足。民勇于公战,怯于私斗,乡邑大治。"⑤就在这个基础上,秦国富强起来了。商鞅虽然后来被惨杀,但他的这一套政策并没有因"人亡而政废",还是继续执行。又经过百余年的努力,秦国终于各个击破东方六国,统一了全国。通过以上史实,我们可以说,没有商鞅的变法使小农经济抬头,就无法战胜领主式的农奴制,就无法建立经济上、军事上强大的秦国,也就没有力量统一全国。那么全国会是什么情况呢?必然将是四分五裂,满布着一个个独立的领主封建王国,自生自灭。就不可能出现秦汉统一的大帝国。以后纵然像西欧一样走进资本主义时代,那也将出现几十个民族国家,决不会有统一的多民族的伟大国家出现。那么能说是小农经济的落后吗?

二

在中国后世封建社会里,类似领主式的庄园并不是没有出现过,那就是公元三至六世纪的魏晋南北朝时代。当时正是分裂时代,封建王朝的中央集权相对削弱,在这特殊的条件下,南北朝普遍出现了封建大庄园。现在我们就当时的庄园制来看一看它们的成败得失、兴亡之迹,再和小农经济对照一下,到底谁优谁劣是颇有意思的。

公元四世纪初,北方少数民族长驱直入,西晋王朝就在内忧外患交攻之下很快灭亡了。北方陷入一片混乱,在少数民族的蹂躏之下,人民大量被杀,生产遭到极大的破坏。北方的强宗大族一部分率领宗属、乡里纷纷南逃;留下来的也纷纷组织宗族、乡里等结寨自保,形成许多像三世纪初汉魏之际那样的大大小小的坞堡、壁垒。这本来是地主阶级为了保卫自己利益而组织起来的,可是北方的生产却主要赖于这些堡垒式的庄园而延续下来了。这些坞堡,可以说是典型的封建庄园,它集行政、军事、生产于一体,坞堡主就是封建主、庄园主,同时也是政治、军事的首领。生产者除一部分奴婢之外,主要是佃客和徒附。这些人地位低下,生产落后,而人身依附关系特别强烈,其身份极似农奴。比起西晋占田制下面的农民来,这无疑是一种倒退现象。那么这些原来是坞堡主的宗族、乡里为什么会俯首就范,甘心作为农奴呢?这是由于当时少数民族入侵,战争频繁,兵荒马乱,社会极不安定。如果离开了这类坞堡,生命财产就无保障,根本无法进行生产。所以这种倒退现象由于特殊的条件而存在下来了。这种坞堡式的庄园,就成为北方十六国时代的主要经济形式。这种堡垒式的庄园,为历来的少数民族统治者所痛恨,也攻破了不少,但由于社会基础的存在,这种庄园还是此伏彼起,一直存在下来。北魏统一北方后,统治者虽然采取种种措施,扶植小农经济,但对这种堡垒式的庄园还是采取暂时妥协的办法,用"宗主督护"的形式让其继续存在下去。直到五世纪末,均田制实行,才把庄园的佃客、徒附和部曲从庄园中游离出来,又用三长制的办法,整领基层户口,才把这种堡垒式的庄园逐渐攻破。小农经济在均田制的形式下在整个北中国确定起来了,这样,庄园制又从北方首先退出了历史舞台。

在南方,三至六世纪,也正是封建庄园发展的时期。西晋末,北方世家大族带领着大量的劳动力南下,他们就在山林、泽畔、空旷之地建立庄园;东晋的王公、官僚,有"给客制"和"荫亲属"的特权,从行政上保证他们建立庄园的土地和劳动力;功臣武将则有赐田;南方土著大族本来就建立了许多庄园;大商人、佛寺也很快建立起自己的庄园。总之封建庄园遍于江南繁庶之地直至东晋末(义熙九年,公元413年),整个南方的情况已经是:"先是山湖川泽,皆为豪右所专,小民薪采渔钓,皆责税直。"⑥刘宋时(宋明帝泰始三年,公元467年)会稽郡(治所在今浙江绍兴市)的情况是:"会稽多诸豪右,不遵王宪。又幸臣近习,参半宫省,封略山湖,妨民害治。"⑦这样的材料不胜枚举,这里就不多引。虽然南方还存在不少自由农民,小农经济仍占很大比重,但无疑庄园经济的比重是越来越大了。

南方的庄园与北方稍有不同。一是庄园的劳动者,除一部分奴婢之外主要是佃客和荫户,还有一些其他的成分,如故吏、门生等,而很少有部曲。二是庄园主多为世家大族,本身就是世代官僚,他们在政治上有特权,在"给客制"和"荫亲属"等制度的保护之下,他们的庄园和劳动者免赋免役。这样,国家的赋役就落在自耕农的头上。随着庄园的不断增加,自耕农的负担就越来越重,不少自耕农就破产了,他们大部分投奔到庄园名下,作为荫户,为庄园主劳动而免赋役。这样,没有破产的自耕农赋役负担就更重,就会像瘟疫一样使愈来愈多的自耕农破产。而庄园的荫户却愈来愈多,庄园就越来越大。自耕农的大量破产,就必然会引起社会矛盾的尖锐,动乱就随之起来了,而南朝政府也就财政枯竭,兵源缺乏。南方政权越来越弱,终至一蹶不振。其根本原因就在于自耕农的崩溃。⑧

　　5世纪中期,宋魏对峙,南北还说得上势均力敌。5世纪末,北魏实行均田制以后,经济迅速上升,北强南弱就基本形成了。即在北方分裂成两个政权的时代,南朝还是国土日蹙,无法与北方抗衡。待到北方统一,南朝已不堪一击。公元589年,隋文帝伐陈,就像摧枯拉朽一样,一举而灭陈。这里,我们能看作这单是军事上的胜利吗?决不是的,根本原因是北魏实行了均田制,大力扶持和发展小农经济,打击和限制了庄园经济,这个政策历东魏、西魏、北齐、北周、隋不改。而北周又在自耕小农的基础上建立了府兵制,统一了北方,又为隋所继承。而南朝,由于腐朽的门阀制度,世代当大官僚的都是大庄园主,他们目光短浅,眼睛老是只盯在自己庄园上,经济利益决定了他们在政治上、军重上的狭隘保守。即使在条件非常有利的情况下,也不想有所作为。如殷浩北伐、淝水之战大胜之后,刘裕进兵灭后秦、南燕等大好形势下,也始终不能乘胜前进,统一中原。原因就是这些目光短浅的大庄园主为首的统治集团的从中掣肘,最后,以致一事无成,前功尽弃。

　　通过南北历史的对照,强弱胜负、先进落后的比较,庄园制与小农经济谁优谁劣不是很清楚吗?如果没有北朝实行均田制,那么小农经济就无法在北方抬起头来,也就是庄园制不会退出北方经济舞台而让小农经济取而代之。那么也就不会有北周、隋统一北方、统一全国的力量出现。这样,非但不会结束四百年的分裂局面,而且还会永远分裂下去,也就决不可能出现隋唐统一帝国的盛世。隋的灭陈,说明了小农经济对中国历史的发展做出了又一次伟大的贡献!

三

　　小农经济为我国封建社会的主要经济形式,它具有投资小、恢复快、生产积极性高等许多优点。只要从大土地所有制下解放出来,具有适应滋长的条件,那么它成长的速度是惊人的,而整个社会经济的复苏、繁荣、昌盛也是非常迅速的。我国封建时代每个王朝的兴盛、繁荣、强大,都和小农经济的发展分不开。限于篇幅,这里无法系统详述,今仅以唐初和明初为例,简叙一下小农经济在封建社会发展中的作用。

　　公元618年,唐王朝在农民战争的成果上建立起来了。从611年农民大起义爆发到623年全国基本安定，这十几年中，由于农民战争中隋王朝的血腥镇压，和群雄间的互相残杀，整个北方遭到了严重的破坏，生产凋零，人烟稀少。黄河中下游地区，"蕉莽巨泽，茫茫千里，人烟断绝，鸡犬不闻。"⑨唐王朝建立之初户数只有二百多万⑩，唐太宗即位之初（公元627年）还不到三百万。而隋大业初（公元606年），有户八百九十万。其被坏的程是可想而知了。面对这种情况，唐太宗没有采取其他办法，而是用发展小农经济的办法。武德七年（公元624年），公布了实行均田制的命令（当时他任大司徒）。这一次均田令同前代有些不同，分地只限户主，为了防止富豪多占土地、奴婢、牛，都不给土地；而且授田的原则是："凡授田，先课后不课，先贫后富，先无后少"⑪，充分保障个体农民获得土地。当然，均田令也规定王公、官僚有相当数量的永业田，但这不是主流。所以均田令实行七年之后，社会经济虽然没有完全恢复，但农民有奔头，安心生产，社会秩序非常安定，史书说："是岁（贞观四年，公元630年），断死刑二十九人，几致刑措。东至于海，南至于岭，皆外户不闭，行旅不赍粮焉。"⑫所以，到他死，唐高宗即位时（公元650年）全国的户数就上升到三百八十万了。又经过一百年的发展，天宝十四载（公元755年）全国户数为八百九十万，超过了隋极盛时的户口。按照当时已开垦的田亩数字，平均每户可得田一百六十多亩。⑬所以"开元天宝之中，耕者益力，四海之内，高山绝壑，耒耜亦满。人家储粮，皆及数岁，太仓委积，陈腐不可校量。"⑭就是在这个基础上，建立起强盛、繁荣的唐朝大帝国，也就是在这个基础上产生了光辉灿烂的唐代科学文化。

公元1368年，农民出身的朱元璋登上皇帝宝座。他深知农民的疾苦，理解他们的要求，为农民办了一些事。自从公元1351年元末农民大起义开始，蒙古贵族的残酷镇压，加之后来的群雄争霸，二十年间战争不息。整个中国北方一片荒凉，"道路榛塞，人烟断绝。"面对这样的情况，朱元璋首先满足农民的要求，当年就下令："令州郡人民，先因兵燹遗下田土，他人垦成熟者，听为己业，业主已还，有司于附近荒田，如数给与。其余荒田，亦许民垦辟为己业，免徭役三年"⑮，"三月，命省臣议计民授田，设司农司开治河南，掌其事。六月，谕中书省曰：'苏松杭嘉湖五郡，地狭民众，无田以耕。往往逐末利而食不给。临濠，朕故乡也，田多未辟，土有遗利，宜令五郡民无田者往开种，就以所种田为己业。给资、粮、牛、种，复三年，验其丁力，设田给之，毋许兼并。'"又北方府县，近城地多不治，召民耕，人给十五亩,蔬地二亩,有余力不限顷亩,皆免三年租。"⑯

洪武十三年(公元 1380 年),"令各处闲荒田地,许诸人开垦,永为己业。俱免杂泛差徭。三年后,并依民田起科。"⑰ 又"诏陕西、河南、山东、北平等布政司,及凤阳、淮安、扬州、庐州等府:民间田土,许尽力开垦,有司毋得起科。"⑱

诸如此类的诏令还有很多。朱元璋不仅从法令上保障自由农民获得土地,还相应采取其他措施,"与民休息",使小农经济能充分发展。比如庞大的军队,采用军屯的办法,解决军队的给养,尽量减轻农民的负担,并一再告诫地方官吏不要"损民""伤民",对待农民,要"取之有制,用之有节,使之不至于饥寒。"⑲ 并严惩那些损民肥己、贪赃枉法的官吏,规定贪赃六十两以上的,就要枭首示众,并把人皮剥下,装草立于衙前,永为惩戒。

朱元璋的这些措施大大有利于小农经济的发展,小农经济就像出现奇迹一样使明初的经济迅速得到恢复和发展。"每岁,中书省奏天下垦田数者,亩以千计,多者至二十余万。"到洪武二十六年(公元 1393 年),全国总垦田数为 850 万顷,户数也增加到 1605 万户,比之元极盛时的文宗至顺元年(公元 1330 年)要增加二百六十万户。⑳ 在短期内取得了如此巨大的成绩,无论怎么说,也看不出小农经济的落后性。

四

论述了小农经济在我国历史上的进步意义之后,必然会有人反问,小农经济果真如此先进,它能持久吗? 确实,分化是历史发展的必然,它的先进也只是与庄园制相比较而言。但是,它的分化决不是像某些人所说的那样,是由于个体农民劳动力的强弱或生老病死、自然灾害等原因。恰恰相反,造成贫富悬殊的是封建统治阶级,是他们利用封建特权或凭借政治力量所形成。所谓"人无横财不富","横财"哪里来? 就是靠不正当的手段,不劳而获。因为同样是小农,单是劳动力的强弱差异或生老病死或自然灾害,不可能造成很大的悬殊。而且,由于上述原因而造成的差异,那将是在任何社会都会有的,不可能为小农经济独有。事实上,只要对地主阶级的横征暴敛、豪强的鱼肉人民有所限制,可以在相当长的时间内保持相对平衡。以均田制而论,前后存在了三百年,单在唐朝就实行了一百多年,如果一种制度很快就分化的话,那它能存在如此之久吗?有人说:"在中国封建社会,有过不少'目光远大'的所谓改革家,曾不断提出解决小农分化、土地集中矛盾的乌托邦式的救治方案,但是有哪一个获得了真正的成功呢?"这也不合于中国历史的实际,封建统治的代表人物如汉武帝、魏孝文帝、王安石、张居正等,他们为挽救社会危机的措施和改革,难道可以说没有成功吗?如果这样说,那么,整个阶级社会的历史也何尝有成功可言?因为哪一国的历史也没有出现过"长治久安""万世一系",即使是号称最典型、最完整的西欧封建社会,还不是"一顶顶皇冠落地"?所以封建社会的分化,土地集中,决不能归罪于小农经济本身。

还有这样的论点:中国封建社会无数次农民战争是由于小农经济分化所致,小农经济是造成中国封建社会"繁荣、兼并、农民战争、恢复"公式循环往复的基础,是社会动乱的根本原因。果真是这样吗?

大家知道,封建地主阶级是一个眼光狭隘、自私又贪婪的剥削阶级,为了追求最大限度的剥削,他们的胃口越来越大,为了维护这种剥削,就必然要对农民进行残酷的政治压迫。随着地主阶级的壮大,就必然产生两方面的后果,一个是,为了维护地主阶级的利益,它的国家机器必然也要随之强化和庞大,为了保持一支庞大的地主武装和官僚的队伍,必然要增加财政的开支,原来在王朝初的"轻徭薄赋"对农民取用的"节制"是不可能的了,必然就要增加赋税、劳役、兵役,最后一一转嫁到了农民的头上,一旦超出农民负担的能力,"急征暴敛""徭役无已",就会引起"官逼民反"。另一个后果是,地主阶级的壮大,本身就意味着农民失去土地,自耕农民失去土地,就必然沦为地主的佃农,或地位更卑下的农奴或奴婢,另一部分破产农民就会"啸聚山林",被逼为"盗",如果再进一步,那农民就只能铤而走险,揭竿而起了。所以,地主阶级对农民的剥削和压迫,必然使农民阶级同地主阶级的矛盾尖锐化。所以封建社会本身就孕育着农民阶级和地主阶级之间的斗争和农民革命战争的风暴。如果说小农经济的全面崩溃,那就意味着农民战争的燎原烈火已经形成。所以,社会的动乱,农民的斗争,能归罪于小农经济吗?恰恰相反,这正是地主阶级的残酷剥削和压迫所造成,正是大土地所有制的产物。中国封建社会的危机,"繁荣、兼并、农民战争、恢复"的公式就像资本主义的经济危机一样是其本身的规律,这能归罪于小农经济吗?

在农民战争的不断打击下,我国封建社会才不断向前发展,由于农民战争的不断进行,才会出现历史上汉、唐、明、清的盛世。个体农民在农民革命斗争的烈火中,所失去的只是加在自己身上的锁链,而得到的却是自身的自由和土地。农民经过了无数次的斗争,虽然没有出现新的生产力和生产关系,但封建的人身依附关系却一天天的松懈淡薄,最后出现了"地丁合一""有田当差"等情况,农民的身份越来越自由了。这难道不是封建社会缓慢地向前发展吗?这个发展的动力就是农民战争。中国封建社会后期的农民,他们一旦失去土地,就是一个完全自由的劳动者,这个时候只要资本主义的因素一出现,毫无疑问,很快会形成资本主义的生产关系的。那么,中国资本主义的生产关系迟迟没有出现能归罪于小农经济吗?能归罪于农民战争吗?所以否定小农经济在我国历史上的作用,就必然否定封建社会里农民阶级的作用,不管在主观上怎样进行辩解,也必然会导致从理论上和实际上否定农民的斗争和农民革命的作用。

(本文是作者参加1981年10月在西安举行的"中国农民战争史学会"第二届年会的学术论文,并就本文要旨在大会上发言。)

注　释:

①斯大林《列宁主义问题》,人民出版社1971年版,第650页。
②马克思《资本论》,第一卷,人民出版社1975年版,第371页注。
③以上材料见《史记·商君列传》《商君书·徕民》。
④见《孟子·滕文公》及《离娄》上。
⑤见《史记·商君列传》。
⑥《宋书·武帝纪》中。
⑦《宋书》五七《蔡廓传附子兴宗传》。
⑧关于南朝庄园制与小农经济的关系,可参阅拙作《东晋南朝庄园经济试探》一文,载《广西师范学院学报》1981年第2期。
⑨《贞观政要·直谏》。
⑩见《通典》七,杜正伦所说。
⑪《唐六典》三。
⑫《旧唐书·太宗本纪》。
⑬《通典》二,《历代田制》。

⑭唐元结《元次山集》七,《问进士第三》。

⑮《续通考》卷二,洪武三年(1370年)。

⑯《续通考》卷二。

⑰《大明会典》。

⑱《续通考》卷二。

⑲《明太祖实录》二七。

⑳《续通典》三。

第二辑

历史人物与文化研究

贵攻心遗爱人间：西晋·羊祜

羊祜（公元221—278年），字叔子，泰山郡商城县（今山东费县西南）人。西晋的开国元勋又是名将。他为西晋的统一战争做了许多有益的工作。羊祜出身于"世代二千石"（指太守、郡的长官）之家，又是东汉著名学者蔡邕的外孙。早年丧父，由叔父扶养。

三国魏末，政权渐移归司马氏，魏帝成为司马氏手中的傀儡。大将军司马师是羊祜的亲姐夫，照说应是司马氏的亲信，会很快飞黄腾达的。但羊祜找种种借口并不参与政治活动。直到公元255年司马师死后，被司马昭征用，才登上政治舞台，当了给事中、黄门郎等官。当时的政治局面非常复杂，许多人在政权转移之际卷入了统治阶级内部斗争的旋涡，有的被杀，有的高升。羊祜作为魏皇室的侍从官，在其间处置应变是很不容易的。公元265年，司马炎篡魏建立西晋，羊祜是"佐命元勋"。

晋武帝为了筹备灭吴，统一全国，于泰始五年（公元269年）二月，任命一批元老又是心腹大臣驻守晋吴交界的重镇，作进军吴国的准备。如派征东大将军卫瓘都督青州诸军事镇临淄（今山东今县），镇东大将军东莞王司马伷都徐州诸军事镇下邳（今江苏邳县南古邳镇），羊祜以尚书左仆射都督荆州诸军事镇襄阳。

羊祜到襄阳后，力图改变边境处于紧张状态的情况，安定人心，使边境人民安心生产。他首先从自身做起，把边防巡逻兵减去一半，用来耕种屯田，生产军粮，共计有八百余顷，使军粮十分丰足。本来军无百日之粮，到后来，积余的粮食可供军队十年之用。这就大大减轻了当地人民的负担。他还大兴学校，发展文教事业。同时减少官僚排场，自己轻装简从，卫兵、传令兵不过十余人。

要造成边境安宁的局面，本来是敌我两方面的事。为了彻底搞垮吴军，达到灭吴的目的，他改变策略，一反过去的做法，他首先从自身方面做起，向吴军申张信义，凡向吴军开战，必先约定时日，从不搞突然袭击，或搞偷袭；凡是投降后又想回去的，均可听便。当然，他这样做决不是无原则的退让，给敌人可乘之机。他率先进据险要，在边境建立五个大城堡，夺取了不少肥沃的土地，然后划汉水为界，在石城(今湖北钟祥)以西都成为晋的地方,这样吴要进攻也困难了。

在军事上取得主动权之后,他又对吴军进一步开展了一系列的政治攻势。如有一次,部队俘虏了两个吴民少年,羊祜立即派人送他们回去。后来吴将夏详、邵颙向晋投降,被送回去的两个少年的父亲也带着亲属跟来了。吴将陈尚、潘景因进犯边境而战死,羊祜举行隆重的仪式将他们殡殓,表彰他们为国捐躯的精神。当他们的家属要求领回灵柩,也很隆重地送回。又一次吴将邓香进犯夏口,被活捉,羊祜也不追究他的罪过而释放,使邓香非常感动,就率领他的部队来投降。晋军在进军过程中割取吴民的谷子当军粮,都要用绢来折价偿还。甚至吴国人打猎,受伤的野兽或飞禽逃入晋边境,凡为晋军所取得的也如数送还。这些做法使吴国军民非常感动,都称他为羊公,而不直呼其名。这种攻心战略收效很大。

当时与羊祜军对垒的吴军大将是镇东大将军后任大司马的陆抗,是名将陆逊之子。他对羊祜的做法非常头痛,只得告诫部下说:羊祜用恩德收买民心,如果我们用残暴的手段来对付,这是"不战而自服",正中其计,就会自取灭亡。我们只有保住边境,千万不能为小利而挑起边衅,给他以可乘之机。这时,吴国的政治已十分腐朽、黑暗,吴王孙皓是一个十分昏庸而残暴的人物,他见陆抗在边境搞得和平无事就责问陆抗。陆抗回答说:"一乡一邑的小单位都要讲信义,何况我们吴国?如果我们不是这样针锋相对,而采用残暴虐杀,那正是中了他们的计,而对羊祜是毫无损伤的。"当陆抗生病时,羊祜就送药来,陆抗毫不怀疑地服用,有人劝他要小心,陆抗说:"羊叔子会是下毒药的人吗?"陆抗送给羊祜的美酒,羊祜也照样饮用不疑。

羊祜在荆州的这些做法和措施也遭到许多人的攻击,但是在多年来行之有效而又取得重大成果的事实面前也不敢公开反对,这些人只能由忌而恨,散布流言蜚语,如荀勖、冯紞等人。尤其是掌大权的王戎和王衍,诽谤更多,故当时人说:"二王当国,羊公无德。"

羊祜曾屡次上表,要求抓住时机,出兵伐吴,晋武帝虽然同意,却遭到权臣贾充以及上述这些人的反对,赞成的只有张华、杜预两人。羊祜只能做一些统一战争的准备工作,如推荐王浚担任益州刺史,在长江上游四川造船舰,以便顺流而下,进攻吴国。咸宁四年(公元278年),羊祜病重,他推荐杜预接替他镇守荆州。

这年十一月,羊祜病死洛阳,消息传来,荆州人都非常悲痛,这一天襄阳正是圩日,市场上听到了这个噩耗,人们都不禁停止了买卖,圩也散了。连吴国边境的军民也悲伤得泣不成声。

次年(公元279年),晋武帝终于下定决心,采纳了羊祜的遗表,排除了种种干扰,大举出兵伐吴。咸宁六年亦即太康元年(公元280年)春,由王浚、杜预、司马伷等率领的五路大军,直指吴都建业(今南京市),民怨沸腾而分崩离析的吴国很快就灭亡了。全国分裂离乱近百年之后,至此又归统一。羊祜虽来不及亲身参加这次重要战役及亲眼看到全国统一,但一切都在他生前的设想和预谋下进行的。

荆州人民为了纪念羊祜在荆州的功业,在他生前常去游宴的襄阳近郊的岘山上建庙立碑。每当人们立在岘山的纪念碑前,就会缅怀他生前的业绩,想起他在荆州、襄阳所做的许多好事,情不自禁地热泪盈眶,后人便把这块碑称作"堕泪碑"。

(原载于《中国古代名将传》,广西人民出版社1988年出版)

中流击楫誓言壮：东晋·祖逖

祖逖(266—321)，字士稚，范阳遒县(河北涞水北)人。东晋著名将领，是东晋第一个进军北伐的人，曾经一度收复黄河以南的全部失地，由于东晋内部矛盾重重，他得不到支持，忧愤成疾，死于军中。

祖逖是北方士族，出身郡守世家。为人品行端正，重义轻财，每到田庄，总要发放谷物布帛等周济贫困人家。因此，深受同乡同族的爱戴。祖逖青年时代胸怀大志，同刘琨一起担任司州(今河南洛阳)主簿(秘书)时，两人志同道合，互相勉励，半夜听到鸡啼，祖逖就蹬醒刘琨说："这不是讨厌的闹声(而应以此来提醒我们自己抓紧时间，刻苦锻炼)。"于是两人一同起来练习舞剑。这种"闻鸡起舞"的奋发精神，一直流传至今成为美谈，为后世的有志之士所推崇。

西晋灭亡以后，北方出现了各少数民族贵族混战割据的局面。逃往江南的皇族首领司马睿在建康(今江苏南京)建立了士族地主政权东晋王朝。祖逖也率领宗族部曲数百口南移，在向南迁徙的途中，祖逖把自己所乘的车马让给年老患病的人乘坐，同大家一起步行；药物衣食也让大家共享；加上足智多谋，大家就推选他担任南迁途中的负责人。渡江以后，司马睿任命祖逖为徐州刺史、军咨祭酒(参谋长)，驻守首都建康的门户京口(今江苏镇江)。祖逖所领部曲宾客(私兵)都是些强悍的勇士，祖逖对待他们就像对自己的子弟一样。祖逖深感社稷倾覆，人民涂炭的痛苦，时刻准备收复沦陷的北方河山。

东晋王朝建立以后，流亡江南的老百姓时刻不忘自己的家乡，要求恢复失去的北方土地。生活在北方的汉族人民，遭受少数民族统治者铁蹄的蹂躏，也日夜盼望东晋军队北上解除他们的痛苦。南北人民都希望东晋政府积极北伐。但是，以司马睿为首的东晋统治集团，所关心的只是他们在南方统治地位的巩固和经济利益的争夺，对出兵北伐和收复中原失地并不感兴趣。当时只有祖逖等少数人坚决要求北伐，积极进图中原。早在东晋建国之初，祖逖第一个向司马睿提出北伐要求，指出："由于西晋末年宗室诸王的争权夺利、自相残杀，长期激烈混战，致使少数民族贵族乘机起兵反晋，中原地区陷于分裂割据。现在，北方的汉族人民纷纷起来反抗少数民族统治者的野蛮统治,大王如果您允许我祖逖统率军队,出师北伐,解除北方人民的痛苦,那么,各地的英雄豪杰必然会闻风而动,积极响应。"司马睿只好任命他为奋威将军,豫州刺史,其实只是一顶空头的将军盔,只给他一千人的粮饷和三千匹布的军费,叫他自己制造铠甲和武器,招募军队,想法子去北伐。在如此困难的条件下,祖逖毅然率领他原来的一百多家部曲,于建兴元年(公元313年)八月渡江北伐,当渡船驶到江的中流时,他叩击着船桨满怀壮志地发誓说:"如果祖逖我不能扫清中原凯旋而归的话,就像这江水一样一去不复返!"随从的人都被他的豪言壮语所感动。

渡过长江以后,祖逖在淮阴(今江苏淮阴)铸造兵器,招募了士兵二千人,向前进发。当时,中原地区有不少屯聚的坞堡首领,他们割地分立,各自为政,互相之间矛盾很多。祖逖根据不同情况,区别对待:对于那些破坏北伐或投靠少数民族统治者的地方武装,就进行孤立和打击。当祖逖进驻芦洲的时候,谯县(今安徽亳州)坞主张平、樊雅起兵反叛,祖逖派人诱杀张平。由于作战有功,东晋王朝派人运输粮食援助,可是路途遥远,供应不上,于是祖逖部队发生饥荒。樊雅乘机用兵夜袭祖逖,偷偷摸入军营,一边拔出兵器,一边大声呐喊,直往祖逖帐幕杀来。祖逖临危不惧,沉着应战,指挥身边随从人员进行抵抗,晋军将士英勇杀敌,经过一番激战,打退了樊雅的袭击。不久,樊雅归降祖逖。陈留(郡名,今河南开封一带)地方的豪强地主陈川叛降少数民族统治者石勒,祖逖率领部队讨伐陈川,石勒派遣石虎领兵五万援救陈川,祖逖大败石虎。石虎带领残兵败将撤退,留下大将桃豹困守陈川故城,占据城西高台,祖逖部将韩潜占据城东高台,晋军从东城门出入,敌兵开南城门放牧,双方僵持了四十来天。祖逖决定大摆迷魂阵,打破这种僵局。他利用布袋装入泥土充作大米,指使成千士兵运上城东高台,制造了一个热闹的搬运粮食的场面。为了避免敌兵疑心,又指使几个人挑运大米,这次口袋里装的却是真的大米。挑米的士兵假装很累的样子,在半路上歇肩,桃豹的哨兵果然追来,他们几个故作惊慌,全部丢掉担子逃跑。桃豹的部队早已发生饥荒,缴获这些大米担子后,以为祖逖的部队还有很多粮食,心里更加害怕。石勒部将刘夜堂赶着成千毛驴驮运粮食,供应桃豹。祖逖派韩潜、冯铁等领兵半路截击,全部缴获这批粮食。桃豹部队没有粮食,无法守城,只好半夜弃城逃遁。祖逖率领部队乘胜进军雍丘(今河南杞县),进击石勒,并且大败石勒精锐的骑兵部队。对在战争中抓获的老百姓,祖逖十分优待,全部遣送回家。因此,石勒很多戍边的人们纷纷归附祖逖,石勒的统治区域逐渐缩小。

对于那些拥护东晋,支持北伐的抗战力量,祖逖则进行广泛的团结和联系,调动他们配合作战。屯聚河南一带的坞主赵固、上官巳、李矩、郭默等是当时北方的抗战力量,祖逖从中调解他们之间的冲突,使他们听从自己的统一指挥,齐心协力进行北伐。至于黄河两岸那些同情北伐而又受到少数民族统治者牵制的坞主,祖逖正确地采取了灵活的斗争策略,允许他们表面上继续维持原来的关系,还不时地出动游击部队假装抄袭他们,制造他们并未归附东晋的假象。这样,祖逖常常从他们这条秘密渠道及时获得石勒方面的军事情报,能够针对敌军的活动情况,采取对策,克敌制胜。

为了医治战乱地区的创伤,解除人民群众的疾苦,祖逖在收复的地区内,开展了生产建设活动。他严格约束自己,不占田产,带头过着勤俭节约、艰苦朴素的生活;亲自带领军民种田植桑,宗族子弟一样参加耕地、砍柴、挑担;用自己的财物赈济群众,并收葬奠祭死于战乱的无主尸骸。祖逖的这些措施,深受广大军民的拥护。

祖逖在极其困难的条件下,英勇地渡过长江,在北方人民的支持下,经过七八年艰苦的斗争,收复了黄河中下游以南的大片土地。北伐取得如此成就,固然是由于南北人民的拥护和支持,但是,这同祖逖的深谋远略和长期努力是分不开的。当地人民抬酒宰牛犒劳祖逖,老人们高兴得流着眼泪说:"我们都老了,想不到还能重新做晋朝的百姓,就是死也无憾了。"人们深受感动,载歌载舞,盛赞祖逖及其所部将士的英雄业绩。祖逖的部队如此深得人心,迫使石勒不敢渡河南犯。

正当祖逖准备进军河北,全部收复西晋失地的时候,东晋朝廷内部王敦之乱行将发生,司马睿任命吴人戴渊为征西将军,坐镇合肥,防御王敦。戴渊总管北方六州军事,管辖祖逖已经收复和尚未收复的州县,用以防止祖逖势大难制。加上朝廷内部王敦、刘隗争权夺利,正酝酿着一场内乱,祖逖自知北伐大业必将半途而废,因此忧愤成疾。祖逖虽然心怀忧虑,重病在身,但是仍然进取不止。他考虑到戍守重地虎牢(今河南荥阳)南面城防不坚,指挥大家建筑城垒,未及建成,祖逖病笃,抱恨死于雍丘。祖逖死后,石勒再次攻占河南,祖逖北伐的成果化为乌有。尽管祖逖领导的北伐没有最后完成,但是严重打击了石勒的南侵,巩固了东晋王朝的地位。祖逖是中华民族识大体顾大局的杰出人物，他为完成祖国统一大业那种生命不息、奋斗不止的献身精神，永垂汗青，彪炳百代。

（原载于《中国古代名将传》，广西人民出版社 1988 年出版）

风声鹤唳丧敌胆:东晋·谢玄

东晋名将谢玄(343—388),出身于世家大族陈郡谢氏,是名相谢安兄谢奕之子,字幼度,小名羯儿。著名才女谢道韫是他的亲姐姐。他小时候也很聪慧机灵,和同辈的谢韶、谢朗、谢川合称"封胡羯末"(这些都是他们的小名)。由于他的口齿伶俐,先知人意,从小就得到叔父谢安的器重。

谢玄成年之后,一直未曾出仕。由于北方前秦强大,严重地威胁着东晋的安全,大约在宁康三年(公元375年)前后,谢安才推荐他任广陵(今江苏扬州一带)相,当时他才三十出头。

自西晋灭亡后,北方已经出现过好几个少数民族或汉族建立的政权。永和八年(公元352年),北方鲜卑族建立的前燕灭掉冉魏,与氐族苻氏在关中建立的前秦对立。升平元年(公元357年)苻坚登位为前秦王,他重用汉族人王猛进行政治改革,整顿吏治,奖励生产,打击氐族旧贵族的特权,使前秦面目一新。太和五年(公元370年),前秦灭前燕,太元元年(公元376年)灭前凉和代国,结束了北方长期混乱、战争不息的分裂局面。本来东晋和前燕、前秦三者鼎立,现在变成和前秦直接对峙了,谢玄就是在这样的形势下登上政治舞台的。

当时的东晋,政权操之世家大族,只知偏安于江南,内部矛盾也很多,但由于前秦的强大,北边节节失利,在这样的形势下,才迫使东晋政权上下团结起来。在谢安当政后,又做了许多安定团结的工作。谢玄的政治生涯就是从改革军队着手的。他在京口(今江苏镇江)、广陵一带招募、训练新兵,号为"北府兵"。其成员都是由北方南迁的农民或部曲,他们幼时都曾亲身受到过少数民族统治者压迫和蹂躏之苦,他们有恢复故土、重返家园的愿望,故有较强的战斗力。又从中培养出一批骁勇善战的将领,如刘牢之、何谦、诸葛侃、高衡、刘轨、田洛等,加之谢玄等的严格训练,故北府兵屡建奇功,是敌人畏惧的一支劲旅。

太元四年(公元379年),在内奸的出卖下,前秦攻下襄阳,不久又进占彭城(今江苏徐州),东晋连失两大重镇。得寸进尺的秦军又以六万大军进围三阿(今江苏宝应)。谢玄自广陵出兵,由西侧出击,连连取胜,最后吃掉这六万大军,这才阻止了秦军南下的气焰。北府兵首战告捷,取得辉煌战果,也使谢玄在军事上崭露头角。

野心勃勃的苻坚,自恃有"强兵百万,资仗如山",梦想一举灭晋,这就挑起了我国历史上一场空前大战——淝水之战。

太元七年(公元382年)十月,苻坚在长安太极殿召开御前会议,与大臣共同商讨伐晋之事。他说,为了灭晋,他连饭都吃不下,希望臣下支持他。可是应者寥寥无几,大部分臣僚包括首相在内,都说晋"君臣辑睦,上下同心,未可图也",或说"彼据长江之险,民为之用,殆未可伐也。"苻坚大失所望,气愤地说:"我那么多的部队,每个士兵用马鞭投进长江,就可塞住江流,长江有什么了不起呢?"会议未能作出决定,苻坚很生气,叫官员们先回去,只单独留下他的弟弟苻融商议,想得到这个最得力的左右手的支持。苻融再三陈说利害,指出伐晋时机未到,并说:"鲜卑、羌、羯等少数民族,布满在首都附近,这些才是我们的大敌,一旦时机有变,这些人就将成心腹大患,后悔莫及。"苻坚又听不进。太子苻宏、幼子苻诜、爱姬张夫人也都劝说:"晋不可伐",而苻坚斥之为"孺子""妇人"之见。他的朋友道安和尚也劝他不必"上劳圣驾,下困苍生"。这些意见,苻坚没有一句听得进。只有投奔来的前燕鲜卑贵族慕容垂别有用心地说:"陛下自己断定就行了,何必广询群臣?过去晋武帝伐吴,同意的也不过张华、杜预数人而已,如果听取群臣的意见,怎能建立伟大的功勋?"苻坚听了才非常高兴地说:"能与我定天下的只有你了。"可见苻坚又是一个独断专横的人。

太元八年(公元383年)的夏天,苻坚下总动员令,规定老百姓"每十丁遣一兵";良家子(有财产、有地位人家的子弟)二十以下,有文才武艺的均授羽林郎的称号,这种应征入伍的就有三万人。

秋八月,苻坚派苻融率张蚝、慕容垂领步、骑兵二十五万为前锋,先行。一周后,苻坚自长安出发,统步兵六十多万,骑兵二十七万。九月,苻坚到达项城(今属河南周口市),苻融领兵三十万屯颍口(今正阳关,在寿县附近颍水入淮处)。

苻坚的出兵引起了东晋的极大恐慌,由于宰相谢安的镇定,"命驾出游""围棋赌墅"等安详举动,才把首都建康(今南京市)的人心安定下来。也作了必要的军事部署,"指授将帅,各当其任"。派谢石为征讨大都督,谢玄为前锋都督,以及谢琰、桓伊等领兵八万赴前抵御。另有胡彬的一支水军五千,赴寿阳增援。

十月,苻融攻下寿阳,当时胡彬的援军还在路上,未及交锋,只好退保硖石(今安徽寿县淮水之北)。秦大将梁成以五万大军屯洛涧(今淮南市东洛河)。谢石、谢玄的大军驻在洛涧之东二十五里。驻在硖石胡彬军就被隔断而绝粮。派人向谢石告急:"今贼盛粮尽,恐见不到大军了。"不料这个送情报的竟被秦军截获,苻融知道了晋军兵少缺粮的情况,马上送至项城的苻坚,并说"贼少易擒"。苻坚十分高兴,以轻骑八千人星夜赶到寿阳。又派朱序到晋军中劝降。朱序是在襄阳保卫战中被叛徒出卖而被俘,现虽官封尚书,他还是一心不忘祖国,把前秦的军情透露给晋军,并建议乘秦此时大军尚未集齐,迅速出击,可能有希望取得胜利,如待秦百万大军齐集就难对付了。但谢石害怕,不敢贸然出击,他想按兵不动。因时已隆冬,秦百万大军的军粮、御寒、马草必成问题,是不能持久的,所谓"不战而老秦师",然后伺机出击。谢玄、谢琰劝他采用朱序的建议。谢玄即派刘牢之以精兵五千直驱洛涧,未至十里即与秦兵遭遇,北府精兵直冲秦的大营,杀死主将梁成和战将多员,秦军争渡淮水北逃,溺死不少,共歼敌一万五千人,取得了肥水之战的第一个胜利。

晋军乘胜推进,与秦军隔淝水对阵。苻坚初到寿阳就遇到前锋受挫,又见八公山上的草木也疑心是晋的伏兵,开始惧怕起来,企图以速战取胜。谢玄就向苻融传话:"你带那么多军队,逼水为阵,这是企图固守,不想速战,请稍后退,腾出空地,决一胜负如何?"苻坚心怀诡计,想待晋军半渡在河中时袭击,就同意后撤。不料前军一动,后军情况不明,人心惶惶,即引起全军的骚动。朱序趁势就在后面大叫:"秦兵败了!"这一叫顿时引起大乱,纷纷逃命。谢玄、谢琰、桓伊等亲率大军,迅速冲进秦军大营。苻融还想指挥后撤军队,稳住阵脚,却在混乱之中马被绊倒,为晋兵所杀。秦军失去指挥官,更是溃不成军,土崩瓦解,自相践踏、淹死者不计其数。谢玄等乘胜追击,一口气就杀到离寿阳西三十里的青冈才收军。余下的秦军丢盔弃甲,闻风声鹤唳都以为晋兵追击,于是草行露宿,冻饿而死的又不知有多少。苻坚退到洛阳,收拾残兵,只剩下十万人了。

淝水之战取得全面的胜利,保卫了汉族的东晋政权,更重要的是保卫了江南人民的正常生产和生活,阻止了落后的氐族向江南的破坏,这是人心所向、全国人民支持的结果。不可否认,我们也应看到谢玄在其中的决策和指挥的作用。

太元九年(公元384年),谢玄又主持了东路的北伐。八月收复了重镇彭城;九月派刘牢之攻下鄄(在今山东)。十月,进军青州(治所在今山东益都),前秦青州刺史苻郎投降。谢玄又分诸路军北进,至碻磝(今山东茌平)、滑台(今河南滑县)。第二年,刘牢之渡过黄河攻下黎阳(今河南浚县),河北也收复了好些地方。

正当北伐军节节胜利之时,东晋由于大敌当前而潜伏下来的矛盾又暴露出来了。以司马氏为首的统治集团,他们虽主要来自北方,但目下他们在江南有着富厚的庄园田产,安于现状已经习惯,对北伐已经兴趣不大。而淝水一战,谢氏功高,谢安的威望和谢玄北伐的势如破竹,在东晋统治者看来并非好事,而是对皇室很大的威胁,尤其为掌握实权的孝武帝的弟弟司马道子所忌恨,他用种种借口调回各路北伐军,北伐的巨大成果也在不到几年之内全被断送。这充分说明东晋政权的腐朽、黑暗。

谢安、谢玄受到打击后都郁郁不得志,太元十年(公元385年)谢安去世,三年后谢玄也逝世了,时年不过四十六岁。

孔子曾说过:"微管仲,吾其披发左衽矣!"意思是假如没有管仲的话,我也将是披头散发,穿着左面开襟的衣服,成为少数民族了。南朝人在赞扬谢玄淝水之战中的不朽功绩,用"功参微管"来歌颂,是说谢玄的功绩当与管仲相并。

(原载于《中国古代名将传》,广西人民出版社1988年出版。)

月夜量沙避强敌：南朝宋·檀道济

在南北朝之初，强大的北魏屡次南侵，总想吞并南朝。在双方激战中，檀道济智勇双全，久历沙场，使北魏闻风丧胆，不敢南望，他是南朝少有的大将。

檀道济（？—436）是高平郡金乡县（在今山东）人，世居京口（今江苏镇江）。早在东晋末（公元416年），他就跟随刘裕（后来的宋武帝）北伐，担任前锋指挥。攻广固（今山东益都）、灭南燕，势如破竹。在攻下故都洛阳后，有人建议要把俘虏和降兵全部杀光，檀道济说："今天我们的部队是吊民伐罪，不能擅杀无辜！"就把俘虏降兵统统放回。这样一来，使北方被压迫的人民深受感动，自愿参军投效的人就更多。他很快进入关中，攻下长安，灭掉后秦。这是东晋立国百年来版图最大的时候。这里就有檀道济冲锋陷阵的汗马之功，所以檀道济一支军威震北方。不久，刘裕篡晋，檀道济也就以开国功臣镇守在北方前线。

宋文帝元嘉七年（公元430年）三月，宋军大举北伐。右将军到彦之统兵五万开赴河南，前锋段宏带精兵八千直指虎牢（即成皋，重要的关隘，今河南荥阳西）；豫州刺史刘德武领兵一万为后援；后将军长沙王刘义欣领兵三万为监军。

北魏采用崔浩"待其劳倦，秋凉马肥，然后出击"的建议，避免与宋军接触，主动撤除河南四镇守兵，渡河北上。这就是洛阳、虎牢、滑台（即北魏东郡，今河南滑县南）、碻磝（北魏济州，今山东聊城东南）四处要地。故宋军轻而易举取得了广大河南之地，到彦之便产生了骄心而麻痹轻敌。八月，魏军开始反击，到彦之处处被动，连连失利，不久魏军收复了洛阳、虎牢，宋军步步东撤，损失很大。十一月，宋文帝不得已增派檀道济为都督，开赴前线。此时黄河行将封冻，到彦之惊慌失措，竟烧毁辎重船只，丢盔弃甲，仓皇从陆路逃回彭城（今江苏徐州），士兵不战而散，甲兵资仗全部损失。

这样，檀道济一支军便支持了整个战场。次年正月，魏军由西北两面进围滑台，檀道济北上救援，进至寿张（今山东范县附近），魏安平公乙旃眷准备在此拦击，被檀道济杀得零星四散。又在高梁亭（在济州附近）大破魏军，斩魏济州刺史寿昌公悉颉库结。但魏军不断自西面、北面夹击，檀道济被牵制在济州附近，困战了二十多天，大小战役有三十多次，虽然打了许多胜仗，可是军队缺粮，无法西进了,故魏军终于攻下了滑台。檀道济孤军驻在历城(今济南),在兵少粮尽、强敌压境的情况下,檀道济为了保存实力,作出了退兵的打算。

可是偏偏在这个时候,部队里出现了投敌的叛徒,向魏军透露了檀军兵少缺粮、准备撤退的情况。魏军就加快集齐军队,缩小包围圈,这就更加引起了檀军广大士兵的惶恐不安。檀道济为了迷惑敌人,使用了诸葛亮演空城计式的疑兵之计——"唱筹量沙"。当北魏军营的谍报人员,偷偷来到南朝大本营前,竟是一片繁忙热闹的景象,士兵们正在忙着分配粮食,只听见高喊分粮筹码的声音,随之而来的是一筐筐粮食。北魏的侦察兵哪里知道这一筐筐的粮食竟会是沙土,上面只是撒了少量的米,便以为真的宋军还有粮食。而这个投奔敌营的叛徒却以提供情报不实被送了命。

一计得逞又来一计,打仗不仅比力量,还要靠智斗。宋军的关键在如何摆脱强大魏军的包围,如何安全退兵,决不能像到彦之那样惊惶失措,置大军安全于不顾,烧船弃甲,以致一败涂地,溃不成军。怎样做到退而不散,不给敌人以可乘之机,檀道济把军事指挥艺术提高到一个新的高度,这就是他的以"走"为"计"。

他命令全军将士身裹铁甲,军容整肃,堂堂正正列队开拔。他自己身穿素服,方巾芒履,一副儒生打扮,坐着车子,走在最后。像是队伍调动转移,而不像撤退。故魏军一时拿不定宋军的意图,竟然不敢出击,让檀道济安然退军。总之,檀道济这次出师,顶住了到彦之逃跑所带来惨败残局,取得不小的战果,虽然最后还是撤退,但是能"全军而返",没有受到损失。所以檀道济威名大震,北军畏之如神,甚至有人把他的画像来驱鬼辟邪。

但是,檀道济所处的时代是一个分裂偏安的封建时代,靠镇压农民起义起家最后篡晋取得帝位的刘宋小朝廷,是一个极端自私、眼光短浅、代表着一小撮世家大族私利的小集团。谁的功劳大、威信高、掌有军权,就被看作是对这个小集团的最大威胁。像檀道济这样"立功前朝(指为刘裕立功),威名甚重,左右腹心并经百战,诸子又有才气"的人,早就被看作是"安知非司马仲达(司马懿)也"。宋文帝是一个带病延年而又生性多疑的人,他一旦出现病危就更加疑神疑鬼,他左右的一帮小人如刘湛、刘义康等人又贪于权势,生怕宋文帝一死,檀道济就会像刘裕一样来篡夺帝位。

元嘉十二年(公元435年)冬,宋文帝又一次病危,竟然不顾北魏军正在南进的当口,强令召檀道济入朝,准备即在建康将他除掉。檀道济来建康后,宋文帝的病情却有了好转,这事也就放下来了,道济在建康闲居了一个多月。次年春,宋文帝健康逐渐恢复,就命令道济回江州(今江西九江)镇守,道济已至秦淮河口准备登舟启程,突然间由于宋文帝的病又发作,刘义康就假借文帝名义发令将檀道济在送别处逮捕。三月,以莫须有的罪名将他和儿子等一家十一口杀害,另外又杀死他的亲信多人。檀道济在被逮时甩掉乌纱帽说:"这是自毁长城!"南方人民对檀道济的无辜被杀非常愤慨,有"可怜《白浮鸠》,枉杀檀江州"的民谣和檀被杀时"建邺地震白毛生"的传说。

宋文帝做了敌人想做而做不到的事,它使亲者痛,仇者快。北魏听到檀道济被杀果然非常高兴,他们说:"檀道济一死,南方就没有什么可怕的人了!"从此就连年南征,不把南朝放在眼里了。

檀道济虽然惨死在自己人的屠刀之下,但他的审时度势,实事求是分析敌我双方力量对比,不作无把握硬拼硬打的一套战略战术,成为我国军事学上的宝贵财富。六十多年后的南齐王敬则就说:"檀公(指檀道济)三十六策,走为上计。"今天,我们兵家所常说的"三十六计,走为上计""打得赢就打,打不赢就走"等就是檀道济的祖法。

(原载于《中国古代名将传》,广西人民出版社1988年出版。)

宋初科举制和《册府元龟·贡举部》的编写

一

在我国一千三百年的科举制历史中,北宋是一个颇为重要的时期。科举的许多重要制度均确立于北宋。科举制,即用考试的办法选取人材。这种制度,虽然始于隋、盛于唐,但是,隋唐时代毕竟是科举考试的初创时期,许多制度还很不完备。

隋朝初年,基本上还是实行推举制。隋文帝开皇七年(公元587年),下令每州每年贡士三人,文章写得好的可推荐应秀才科,这才进行考试。隋炀帝大业三年(公元607年),正式开设进士科,以诗赋为考试的主要内容,科举制才正式确立起来。但是,其他的推举科目并不废止,事实上是科举与推举并行,故在当时,科举制只是推举制的补充而已。

唐朝基本上实行科举,其科目主要有三种:秀才、明经、进士。《册府元龟·贡举部·条制门》载:

唐贡士之法多循隋制,上郡岁三人,中郡二人,下郡一人,有才能者无常数。其尝贡之科,有秀才,有明经,有进士,有明法,有书,有算,自京师郡县皆有学焉。每岁仲冬,郡县馆监课试其成者,长吏会属僚,设宾主,陈俎豆,备管弦,牲用少牢,行乡饮酒礼,歌《鹿鸣》之诗,征者艾,叙少长而观焉。既饯,而与计偕其不在馆学而举者,谓之乡贡。

后来,因秀才科实在太难,应举者寥寥无几,如果应举者才学相差太远,则推荐保送者要受惩处,所以也不轻易推荐。这样,秀才科便渐渐废止。故唐代科举主要是明经、进士两科。所谓明经科,其考试项目是帖经和墨义。帖经是将儒家经典的文句,贴去一部分,让考生补上,类似现在的填充题。杜佑说:"帖经者以所习经,掩其两端,中间唯开一行,裁纸为帖,凡帖三字,随时增损,可否不一。或得

四、得五、得六者为通。"①开元二十五年(公元737年)规定,明经帖经十,取通五以上。墨义就是解释经义。可见,明经科只要求死记硬背儒家经典就行了。唐代进士科的考试内容是诗赋文章。唐初进士考试要试"时务策"和帖经,玄宗天宝间始试诗赋,其后或改为箴、论、表、赞,或试诗赋。唐后期试进士凡经四场,分别试诗赋、论、策、帖经。总起来说,唐进士试以诗赋为盛,故又称为"辞科"。当时,进士科每年考一次,每次不过录取一二十人,而应举者常在一二千人,比明经难得多。所以唐朝人重进士而轻明经,考上进士才有光彩,官僚如不由进士出身也会被瞧不起的。人们竞进士试而淡于明经,因有"三十老明经,五十少进士"之谚。

但是唐代考试制度很不严格,举子应试进士科,需要先走门路,获得名人达官的推荐,取得名声,才有希望考上进士。外地举子到京,首先要拿着自己做的诗文卷子进谒权贵,求得他们的捧场,如唐代著名诗人白居易:

乐天(白居易)未冠,以文谒顾况,况睹姓名,熟视曰:"长安米贵,居大不易。"乃披卷读其《芳草》诗,至"野火烧不尽,春风吹又生",叹曰:"吾谓斯文遂绝,今复得子矣! 前言戏之耳。"②

最典型的要算诗人王维了:

王维右丞,年未弱冠,文章得名,性娴音律,妙能琵琶。游历诸贵之间,尤为岐王之所见重。时进士张九皋,声名籍甚。客有出入于公主之门者,为致公主邑司牒京兆试官,令以九皋为解头。维方将应举,具其事言于岐王,仍求庇借。岐王曰:"贵主之强,不可力争,吾为子画策焉:子之旧诗,清越者可录十篇,琵琶之新声怨切者,可度一曲,后五日当诣此。"维即依命,如期至。岐王谓曰:"子以文士请谒贵主门何可见哉! 能如吾之教乎?"维曰:"谨依命。"岐王乃出锦绣衣服,鲜华奇异,遗维衣之,仍令赍琵琶同至公主第。岐王入曰:"承贵主出内,故携酒乐奉宴。"即令张筵,诸伶旅进。维妙年洁白,丰姿都美,立于行前。公主顾之,谓岐王曰:"斯何人哉?"答曰:"知音者也。"即令独奏新曲,声调哀切,满座动容,公主自询曰:"此曲何名?"维起曰:"曲号《郁轮袍》。"公主大奇之。岐王曰:"此生非止音律,至于词学,无出其右。"公主尤异之,则曰:"子有所为文乎?"维即出献怀中诗卷。公主览毕惊骇曰:"此皆我素所诵习者,常谓古人佳作,乃子之为乎?"因令更衣,升之客右。维风流蕴藉,语言谐戏,大为诸贵之所钦瞩。岐王因曰:"若使今年京兆得此生为解头,诚为国华矣!"公主乃曰:"何不遣其应举?"岐王曰:"此生不得首荐,义不就试,然已承贵主诠托张九皋矣。"公主笑曰:"何预儿事,本为他人所托。"顾谓维曰:"子诚取解,当为子力。"维起谦谢。公主则召试官至第,遣官牌传教,维遂作解头而一举登第。③

举子在考试之外,还得在试场外进行大量活动,当然,除请客送礼之外,难免需要行贿。这样一来,靠拉拢关系成为录取的主要手段和途径,考试成绩反居其次,唐朝科举的弊端也就可想而知了。唐代科场舞弊的记载很多,今举两例,一是:

宣宗大中九年(公元855年),吏部试宏辞举人,漏泄题目,为御史台所劾。侍郎裴念改国子祭酒,郎中周敦复罚两月俸料,考试官刑部郎中唐扶出为虔州刺史,监察御史冯颛罚一月俸料,其登科人并落下。④

另一个是桂州举子赵观文,应试中进士,众士不服,疑有弊端,经过再试而赵观文名列第一⑤。

五代时就更不用说了,如:

乾化中(后梁末帝年号,公元911—915年),翰林学士郑珏,连知贡举,邺中人聂屿与乡人赵都俱随乡荐,都纳贿于珏,人报翌日登第,屿闻不捷,诟来人以吓之。珏惧,亦俾成名。

五年(周世宗显德五年,公元958年),右谏议大夫刘涛知贡举,三月诏曰:"比者以近年贡举颇是因循,频诏有司,精加试练,所冀去留无滥,优劣昭然。昨据贡院奏,今年新及第进士等所试文字,或有否臧,爰命词臣再令考核,庶泾渭之不杂,免玉石之相参。其刘垣、单贻庆、李颂、祭纬、张觐等诗赋稍优,宜放及第。王汾,据其文词亦未精当,念以须曾剥落,特与成名。熊若谷、陈保衡皆是远人,深可嗟念,亦放及第。郭峻、赵保雍、杨丹、安玄度、张盼、董咸则、杜思道等,未甚辛苦,并从退落,更修进以俟将来。涛选士不当,有失用心,可责授右赞善大夫,俾省过以戒当官。"先是涛于东京放榜后,率其新令及第进士刘垣已下一十五人来赴行在,具以其所诗赋进呈,帝览之,以其词多纰缪,命翰林学士李昉复试,故有是命。⑥

类似现象是很多的。而且,放榜时的秩序很乱,由于取录不公而闹起来的每次都有:

和凝仕后唐为翰林学士,知贡举。贡院旧例,放榜之日,设棘于门及闭院门,以防下第不逞者。凝令撤棘启门,是日寂无喧者,所放多才名之士,时议以为得人。明宗益加器重。⑦

二

宋朝建立以后,结束了五代十国的分裂割据局面,又建立了统一的中央集权的封建帝国。为了适应统一大帝国统治的需要,必须大大扩充和加强国家机器,必须有众多的官僚和各种人才来维护各级统治机构。为了保证各级官吏的数量和质量,就必须对科举制加以整顿和改革。宋太祖首先改革了唐、五代以来,达官贵人推荐的陋习。《宋史》卷一五五《选举志》载:

故事,知举官将赴贡院,台阁近臣得荐所知之负艺者,号曰"公荐"。太祖虑其因缘挟私,禁之。

并且杀一儆百,惩办了敢于在科举考试中营私舞弊的人。

明年(乾德六年,公元968年),翰林学士李昉知贡举,取宋准以下十一人,而进上武济川、三传刘睿材质最陋,对问失次,上黜之。济川,昉乡人也。会有诉昉用情取舍,帝乃籍终场下第人姓名……乃御殿给纸笔,别试诗赋。……昉等寻皆坐责。殿试遂为常制。常尝语近臣曰:"昔者,科名多为势家所取,朕亲临试,尽革其弊矣。"⑧

赵匡胤的继任者太宗赵炅对科举制作了更大的改革,他说:

朕欲博求俊彦于科场中,非敢望拔十得五,止得一二,亦可为致治之具矣。朕亲选多士,殆忘饥渴,召见临问,观其才技而用之,庶使田野无遗逸,而朝廷多君子尔。⑨

宋太宗的改革很多,如进士分成三甲,试卷采用糊名等,为后来的科举所一直沿用。

宋真宗即位,曾制定《考试进士程式》《亲试进士条制》,详细规定了科举考试的规章制度。考试中防止舞弊的办法愈益严密,除糊名之外,又开始用弥封、誊录的办法。

三

科举制度的确立和完备也反映在官修的《册府元龟》中。《册府元龟》在景德二年(公元1005年)开始编纂,至大中祥符六年(公元1013年)完成。也是宋真宗完成对科举制的改革和确定立法的时期。所以《册府元龟》的编纂者有意在《贡举部》中为科举制的立法化制造舆论。《贡举部·总序》说:

不徇乎朋家,咸求乎艺实。故能若水鉴之皦,衡石之平。增台阁之辉,副文儒之望。亦有昧于远体,拘乎小节;或郑雅而靡辨,或泾渭而共流。以公器而徇私恩,采虚声而损至学。俾白驹以兴刺,使嘉鱼而绝咏。斯为蠹政,良足愤惋。今乃纪善恶之迹,著得失之效,用为劝沮,以示方来。

《贡举部》共十三卷,约十一万字,广泛收集了宋以前的科举、贡举的资料,其目的就是为科举制的详细严密的立法服务。

首先是关于考试的问题。科举用考试的办法到此时虽实行了四百年左右,似乎已经确立而坚定不疑,但总是有一些人,利用考试方法的一些缺点,来反对科举制度本身,这从隋朝科举制刚刚建立的时候就开始了。到了唐代,科举虽号称极盛,也不乏反对的人。对北宋政权来说,是决不允许对国家这样一项重要制度议论纷纷的,而只能对这项制度充实、完善,保证取得封建国家的合格人才。《考试门》小序说:

夫人君之有区宇也,不可以独治,必求贤以共之。贤士之怀德业也,不可以自进,必待君以任之。所以举善急贤,前古之明训;抡才考艺,有国之大方。唐虞之际,于斯为盛;汉魏之下,可得而论。纳敷奏之言,则众善必举;下贤良之诏,则群才竞进。经济之业斯备,甲乙六科乃悬,以至较艺实之精微,察器识之优异,授之王爵,任以民政;郡国以康,风俗以化。得人之效,于斯可见;求贤之道,百世可知。

在详列历代贡举的科目、制度之后,为强调科举制实行以来的得失,特别立《清正》《谬滥》两门,详举了唐、五代科举制度施行中好坏两方面的材料。《清正门》的小序说:

古者有兴贤之书,比其德行道艺,而献之于王,王再拜而受,乃知详选之道,不其重与!洎乎奔竞斯作,登显多滥,乃有疾时态之流宕,考才能于端实;稽以经术,抑其浮华。权要之地,请托不行。当宁赏叹,缙绅称尚,为国选士,斯无愧焉。故史称得贤者有赏,不肖者有罚,良有谓失。

《谬滥门》的小序说:

举不失德,则曰能焉;称匪其人,诚为滥矣。况夫论辨多士,总核群才,为治乱之本源,实邦国之大计。固宜责以名实,审其否臧,扬于王庭,縻以好爵。其有知识非远,采择不明;心志既纷,艺文莫办;附回天之势,采画地之名;弃实务华,杂良以楛。物议非允,官谤是兴。先茅之赏莫承,籍槁之怨用及。其或制度乖正,仕进违方,既启幸端,亦附于此。

从以上所引的材料来看，《册府元龟》的编者对科举制度不无微词。因为任何制度都得一分为二，有其利也必有其弊，何况是封建社会的一种制度，岂能没有缺陷？北宋初的统治者虽想尽办法，使科举制度完备化和立法化，但无论如何也不能改掉科举制本身的缺陷。南宋学者洪迈说得好：

> 法禁益繁，奸伪滋炽，科场最然。其尤者莫如铨试，代笔有禁也，禁之愈急，则代之者获赂谢愈多，其不幸而败者，百无一二。正使得之，元未致法。吏部长贰帘试之制，非不善也，而文具儿戏，抑又甚焉。议论奉公之臣，朝夕建明，然此风如快流偃草，未尝少革。⑩

所以科举考试的办法、规则虽然愈来愈严密完备，但并不能杜绝其各种弊端。洪迈之论正是宋代科举的真实写照。所以在《册府元龟》编成数十年后，王安石鉴于科举制的弊端，想取消科举制，终于引起了一场保卫科举制和废止科举制的大争论。

四

《册府元龟·贡举部》在观点上是为北宋王朝服务的，但搜罗大量有关贡举的材料，却给后人研究宋以前的贡举制度提供了不少方便。有些材料，现在已很难见到。如《对策门》所收唐白居易贞元对策，为《长庆集》和《旧唐书·白居易传》所未载。但所收材料大部分只限于"正史"，不收笔记一类的史料。如五代王定保的《唐摭言》等论述唐代科举制的重要资料都没有收入。即如唐代重要典章制度的专史《通典》，《册府元龟·贡举部》也并未收其材料，这不能不说是史料编纂上的一个重要缺陷。况且，所收资料，皆不注明出处，也为后人带来了颇多不便。尽管如此，《册府元龟》在保存资料上仍有其巨大的价值。

（说明：中国文献研究会在1981年扬州年会上布置《册府元龟》研究课题。由与会的许凌云先生带回并邀我合作撰文。本文由我写出初稿，后作为参会论文由许先生带去参加文献研究会1982年年会，文章实由我写作，许先生未作任何改动,后收入《〈册府元龟〉新探》一书,中州出版社1983年出版。)

注　释:

① 《通典》卷十五。

② 〔宋〕尤袤《全唐诗话》卷二。

③ 〔唐〕薛用弱《集异记》。

④ 《册府元龟·贡举部·谬滥门》。

⑤ 《广西通志》卷二五六《列传》。

⑥ 《册府元龟·贡举部·谬滥门》。

⑦ 《册府元龟·贡举部·清正门》。

⑧ 《宋史》卷一五五《选举志》。

⑨ 《宋史》卷一五五《选举志》。

⑩ 《容斋随笔》卷二。

宋徽宗《神霄玉清万寿宫诏》碑考略

宋徽宗御撰御书《神霄玉清万寿宫诏》，事见《宋史·徽宗纪》宣和元年："八月，以神霄宫成，降德音于天下。"所谓"德音"，指的就是这篇《神霄宫诏书》。《续资治通鉴长编》"补遗·徽宗宣和元年"记载更为具体："八月丙戌，御制御书《神霄玉清万寿宫记》。"并节载了诏书的主要内容。这里称"记"，也就是这篇诏书。

什么是神霄玉清宫呢？这要从宋徽宗崇信道教说起。

道教是我国土生土长的宗教，它起源于东汉，形成于魏晋南北朝，盛于唐代。它的特点是清虚无为，抱元守一，与世无争。道教徒通过修真静性、导引、炼丹、房中等术，以求得长生而达到神仙境界。同佛教一样，都是封建统治者用来麻醉人民、巩固统治的绝好工具。只是佛教视人生为苦难，信佛是在苦海中求解脱。而信道教则可享尽人间一切欢乐，从享乐中求得长生。所以，古代好道之君，世代不乏。宋朝的第三个皇帝宋真宗就酷信道教，只是远没有达到宋徽宗那样的疯狂程度和造成恶劣的后果。

那么，宋徽宗是怎样迷恋上道教的呢？宋哲宗的早死，使徽宗意外地登上皇帝的宝座。这个"富有四海，贵为天子"的人间极位，竟从天外飞来，垂手可得。对这个年轻的皇帝来说，除用宗教迷信来感激上苍之外，将别无其他的解释，只是在于信奉何种神灵而已。南宋初，王明清写的《挥麈后录》里，记载了宋徽宗信奉道教之因：

元符末……有茅山道士刘混康者，以法箓符水为人祈禳……祐陵（徽宗，其陵号为永祐陵）登极之初，皇嗣未广。混康言，京城地叶堪舆，倘城东北隅形势加以少高，当有多男之祥。始命为数仞岗阜。已而后宫占熊（生子）不绝。上甚以为喜，由是崇信道教，土木之工兴矣。

又加之权相蔡京等人的投其所好，推波助澜，道教就在全国范围内大兴起来了。最后，他竟自封为"教主道君皇帝"，甚至改佛教为道教，封佛祖释迦牟尼为大觉金仙,佛寺改为道观,命和尚们一律恢复俗姓名,改称为德士,等等一系列的荒唐行为。他所宠信的道士,除刘混康以外,还有王老志、王仔昔、林灵素等人。他们狐假虎威,出入宫禁,作威作福,做尽坏事,而宋徽宗对他们恩宠备至。最引起人们痛恨的是不惜民力建造宏伟壮丽的道教宫观楼台。尤其是林灵素,徽宗对他的宠信更是言听计从。林在东京的四年之间,造了延福宫、上清宝箓宫。又于政和七年(公元1117年)建造神霄宫,并下诏"令天下皆建神霄玉清万寿宫"(《宋史·林灵素传》)。

  林灵素说:天有九霄,以神霄为最高,居住着神霄玉清王,他是上帝长子,号为长生大帝,托生下界,就是你陛下。所谓玉清,是道教三清——玉清、太清、上清的最上品。所以宋徽宗十分得意,十万火急地命全国各地都建神霄宫。请看,当时名将宗泽任登州(治所在今山东蓬莱)知州,就因兴建神霄宫不力,于宣和元年三月被撤职,交地方"编管"(见《宋史·徽宗纪》)。在这雷厉风行的命令下,肯定说,全国各地都在兴建神霄宫。当然,也可能有一些地方把原有的旧道观刷新,改名充数。宣和元年(公元1119年)八月,东京的神霄宫建成,宋徽宗亲笔写了这篇《神霄玉清宫诏书》,刻石立碑,同时以拓本颁行全国,在各地的神霄宫中立碑照刻。这就是开封和各地《神霄宫诏》碑的由来。

  可是,好景不长,事与愿违,被宋徽宗吹嘘为"推之可以治天下国家",使人民"跻于仁寿之域"的道教,非但不能保佑宋朝国运昌盛,长治久安,恰恰相反,由于崇道的过度靡费、劳民伤财,繁重的赋役,激化了内外的各种矛盾。山东爆发了宋江的起义,浙江爆发了方腊起义,而军政、边防的腐朽,使狡猾的金主得以乘虚而入。不过短短的七八年工夫,北宋王朝就在内外交困之下灭亡了,宋徽宗本人也当了金国的俘虏。《宋史》对宋徽宗的评论说得好:"溺信虚无,崇饰游观,困竭民力……自古人君玩物丧志,纵欲而败度,鲜不亡者,徽宗甚焉。"

  北宋的灭亡、二帝被虏,实际上也是宣告道教声誉的破产。普建于全国的神霄宫,必然为人民唾弃,《神霄玉清宫诏》碑也自然难逃劫运。宋徽宗书画为一代高手,他的作品,历代为人宝爱,他写的另一块碑——《大观圣作碑》,其命运就大不一样,不仅被妥善保存,并为著名金石家或权威的金石著作一再著录,并获一致好评。而《神霄宫诏》碑则鲜为人知,许多金石著作均只字未提。究其原因,无非是《圣作碑》叙述兴学校,弘扬儒学。《神霄宫诏》碑则宣扬迷信颓废的道教,为亡

国之音的作品,为广大学者所不齿。故虽碑立于全国,而传至后世,竟遗踪难觅,已成凤毛麟角。著录此碑的有:

一、清孙星衍《寰宇访碑录》(《丛书集成》本)卷八:《万寿宫诏》,徽宗御制并行书,宣和元年八月。元至顺六年(按:至顺仅四年,潞安本跋作至顺元年)摹刻,有王天利跋。山东泰安。

二、清胡聘之《山右石刻丛编》卷三三《潞安府》收此碑,题作《神霄玉清宫记》,载诏书全文,附元至顺元年(公元1330年)王天利跋,谓"宣和御书手诏,经兵火后,访之已无。今石本金文玉轴笥中尚在,遂出而观之,神笔灿然,谓曰,若命工复刊诸石……",诏文行十六字,跋文行二十字。此碑今存山西长治市南雄山。高53厘米,宽176厘米。

这两块碑,虽一在山东,一在山西,当属同一系统。很有可能是孙氏误记潞安为泰安,张冠李戴。或泰山道观据潞安本重刻一碑,也有可能。

三、清赵之谦《补寰宇访碑录》(《槐庐丛书》本)卷四:《神霄玉清万寿宫碑》,正书,政和九年(按:政和无九年,若照推应为宣和元年),河南祥符(今开封市)。

这块碑当是宣和元年东京《神霄宫诏碑》的原刻,清末尚存,今已无从查访。

四、海南岛琼山府翻刻《神霄玉清万寿宫诏》碑,碑文拓片收入《北京图书馆藏中国历代石刻拓片汇编》第42册101页。高214厘米,宽100厘米。此碑现已移藏海口市五公祠,今海口市博物馆。

此外就笔者翻检所得,《撼古录》《金石汇目分编》(卷十七补遗)、《吴兴金石记》等亦收此碑碑目。

桂林图书馆旧藏《神霄玉清万寿宫诏》朱拓本,首尾完整,锤拓精工。唯将全碑剪成五字一行的剪贴本,幸未加装裱。通过仔细观察,我们可从这个剪贴本所存在的种种痕迹,来进行原碑的复原工作。一是原碑上下部剥蚀程度不同。原碑上部有较多繁密细小的侵蚀点,而下端则完好如新。所以剪贴本虽将原碑行次打乱,而据碑石的这一特点,就可以恢复原碑原来的行次。二是据原拓片纸的接头。由于碑身高而原拓纸的长度不够,在下端最后四字处接贴另纸,接缝非常明显。据此,凡遇接头处,下面必是最后四字。另外,我们还可从拓片上原碑的上下底线,以及字行间剪刀痕迹种种迹象的推断,可以确定:原碑应为每行四十字,连抬头在内,共约十六行,故此碑为立式。由此可断定,此本决非山西元代王天利摹刻碑的拓本。那么,是不是海南琼山所刻碑的拓本呢？对照海南碑拓片的影印本也不像。一是这两个拓本所反映的原碑剥蚀情况不一样；二是字体的笔致略有不同；三是海南碑四周有花边,左下角近碑心处有两行小字,而桂图本均无,且了无残留痕迹。

总之,桂林图书馆所藏《神霄宫诏》拓本,笔致清峻瘦硬,神完气足,而运笔用墨,精劲神韵,全是宋徽宗瘦金书真迹的再现。从拓本所反映的原碑剥蚀程度来看,决非宋代以后的石刻。我们初步断定,它很可能是赵之谦《补寰宇访碑录》所著录,存于河南祥符,宣和元年东京神霄宫宋徽宗诏书的原碑的清代拓本。

如今,不仅此碑的摹刻碑版已属稀有,旧拓本则更为难得。漓江出版社仍用朱色将原拓本影印,目的在于保持这一珍贵拓本的原貌,以供广大书法爱好者的研究与欣赏。但请读者千万注意,必须剔除其中道教迷信的消极因素。

(本文原是《〈神霄玉清万寿宫诏〉碑帖》(宋徽宗书)的前言,该帖由漓江出版社1994年7月出版。)

金石学奠基人赵明诚

赵明诚(公元1081—1129年),密州诸城(今属山东)人,字德父(父亦作夫、甫),赵挺之的幼子。明诚幼年随父居青州、徐州任所。绍圣四年(公元1092年),挺之由太常少卿权礼部侍郎,明诚随父入京师,不久在太学做学生。公元1101年徽宗登位,次年大斥元祐旧党,赵挺之以新党步步高升,崇宁四年(公元1105年)任宰相,明诚以荫官鸿胪寺少卿。不久,赵挺之由于与蔡京有矛盾而罢相。大观元年(公元1107年),挺之死,遭蔡京诬陷,被追夺赠官,明诚也落职归居青州(今山东益都)旧第。此后10余年中,明诚终未出仕,写成了《古器物铭》及《金石录》初稿。宣和三年(公元1121年),明诚出任莱州知州(治今山东掖县),约在宣和末(公元1125年)被调任淄州知州(治今山东淄博市南淄川)。次年金兵围汴京,徽宗让位于钦宗,匆匆南逃,北方形势十分紧张。靖康二年(公元1127年)春,明诚之母病故于建康(今南京),明诚南下奔丧。4月,汴京陷落,徽、钦二帝被俘。5月,赵构在商丘即位。8月,明诚被授为建康知府兼江南东路经制副使。建炎三年(公元1129年)2月,改任湖州知州。此时正值建康发生兵变,明诚因有新任而弃城远走池阳(今安徽贵池)。朝廷追究,被削职。5月,奉命知湖州。6月赴建康朝见高宗,因风寒病倒,8月18日死于建康,年四十九。著作除《金石录》外,尚有《古器物铭》《诸道石刻目录》十卷,今皆不存。

一、《金石录》的编纂与版行

赵明诚从小就对古器物、金石碑刻产生兴趣,这是和他的家学、家庭环境的薰陶分不开的。赵家世代书香,赵挺之收藏古书、古碑帖、古器物极富,常与黄庭坚、米芾等著名学者交往。黄庭坚《豫章先生集》卷二十五《题乐府木兰诗后》云:"元丰乙丑(八年,公元1085年)五月戊申,会食于赵正夫(挺之)平原监郡(今山东德州)西斋,观古书帖甚富,爱此纸得澄心堂法。"同书卷二十八《题绛本法帖》:"赵正夫出此书于平原官舍。"明汪珂玉《珊瑚网法书题跋》卷三,明吴升《大观录》卷六,均载蔡襄《进谢御赐诗卷》米芾题跋:"芾于旧翰林曾观石刻,今四十年,于大丞相天水公府(赵挺之家)始观真迹。书学博士米芾。"从这些一鳞半爪的记载中,赵明诚从小受家庭的影响可知。八九岁时,明诚就喜欢上搜集碑刻了。《金石录》卷二十二《隋善化寺碑》云:"右隋善化寺碑,在徐州……余元祐间侍亲官彭城(元祐四年,赵挺之出为徐州通判),时为儿童,得此碑,今三十余年矣。"在述及《金石录》的编纂时,我们不能忘记明诚有一位才华盖世的妻子李清照。清照不仅诗词绝代,而且在金石文字的研究方面也是明诚的同志和助手。在她写的《金石录后序》中,有一段文字记述了他们婚后在汴京生活的情况:

余建中辛巳(建中靖国元年,公元1101年)始归赵氏。时先君(清照父李格非)作礼部员外郎,丞相(赵挺之)作吏部侍郎,侯(指赵明诚)年二十一,在太学作学生。赵、李族寒,素贫俭。每朔望告谒出,质衣取半千钱,步入相国寺,市碑文、果实归,相对展玩咀嚼,自谓葛天氏之民也。后二年,出仕宦,便有饭蔬衣练,穷遐方绝域,尽天下古文奇字之志。日就月将,渐益堆积。丞相居政府,亲旧或在馆阁,多有亡诗逸史、鲁壁汲冢所未见之书,遂尽力传写,浸觉有味,不能自已。后或见古今名人书画、三代奇器,亦复脱衣市易。

从这里,我们可看到赵氏居京十余年间努力收集金石、碑刻文字的情况。赵氏的这些活动,为《金石录》的编写积累了丰富的资料。大观元年(公元1107年)赵挺之死后遭冤陷,波及儿子,赵明诚被罢官居青州,约十余年,因而有更多的时间从事金石的搜集、整理和研讨,《金石录》的初稿,就完成于此时,政和七年(公元1117年),著名学者刘跂为《金石录》写了序言,明确指出该书有30卷。此后约自宣和三年至七年(公元1121—1125年)赵明诚出任莱、淄二州知州,仍不断对《金石录》进行补充、加工,今摘录数条如下:

1.《金石录》卷二十四《汉张平子残碑》:"右汉张平子残碑,政和中亡友刘斯立(跂)以此本见寄。"

刘跂为《金石录》作序在政和七年,此云"亡友",起码要在宣和之时。

2. 同书卷二十八《唐富平尉颜乔卿碣》:"宣和癸卯(五年,公元1123年)中秋,在东莱,重易装标。"

3. 卷十三《齐钟铭》:"右齐钟铭,宣和五年,青州临淄县民,于齐故城耕地,得古器物数十种。"

4. 卷二十七《唐淄州开元寺碑》:"余为是州,迁于便坐,用木为栏以护之。"

最后一条,时间更晚,据清照《后序》:"至靖康丙午岁(靖康元年,公元1126年),侯守淄川。"又说:"因忆侯在东莱静治堂,装卷初就,芸签缥带,束十卷作一帙。每日晚吏散,辄校勘一卷,题跋一卷。此二千卷,有题跋者五百二卷耳。"因《金石录》卷帙较大,决非短期内能整理完毕,定稿时间当在宣和末至靖康初的两三年间。此后便是靖康之变,中原大乱,明诚颠沛流离,南北奔走,未必再能安心整理旧稿,二三年后便奄然下世。清照于离乱之中,受尽诬陷,到处飘泊,所携文物图书,散失殆尽,而《金石录》原稿,终不离身,"如护头目"。绍兴四年(公元1134年)[①]她为《金石录》写了《后序》详叙他们数十年间节衣缩食搜集文物、图书、碑刻之辛勤,《金石录》编写之认真严肃,以及国破家亡,藏品散失之痛,"今日忽开此书,如见故人。……今手泽如新而墓木已拱。"这是一篇充满血和泪的文字。后来,她曾将《金石录》"表上于朝",争取得到朝廷的认可与支持。

南宋张端义(时距李清照不远)在《贵耳集》中说:"易安居士李氏,赵明诚之妻,《金石录》亦笔削其间。"今天,我们虽看不出《金石录》中李清照笔削的痕迹,但有一条是十分明显的。该书卷十四《汉巴官铁量铭》云:"此盆色类丹砂,……余绍兴庚午岁亲见之。今在巫山县治,韩晖仲云。"庚午为绍兴二十年(公元1150年),距赵明诚之死已21年。此条注必为李清照所加无疑,因为传世的两种《金石录》最早的宋刻本均载有此条。所以《四库全书总目提要》里紧接着张端义的引文说"理或然也"。《金石录》得以完整无缺地流传下来,有着李清照精心保护、整理与传布的功劳。

就在李清照身后不久,《金石录》首先在舒州(今安徽舒城)刻版印行,称龙舒郡斋本。新中国成立初,该版的三十卷完整本在南京发现,现藏于北京图书馆。开禧元年(公元1205年)浚仪赵师厚(字不谫)又重新刻印,并附上李清照《后序》全文,称浚仪本。今仅存10卷(卷十一——二十),历经名家珍藏,现藏上海图书馆。这就是《金石录》最早的两种宋刻本。

二、《金石录》在文献学上的贡献和意义

金石学萌芽于文化发达的北宋时期。最初,古人只是把古器物、古碑刻当作古董欣赏,或仅重其书法。北宋以后,人们逐渐对其文字进行考释,但常牵强附会,攀比三代名人。《文献通考》卷二〇七《经籍考》三十四引陈氏(陈傅良)曰:"本朝诸家蓄古器物款识,其考订详洽如刘原父(敞)、吕与叔(大临)、黄长睿(伯思)多矣,大抵好附会古人名字,如丁字即以为祖丁、举字即以为伍举、方鼎以为子产、仲吉匜即为福姞之类。邃古以来,人之生世夥矣,而仅见于简册者几何?乃以其姓氏名物之偶同而实焉,余尝窃笑之。惟其附会之过,并与其详洽者皆不足取信矣。惟此书(指《金石录》)跋尾独不然,好古之通人也。"陈氏的观点就是赵明诚首先提出的。见《金石录》卷十一《祖丁彝铭》《文王彝铭》,卷十二《井伯敦铭》《中姞彝铭》等。

欧阳修有《集古录》10卷,收集古器皿、碑刻文字1000种,写成考证跋语290多条,开始用金石文字勘校史籍,明确金石文字在文献上的作用。赵明诚对金石文字的研究,就受到了《集古录》的启发。《金石录》自序说:"后得欧阳文忠公《集古录》,读而贤之,以为是正讹谬,有功于后学甚大。惜其尚有漏落,又无岁月先后之次,思欲广而成书,以传学者。"《金石录》不仅在数量上为《集古录》的一倍,多达2000种(另有4种跋语未收入二千卷总目),跋语共502条,搜罗甚广,而且对《集古录》的失考、不足之处,亦多有补充、修订。如:

1.《金石录》卷十四《汉费亭侯曹腾碑》:碑云,建和元年七月二十二日己巳,皇太后曰:"其遣费亭侯之国,为辅藩。"欧阳公《集古录》乃言皇帝若曰:"其遣费亭侯之国。"误也。按《后汉书》,建和元年桓帝即位,梁太后临朝称制。盖此碑所载遣腾之国诏书,乃梁太后,非桓帝也。

2.卷十五《汉西岳华山庙碑》:其略云,孝武皇帝修封禅之礼,巡省五岳,立宫其下,曰集灵宫,……欧阳公《集古录》云:所谓集灵者,他书不见,惟见于此碑尔。按《汉书·地理志》:"华阴有集灵宫,武帝起。"《水经注》亦云:"敷水北径集灵宫。"引《地理志》所载其语皆同。然则不独见于此碑矣。

赵明诚研究金石文字,态度严肃,考证精详,实事求是。刘跂的《金石录序》曾说他"别白抵牾,实事求是,其言斤斤,甚可观也"。如:

1. 卷十一《大夫始鼎铭》：按《说文》对字本从口，汉文帝以为责对而为言，多非诚对，故去其口以从士。今验兹鼎铭及周以后诸器款识，对字最多，皆无从口者，然则古文大篆固已不从口矣。又疑李斯变古法作小篆，对字始从口，至文帝复改之耳。然书传不载，未敢遂以为然也。

2. 卷十四《汉司隶杨厥开石门颂》：余尝读范晔《后汉书·邓骘传》有云："时遭元二之灾，人士饥荒"。章怀太子注以为元二即元元也，古书字当再读者，即于上字下为小二字，后人不晓，遂读为元二，……其说甚辨，学者信之。此碑有云："中遭元二，西戎虐残，桥梁断绝。"若读为元元，则不成文理，疑当时自有此语，《后汉书》注未必然也。②

赵明诚金石学研究的另一特点，是具有唯物论的观点，对一些碑刻中出现的迷信、神怪的内容持批判态度，指出统治者利用迷信惑众的愚蠢可笑。如：

1. 卷十六《汉柳孝廉碑》：碑云：君讳敏，盖五行星（下缺一字）二十八舍柳宿之精也。……此碑直以柳君得姓出于柳宿，果何所据哉？

2. 卷二十六《唐龙角山纪圣铭》：碑称，是时太宗为秦王，讨宋金刚。所谓"贼平汝当为帝"者，指太宗也。……盖太宗初起，托以自神，此陈胜所谓卜之鬼者也。明皇又文之于碑，遂以后来为俱可欺，岂不可笑也哉！

赵明诚重视碑刻资料的文献价值，其《金石录自序》云："刻词当时所立，可信不疑。"但他并不迷信碑刻，通过考证，常指出碑刻的失实之处。如：

1. 卷十八《汉幽州刺史朱龟碑》：欧阳公《集古录》云，龟之事迹不见史传，独见于此碑。余按《后汉书·西南夷传》："熹平五年，诸夷反叛，执蜀郡太守雍陟。遣御史中丞朱龟讨之，不能克。……"《华阳国志》亦载其事，与史同，皆言龟不能克。而碑云蛮夷授手乞降，二说不同，疑碑所书非实录也。

2. 卷二十八《唐重摹延陵季子墓刻》：自唐以来，相传为孔子书。……况于季子之贤，孔子亲铭其墓，不应略不见称于前世，至唐始传也。又碑铭始于东汉，孔子时所未有，而字画乃故为奇怪以欺眩世俗者，非孔子书无疑，盖好事者伪为尔。

《金石录》利用铭刻等资料考订史籍文献，大致可分为以下几个方面：

（一）订补史籍文字之失

1. 卷十三《秦泰山刻石》。秦始皇东巡，在秦山立石刻辞，全文载于《史记》，共146字,明诚据刘拓本校勘,竟有9字不同。如《史记》作"亲巡远方黎民",碑作"亲䡅("䡅"乃是碑刻原文,今作"巡")远黎";"大义休明",碑作"大义著明";"垂于后世",碑作"垂于后嗣";"皇帝躬圣",碑作"皇帝躬听";"男女礼顺",碑作"男女体顺";"施于后嗣",碑作"施于昆嗣"等。

2. 卷十八《汉宗资墓天禄、辟邪字》《司空俱碑》。据此二石刻辨《后汉书》"宋均"应为"宗均"之误,尤为精辟。《后汉书·党锢列传序》"南阳宗资主画诺",李注引谢承《后汉书》:"宗资字叔都,南阳安众人也,家代为汉将名臣,祖父均,自有传。"今本《后汉书》卷四十一有《宋均传》,谓"宋均字叔庠,南阳安众人也"。附族子意:"孙俱,灵帝时为司空。"李注引《汉官仪》曰:"俱字伯俪也。"卷八《灵帝纪》建宁四年:"太常宗俱为司空,前司空许栩为司徒。"注:"俱字伯俪,南阳安众人。"熹平二年:"司空宗俱薨。"据此,"宋均"必为"宗均"之误。

3. 卷二《晋太公碑》:"太康二年(公元281年),县之西偏有盗发冢而得竹策之书,书藏之年,当秦坑儒之前八十六岁。"今以《晋书·武帝纪》考之,云:"咸宁五年(公元279),汲郡人不准,掘魏襄王冢,得古简小篆古书十余万言,藏之秘府。"与此碑年月不同,碑当时立。又荀勖校《穆天子传》,其叙亦云太康二年,与碑合,可以正晋史之误。

(二) 以古器皿、碑刻资料订补典章文物制度

1. 卷十三《爵铭》:石爵铭。大观中,潍之昌乐丹水岸圮,得此爵及一觚。按《考工记》:爵一升,觚三升。而汉儒皆以为爵一升,觚二升。今此二器同出,于觚之量适受三爵,与《考工记》合。以此知古器不独为玩好,又可决经义之疑也。

2. 卷二十二《后周河渎碑》:碑后周天和二年(公元567年)建,赵兴郡守赵文渊字德本奉敕书。杨大年(亿)《谈苑》云:"《千字文》题敕员外散骑常侍郎周兴嗣次韵,敕字乃梁字之误。当时帝王命令尚未称敕,至唐显庆中始云不经凤阁鸾台,不得称敕,敕之名始于此。"此碑及《华山庙碑》皆文渊奉敕书。后周距梁时未远。又隋薛道衡撰《老子碑》、虞世南撰《孔子庙堂碑》、欧阳询《九成宫碑》皆作奉敕,此类甚众,知不独始于显庆,大年之论非也。唐人所谓不经凤阁鸾台不谓之敕者,盖言命令当由庙堂出,非谓敕之名始于此也。

(三)辨正史书地志地名

1. 卷十六《汉周府君碑阴》:《水经注》:泷水南径曲江县东,县昔号曲红,曲红,山名也。而东西两汉史皆作曲江。此碑自县长区祉而下凡十七人,皆书为曲红,是当时县名曲红无可疑者。

2. 卷十九《汉张侯残碑》:碑在今彭城(徐州)古留城子房庙中,验其字画,盖东汉时所立。乐史《寰宇记》:陈留县有张良墓。引《城冢记》云:张良封陈留侯,食邑小黄一万户,汉为张良筑城,因名为张良城。今陈留有子房庙,貌甚盛。余按,西汉书《地理志》注:"留属陈,故称陈留。宋亦有留,彭城留是也。"《子房传》曰:"始臣起下邳,与上会留,臣愿封留足矣。"下邳与彭城相近,而此碑汉人所立,则子房所封非陈留明矣。《城冢记》诞妄,盖不足信也。

(四)其他

有用碑刻订正记载、传闻失实:

卷二十五《周武士蒦碑》。武为则天父,屡加追尊。《戎幕闲谈》载李德裕言:昔为太原从事,见公牒中有文水县牒,称武士蒦墓碑元和年忽失龟头,碑上有武字凡十一处,皆镌去之。……此碑武字最多,皆刻画完好无讹缺者。以此知小说所载事多荒诞不可信,类如此。

此外,如订正年代、人物爵里、生卒,少数民族汉化等资料随处可见,不胜枚举。最后,摘录两条补充史实的碑刻资料如下:

1. 卷二十九《唐义兴县重修茶舍记》云,义兴贡茶非旧也。前此,故御史大夫李栖筠实典是邦,山僧有献佳茗者,会客尝之。野人陆羽以为芬香甘辣冠于他境,可荐于上。栖筠从之,始进万两,此其滥觞也。厥后因之,征献浸广,遂为任土之贡,与常赋之邦侔矣,每岁选匠、征夫至二千余人云。余尝谓,后世士大夫区区以口腹玩好之献为爱君,此与宦官宫妾之见无异,而其贻患百姓有不可胜言者。如贡茶,至末事也,而调发之扰犹如此,况其甚者乎?羽盖不足道,呜呼!孰谓栖筠之贤而为此乎?书此可为后来之戒。

2. 卷二十八《唐不空和尚碑》:自明皇以后,职官不胜其滥,下至佛氏老子之徒,亦皆享高爵厚禄。故不空始为特进大鸿胪,封肃国公。既殁,又赠司空。呜呼！名器之轻一至于此。

这两条不正是针对宋徽宗的荒淫迷信，兴花石纲之役，重用道士林灵素等倒行逆施所发的针砭时弊之论吗？

三、馀论

《金石录》产生于 12 世纪初，当时的金石学尚处在萌芽的时代，赵明诚在金石文字的研究上难免受到时代的局限。南宋洪适在《隶释》卷二十六《金石录》跋中就指出："赵君之出，证据见谓精博，然以卫弹易街弹，以绵竹令为县令之类，亦有时误者。"并指出所收 177 种汉碑中有两种不是东汉之作。又如：

卷二十《吴天玺元年断碑》：据《吴志》：天玺元年八月，鄱阳言，历阳山石，理成字凡二十。明年改元，大赦，以协石文。今此碑乃在金陵，验其文字，与《吴志》所载异，而莫可考究。

其实，《三国志·吴书·三嗣主传》说："天玺元年，吴郡言临平湖……又于湖边得石函，中有小石，青白色，长四寸，广二寸余，刻上作皇帝字，于是改年，大赦。"这是改元天玺之由，与上述八月鄱阳为另一件事。赵氏将此二事混而为一，以致"莫可考究"。

《金石录》反对迷信、神怪，处处体现唯物的观点，但赵明诚以忠奸划线，对忠臣义士的"显灵"，他就相信，如：

卷二十九《唐颜杲卿碑》：颜真卿撰。有张凑者收其发，谒玄宗，俄见梦云：御捍处多兵马少。玄宗哭而设祭焉。后凑以发至，夫人疑之，凭床而哭，忽闻声如鞭床者，发跳箱而前，夫人方骇信之。其事甚怪……杲卿忠义之节贯金石，其死宜不昧。而鲁公之语可信不疑，故尽录其事于此。

所以他又同样陷入了不科学之境地。

《金石录》搜集丰富，研究成就特出，但没有收录金石原文。赵明诚在编辑时，把金石拓片 10 种编为一帙，原本 200 帙，本身是庞大藏品的结集，跋尾 500 多条原为附录。这样的庞然大物，一遇兵荒动乱，势必难于保存。尤为可惜的是石刻碑文，搜集达 1900 种以上，这是一笔多么可贵的文化遗产。这些碑刻至今日已十不存一了。这一点，古代学者就指出来了。《四库全书总目提要》卷八十六《宝刻类编》提要说:"古人著作,托金石以垂于后,然金石有时而消泐。其幸而存者,不贵存目,贵录其文,而后可传于无穷。故洪适《隶释》《隶续》,较《金石》《集古》诸录,更为有资于考证。"

但无论如何,《金石录》在我国金石学著作中仍闪耀着它特有的光辉。

(原载于《中国古代文献学家研究》一书,该书由张家璠、阎崇东主编,广西师范大学出版社1996年6月出版。)

注　释:

①《金石录后序》原署绍兴二年。如按此年推算,则清照嫁年与写序时52岁不合。南宋洪迈约与清照同时,他写的《容斋随笔》中撮录清照《后序》的摘要,最后说:"时绍兴四年也,清照五十二岁矣。"按此推算,年岁正合,故定作《后序》之年为绍兴四年。

②"元二"应解作元年二年。东汉王充《论衡·恢国》:"今上嗣位、元二之间。嘉德布流。"《后汉书·邓禹传》附《邓骘传》中,李贤将"元二"解为"元元"是不对的。详见南宋洪迈《容斋随笔五·元二之灾》及清王先谦《后汉书集解》。

重温七十年前名诗《哀沈阳》

一、马先生《感时近作》

1931年9月18日夜10时20分,本来不甚平静的沈阳西郊,忽闻一声巨响,日本驻沈阳的关东军,炸毁了南满铁路柳条沟路段,却反诬是中国军队所为。不到5分钟,日本驻在沈阳大和旅馆的炮兵便向我国东北军的大本营——北大营开炮,并解除我军武装,焚烧军营。这就是震惊中外的"九一八"事变。从此揭开了中日战争的序幕。

当时,驻节北平的国民党海陆空军副司令负责东北边防的东北军总司令张学良于9月19日即向国民党中央报告了"九一八"事变发生的经过:

中央党部钧鉴:(下属各单位衔略)顷接沈阳万急:副司令钧鉴:(祥密)日兵自昨晚十时开始向我北大营驻军屡行攻击,我军抱不抵抗主义,毫无反响。日兵竟至侵入营房,举火焚烧,并将我军驱逐出营。同时用野炮轰击北大营及兵工厂。该厂至现时止尚无损失。北大营迫击炮库被炸,迫击炮厂亦被占领,死伤守兵待查。城内外警察各分所,均被日兵射击,警士被驱退出。无线电发报台亦被侵入。向日领迭次交涉,乃以军队之行动,外交官不能直接制止等语相告,显系支吾。并云,由我军破坏南满路之桥梁而起,实属捏词。截止本日午时前五时,尚未停止枪炮。以上等情均经通知各国领事,伊等尚无表示。职等现均主张,坚持不抵抗,以免地方糜烂。余容续电。并以转电南京政府。敬呈。臧式毅、荣臻叩印印等语。最后复得沈阳电台报告,日军已于今晨六时三十分入省城,占据各衙署、各通讯机关,驱逐我警察,遮断我北宁路车站。此后消息完全阻断,情况不明。日方宣传因我军袭击南满路,故日军施行追击。但事实上我方绝无此事。即日军犯我北大营时,亦毫无与之抵抗。除电呈国民政府外,敬电奉闻。张学良叩皓(北平十九日专电)

曾几何时而大连、营口、铁岭、长春等城市,也由于不抵抗而为日寇占领。不抵抗主义仍在继续执行,东北数百万平方公里大好河山将沦于敌手。此时,全国哗然,民情激愤,爱国反日情绪空前高涨。广大爱国学生纷纷停课,组织宣传队、请愿团,要求放弃不抵抗主义、抵制日货、对日宣战。此等爱国义举,也在各界风起云涌。甚至连国民党的某些基层组织(如上海市三区党部执委会)也开会通电:

当今之计,吾国上下,消弭内争,团结一致,共谋对外,别无自救之道。本会痛国难当前,忧民族将亡,为特通电全国,一致奋起,对日彻底经济绝交,对内消除一切纷争,上下一心共谋对外!(1931年9月22日上海《申报》本埠新闻报导)

不到一个月,不抵抗主义几乎断送了整个东北三省的领土。全国舆论一致谴责不抵抗主义,而身居边塞要员的张学良难辞其咎。而当时黑龙江省代主席兼东北边防军驻黑龙江省副司令长官马占山将军等竟能挺身而出,违令抗日,屡有胜负,最后在嫩江流域坚持抗战,得到全国人民的热烈拥护和崇高的赞扬。以上海一地而言,当时有中将李释戡浩叹辽东二十万大军竟不战而退,棘门儿戏,腾笑中外,是为民族之奇耻。他写了《读史》一诗,讽刺不抵抗的大员们,其结句是:"别有长城从不识,书生多事策防胡"。又有署名涤斋者作《辛未中秋(1931年9月25日)书忆》四首,其第四首云:"皇姑屯畔血初凉[自注:张雨亭(作霖)被炸于此],惨剧如今更可伤。谁是主人当北道,岂无名将似南塘。金针度处肤生粟,舞女酣时夜未央。多少苍生方托命,只闻传檄撤边防。"(南塘是清初名将施琅的别号)。钱仲联教授亦有诗云:"霜角声中塞月寒,罗衿一晌只贪欢。梅魂蝶影支离甚,无限江山作梦看。"诗中"梅魂蝶影"指的就是梅兰芳与胡蝶。连当时一向被看作"温柔敦厚"的《礼拜六》,在1931年10月31日这一期上也刊载了一篇署名为瘦牛的文章:

莫放张学良

张学良拥有二十五万之众,而对日寇南满,竟唱不抵抗主义之谬论,演成失地丧师之奇辱,宁非千古之奇闻?……

当日本侵占沈阳之夕,张犹听歌舞榭,意兴殊豪。纵日时前无所知,但临时岂能无报?而张犹态度镇静,毫不介意。事出数日,日人益变本加厉,到处虐焰。张宜如何熟筹应付之策,恢复失地?而各报专电传来,张仍优游自得,大玩其高而夫球。以负有军事责任之高级长官,竟于此存亡绝续关头,犹沉湎于声色犬马之好,贻误戎机,罪岂容诛!

其时马君武先生适在上海①，在这样的氛围之下遂写了后来题名为《哀沈阳》的诗，作了更大胆、更辛辣的揭露，刊载于11月20日的《时事新报》：

马君武感时近作

赵四风流朱五狂，翩翩蝴蝶最当行。
温柔乡是英雄冢，那管东师入沈阳。

告急军书夜半来，开场弦管又相催。
沈阳已陷休回顾，更抱阿娇舞几回。

二、胡蝶坦然的谅解

这里先把诗中的有关人物作简单介绍，赵四即赵一荻，时称赵四小姐，为北洋政府交通次长赵庆华的第四女，赵生有六男四女，一荻居女中最幼，故称赵四。于1912年生于香港，乳名香生，初名绮霞，后亦名媞。赵庆华原籍浙江兰溪，北洋政府时曾任津浦、沪宁、广九、沪杭等铁路局长，上海交通银行经理等职。赵在天津有公馆，绮霞自幼在天津生长，进入天津浙江小学及中西女中读书。在1927年前后，便随其姊姊们进入天津社交圈子。当时天津有蔡公馆，常开派对或放电影，贵族子弟聚集之所。张、赵便在蔡公馆的舞会上相识。年轻貌美、聪明秀丽的赵四即为张一见倾心。后来这帮贵族子弟、千金小姐又同去北戴河避暑度假，张、赵便于此时堕入爱河。1928年又随张至沈阳读大学，实为张之外室。从此便常随张之左右。直至1964年方与张正式结婚成为张夫人。

朱五，即朱湄筠，为北洋政府内务总长朱启钤的第五女公子。当时在北平上大学，是张学良府上舞会的常客。1930年与朱光沐（秀峰）结婚。朱为张学良的亲信。时任张在北平的副司令行辕总务次长、外交特派员。解放后，朱湄筠在北京文物部门工作，因其对古建筑学有所成，后曾被聘为北京文史馆馆员。

蝴蝶，即指著名电影明星胡蝶。大家知道，胡蝶与张学良并未见过面，更不用说在一起跳舞。何况"九一八"之夜，胡蝶女士正与明星电影公司的同事们一起在自沪北上去北平的列车上。19日上午车抵天津，看到一列列满载士兵的列车，方知是东北发生了事变。

那胡蝶为什么会与张学良扯在一起呢？世界上的事情是复杂的。首先是上海的一些影片公司，都想争拍张恨水的《啼笑因缘》。结果是明星公司抢先一步，眼睁睁看着大导演张石川领着胡蝶等一帮明星到北平拍摄外景去了，未免有点酸溜溜。当时张学良是众矢之的，把胡蝶拉扯上张学良一下，也使她倒倒霉染上些晦气。不料这一个小小的动作却被敌人利用，本来是一些风言风语就被日本的小报和通讯社说成是铁的事实，言之凿凿，成为不争之事。原来日本当局一直视抗日的张学良为眼中钉，千方百计损毁其抗日形象，打击其威信，其目的就是企图反对张学良重返东北抗日。日本的宣传机构、通讯社、小报，争相发布这类消息。今举一例——《真报》民国二十年十一月十六日载：

胡蝶与青年长官（燕山游子）

自从明星影片公司的大批明星赴平摄取《啼笑因缘》以后，上海的交际场中少了一个穿花拂柳的胡蝶，关于她的消息也狠（很）少听到。日昨有友自平返里，小憩春申，客邸漫谈，语及蝶，谓盛名之下到处欢迎，到平不及旬日，芳名已噪于大人先生之口。前此明星公司招演员时，报名者逾千，盖女的多慕蝶的出风头，男的为谋亲近而来者亦不少，以至引起公安局之干涉，虽旋即解释无事。然闻之官中人云，他们看见胡蝶那批娘儿们，骨头都酥了，来不及帮忙，那里还肯去禁阻？可以见其一斑。蝶除赴西山摄外景，长夜多暇，常见其涉足跳舞场中，并为丧师失地之某青年长官所垂青、数度应召。友人言次，出一小像，即青年长官挟蝶而舞之影，惜摄取未工，不能制版刊出，然殊可珍也。闻青年长官颇有馈赠。蝶亦喜购置，满载而归，诚不虚此行矣。

时家母尚是一个青年学生，正就读于上海新华艺术专科学校。后来在我们懂事时常谈及张学良"九一八"之夜正与胡蝶跳舞而丢失东北之事，每言之叹息动容，正是受这类传说的影响。胡蝶不得已才在《申报》《新闻报》等大报上发布辟谣声明。为了说明问题，今将胡蝶在1931年11月21日刊于《申报》的声明全文照录：

胡蝶辟谣

蝶于上月为摄演影剧，曾赴北平。抵平之日，适逢国难。明星同人乃开会集议，公决抵制日货，并规定罚则：禁止男女演员私自出外游戏及酬酢。所有私人宴会，一概予以谢绝，留平五十余日，未尝一涉舞场。不料公毕回申，忽闻海上有数报登载蝶与张副司令由相与跳舞而过从甚密,且获巨值之馈赠云云。蝶初以为此种捕风捉影之谈,不久必然水落石出,无须亟亟分辨。乃日昨有日本新闻将蝶之小影与张副司令名字并立报端,更造作馈赠十万元等等之蜚语,其用意无非欲借男女暧昧之事,不惜牺牲蝶个人之名誉,以遂其诈诡陷害之计。查此次日人利用宣传陷我,凡有可以侮辱我中华官吏与国民者无所不用其极,亦不仅只此一事。惟事实不庸颠倒,良心尚未尽丧。蝶亦国民一份子也,虽尚未能以颈血溅仇人,岂能于国难当前之时与负守土之责者与跳舞耶!"商女不知亡国恨",是真狗彘不食者矣!呜呼!暴日欲遂其并吞中国之野心,造谣生事,设想之奇,造事之巧,目的盖欲毁坏副司令,冀阻止其回辽反攻,愿我国人,悉烛其奸,而无遂其借刀杀人之计也。

同日同栏在胡蝶声明的右方并列刊登明星影片公司导演张石川等的启事:

胡女士辟谣之言尽属实情实事,同人此次赴平,摄取《啼笑因缘》《旧时京华》《自由花》等外景部分,为时几经两月,每日工作甚忙,不独胡女士未尝违犯公司罚则而外出,更未尝得见张副司令一面,今番赴平之男女职演员,同住东四牌楼三条胡同十四号后大院内。每值摄片,同出同归。演员中更未尝有一人独自出游者。初到及归前数日,或购买物件,亦必三五成群,往饭与偕。故各人行动无不尽知。同人非全无心肝者,岂能容女演员作此不名誉之行动?尚祈各界,勿信谣传,同人愿以人格为之保证焉。

归自北平之张石川、洪深、董天涯等全体职员及郑小秋、龚稼衣、夏佩珍等全体演员同启。

声明在各大报刊载了几天。近年来许多文章、书刊,都说胡蝶的声明是针对马先生的诗而发的,是如何如何驳斥了马先生云云。其实这不是事实。一,声明无一字提到马先生的诗作或其他人的诗作。二,在当时的技术条件下,还不可能作到今日送去报馆,明日就能刊出。何况他们的声明同中有异,重而不复,明显是集体讨论的产物,不可能顷刻完成。声明的隶书大字标题,也不像是现成的铅字,是临时镌刻然后制版的,这些工作也不是一时半刻能够做好。所以胡蝶和张石川他们的声明一定是在20日之前就送去报馆,而登出来恰好是马诗发表的次日,这是一件偶然巧合的事罢了。

胡蝶的辟谣声明也没有达到预期的效果，一些知情者非但并不同情胡蝶，反而是冷嘲热讽，不置可否，故弄玄虚，以致黑白难辨，以讹传讹。今以当时《世界晨报》11月22、23日所刊的两篇文章为例：

《世界晨报》民国二十年十一月念二日
副张与胡蝶（舫公）

副张与胡蝶的事，果然是日本报纸先载，弄得上海几家报纸，忙不迭的加以物议。昨天胡蝶女士在各报封面刊起"辟谣"的广告，还跟着"归自北平的张石川等"的证明广告，好像外面所传的种种，一定是"东洋人造谣"了……不过我们仔细想，胡蝶不愿与守土有责者跳舞，守土有责者当然更不愿有人造谣。……目前副张还没有着急，胡蝶倒先辟起谣来，怎不奇煞人哉！

同报次日：

胡蝶的冤枉（歪士）

胡蝶女士到北平去拍影戏，不料上海的同行中，居然大造她的谣，说她与张副司令大跳而特跳，甚至日本报纸登载起来，真是胡蝶女士天外冤枉。……今胡蝶女士大登报以辟谣，是因女士之不可及，而以张司令这位尊而多金，乃犹不足以当此一谣，是则又张副司令之大不幸也乎？

知情者尚且如此，不知情的更是难说了。

三十多年后，胡蝶在台湾说："因为我从来就没有见过张学良，在九一八前，我跟着到北平拍外景，但火车到天津，就遇到沈阳退兵，客车就不通了。我根本没有到北平，还能和张跳舞吗？"她苦笑着说："当时马君武那首诗，对我的事业是很有帮助的，使我红了起来。"②

后来，胡蝶晚年居住在夏威夷，追忆演艺往事而写成了回忆录，其中说："我和张学良不仅那时素未谋面，以后也从未见过面，真可谓素昧平生。1964年6月，我赴台湾出席第11届亚洲影展时，还有记者问我要不要见张学良，他们可以给我安排。我回答说：'专程拜访就不必了。'真是天大的冤枉！马君武这两首诗是根据传闻而写。据后来了解，是日本通讯社造谣中伤张学良，以引起国人对他的愤慨，转移目标,马君武激于义愤,一时也未能考证事实的可靠与否,只是将我也牵连进去了。"③

三、马先生的爱国热忱与宽大胸怀

正如胡蝶女士所说,马先生是激于义愤才写了这两首诗的。不久,当马先生了解到不抵抗的真实内幕之后,认识到"九一八"事件丢失东北领土的真实罪魁祸首是蒋介石,张学良不过是代人受过而已。身为国民党元老、八桂大地人望的马先生,毅然挺身而出,他在1931年12月21日在广西大学全体师生参加的纪念周大会上,便痛骂蒋介石:"这种做刺客、做经纪人出身的人,根本不配预闻国事……蒋介石可以说是袁世凯第二了!"④次年(1932年)又发生了"一·二八"淞沪战争。2月,蒋介石、汪精卫再度合作,蒋任军委员会委员长,汪任行政院长。马先生直接去电痛骂:"国事败坏至此,论者异口同声皆曰:是乃精卫兄在武昌一年,介石兄在南京四年,倒行逆施之总结果。介石兄坚持对内不妥协,对外不抵抗之主张,日本已占据东三省,介石兄对内面狞如鬼,对外则胆小如鼠……"⑤3月13日,马先生在广西大学的纪念周上又说:"蒋介石、汪精卫等仍始终坚持着他们固有的不抵抗政策,他们宁愿甘冒不韪,向日本妥协,向日本投降,他们宁愿牺牲国家民族以保存他们少数人的禄位权利。现在的军政当局,正像宋高宗、秦桧一般,所以虽有忠勇悲壮的军民,做到的终于同岳飞一样的败场,东三省之沦亡,上海沪淞等处之丧失,与其说被日本侵略,无宁说是被军政当局所断送。……这种丧心病狂、倒行逆施的罪魁,决心卖国倒是实在,'决心'救国绝不可能。"⑥这些话毫无畏惧地直接痛骂了以蒋介石、汪精卫为首的南京反动政府,充分体现了一个有正义、有良心的爱国者的赤诚爱国之心。实际上也是对他的《哀沈阳》一诗作了很好的修正和补充。

据一些老人回忆说,大约在1939年之冬,马先生在桂林乐群社的一次文艺界的小型集会上,曾对他《哀沈阳》诗中把胡蝶牵进去一事的不实,公开表示歉意。

近年来,有关张学良的传记、回忆录,以至文艺作品如小说、电影、电视剧等等大量出现。其中某些作品为了突出张学良,不惜贬低另外一些人,马先生就有此遭遇。他们抓住了胡蝶未见过张学良这一点,就对《哀沈阳》一诗全盘否定。说得客气一点的就说诗中反映不实,伤害无辜。不客气的简直就是对马先生漫骂和污蔑了。今举惠德安《张学良将军轶事》一书中《马博士诌诗》一节:

北平民国大学校长马君武,向张勒索未成,给他诌了一首歪诗,就是一例。……

马几次求见张,请他拿出一笔款助学,由于东北情况紧张,又加张的身体不好,没有邀见他。据当时财政部冀晋察绥荆有岩同志说……马校长这时候要那么多钱,岂不是给我们出难题,张听了以后,久久未作表示。几个月后,马君武从上海寄给张一封信,作最后的要求。张回信的大意是,现今的军事费用,已穷于筹措,风起云涌的东北义勇军,且无力接济,对于"民大"实已爱莫能助。不久,上海有的小报竟披露出马君武作的一首诗:

赵四风流朱五狂(原注:赵媞误作赵四),翩翩胡蝶最当行,美人帐中英雄冢,那管东师入沈阳。

……马博士歪诗,当然遭到张学良理所当然的否认,也使胡蝶在上海《申》《新》两报启事……斥责马君武诗是别有用心的。

在这短短不到千字的短文中不仅错误百出,并对马先生极尽了漫骂、污蔑。如把张伯苓先生写成张仁荟,说马先生打滥不走要见张学良。马先生曾任北京工业大学校长,从未有任民国大学校长的记录。马先生当时是广西大学校长,即使经费短缺也决不会化缘到张学良的头上。马先生的《感时近作》诗二首刊载在11月20日的《时事新报》,决非小报。如按该文所述时间推算,马诗的发表起码要在1932年年初。又把原诗两首作一首,把第三句改作"美人帐中英雄冢",这样一改,不仅诗意俗陋,而且平仄勿调,破坏了原诗的格律。至于胡蝶的声明,全文已载于前,决不是针对马先生的。

最近张学良仙逝海外,落葬异国,我国家领导人去电致唁,对张作较高评价。我们认为,一个人的发展历史,应该是分阶段的。国家领导人对张的赞扬、肯定,是张能从民族大义出发,发动了西安事变,促成国共再次合作,从而形成全民族的抗日运动。而决不会肯定他"九一八"的不抵抗而丢失东北。张从"九一八"到西安事变有一个发展的过程。正相反,对张"九一八"后的表现,中共是站在全国人民一边,严厉批评张的不抵抗政策是卖国投降。⑦正是全国人民的爱国义愤和中共对张的教育,在东北军连丢两个整师的铁的事实面前,张才认清反共内战只有死路,才与红军达成停战的协议。在蒋的威逼下,才毅然发动震惊中外的兵谏,才促成全民抗战统一战线的形成,张才成为深明大义的爱国将领。

四、《哀沈阳》在流传中的不同版本

马先生《哀沈阳》诗发表后，曾引起各界的轰动，竟不胫而走地传遍了大江南北。当然，其间情况复杂，国民党内部的各派系，对张的态度也不同，张学良的政敌和反对者也不少，如汪精卫和CC系掌握的报纸就在南京等地大加转载，大肆宣传。日本宣传机构本来就要丑化张学良，正唯恐天下不乱，一见此诗便如获至宝，大加鼓吹。广大群众也觉得此诗抨击了不抵抗主义，切中时弊，纷纷传抄、转载。据说有一家书局，把它编入中学的国文课本中，来教育广大学生。因此在流传过程中难免有鲁鱼亥豕，出现异同。笔者在广泛涉猎有关材料时就遇到这种情况，今简述如下：

一、本诗首次发表在《时事新报》上时，没有诗题，只标作《马君武感时近作》。第二首的末句作"更抱阿娇舞几回"。

二、该诗有一种马先生的手书体，题作"《哀沈阳》二首，仿李义山北齐体君武"。此诗手迹在多处转载，流传颇广，不知最早发表于何处。第二首的末句作"更抱佳人舞几回"。

三、1940年印，马君武先生治丧处编的《马君武先生纪念册》中收录此诗，加有长序：

周师取平阳，北齐后主方偕冯小怜猎于三堆。晋州告急，后主欲还，小怜请更杀一围，北齐遂亡。九月十八夜，日本师入沈阳，臧式毅电北平告急，适张自上海迎电影明星胡蝶至北平，开跳舞会，兴致正豪。第一次电话不暇接，又来第二次电话，张仓卒答以"日本要什么，便给什么"，仍跳舞不辍。东三省遂于二十四小时内亡于日本矣。仿李义山作《哀沈阳》二章。

四、王蘧常教授《国难诗话》二（载《大夏周报》第九卷第二期，1932年11月3日出版）抄录马先生该诗，第二首末句作："更裹阿娇舞几回"。

五、《大夏周报》第八卷第十期（1931年11月30日出版），载有吴家桢《步马君武先生原韵》诗二首：

十万熊罴关外俟，征歌选舞未曾休。
景升豚犬全无用，锦帐风流卧并头。
燕北偷安最可伤，绝无抵抗失辽阳。

占山恸哭三年泪,独有雄心死战场。

附马先生原作:

貔貅徒拥说封侯,一夕仓皇遁不休。
此日真成刘阿斗,万民无计使回头。

杨郭前尘事可伤,长城自坏哭辽阳。
豚儿竟自误军国,还认情场作战场。

因此二首诗亦是咏东三省的沦丧,所以谭行等编的《马君武诗注》(广西民族出版社1985年版)就把它编入《哀沈阳》诗中,作为第三、第四首。

(本文初刊于《广西文史》2002年第2期,后收入《纪念马君武先生诞辰120周年学术讨论会文集》,由广西师范大学社科联、广西师范大学地方民族史研究所编印,2002年6月出版。)

注　释:

①关于此时马先生的行止说法不一,有说在桂林、梧州。按1931年11月23日刊出的《大夏周报》198页,刊有"请愿停课期间演讲会并志"的消息。内中(二)"念六日,马君武先生演讲《误国与救国》。马先生为本校校董,前本校校长,现任广西大学校长。以纯粹学者之态度,抨击当前之国难,极为透辟"。此"念六日"当为十月二十六日。故知十月至十一月间,马先生当在上海,因限于当时的交通条件,在短时内不可能频繁往返于沪桂之间。

②③转引自鱼汲胜《九一八之夜张学良与胡蝶共舞之谜》,载《广西党史研究通讯》1991年4期。

④1931年12月21日,马校长在纪念周的演讲词。载1932年1月1日出版的《广西大学周刊》第1卷第11期,第1页。

⑤马校长致蒋介石、汪精卫电。载1932年2月26日出版的《广西大学周刊》第2卷第1期,第56页。

⑥3月13日马校长在纪念周的演讲词。载1932年3月18日出版的《广西大学周刊》第2卷第4期,第2页。

⑦详见倪良端《处理西安事变的幕后英雄》,《党史文汇》2001年第10期。

第三辑

桂林历史文化研究

汉始安县建置问题

一、五岭隘口的军事意义

绵亘于岭南北部的五岭,自东向西的次序是:大庾、骑田、萌渚、都庞、越城,绵延数千里。是岭南地区与中原之间的天然屏嶂,造成岭南地区与中原地区迥乎不同的自然景观和人文地理上文化上的差异。岭与岭之间的隘口是岭南与中原交往的通道,也是中原进入岭南的门户。公元前217年后,秦兵统一岭南开进的五路大军:一军塞镡城之岭;一军守九疑之塞;一军处番禺之都;一军守南野之界;一军结余干之水(《淮南子·人间训》),大部分都是由这些隘口进军的。汉武帝统一岭南所用的五路大军:伏波将军路博德出桂阳,下湟水;楼船将军杨仆出豫章,下浈水;归义越侯严为戈船将军出零陵,下离水;甲为下濑将军,下苍梧。这四路均由五岭隘口进军,只有越驰义侯遗另将巴蜀罪人发夜郎兵下牂柯江,咸会番禺(《汉书·武帝纪》"元鼎五年秋")但五岭隘口犬牙交错,地形复杂,无论是秦兵、汉兵、南越兵都懂得隘口的重要性,都要抢占隘口的有利地形。秦、汉军的先头部队,常深入隘口进驻在五岭以南,为日后进军取得地形上的有利条件。所以,秦越、汉越的边界线,并不是简单地按五岭来划分的。

二、湘桂走廊、湘江上游地区的历史回顾

岭南与中原交往的历史,应上推至先秦楚越之间的关系史。见于文献最早记载的是《史记·吴起列传》,楚悼王用吴起变法:"南平百越,北并陈蔡,却三晋。"其事约在公元前385年前后。因而就有人推定,早在公元前四世纪初,楚国就平定了百粤进入岭南了。其实这样说是不可靠的,因百粤的种类很多,范围很广,在五岭之北就有多种,诸如扬越,范围就很广,故南平百越,不一定就非要进入岭南。但至少在战国末年楚国人进入湘江的上游是没有问题的;同时也进入湘江的另一

大支流潇水上源,也深入岭南。这些事实也为地下文物所证实。秦大将王翦在灭楚之后,"竟平荆地,有郡县,因南征百越之君。"(《史记·王翦列传》)此事在公元前222年。公元前217年前后,秦始皇向岭南用兵。《淮南子》有秦将尉屠睢南攻西瓯越,杀西瓯君译吁宋一场恶战的记载。又令监禄凿渠运粮。而在秦凿渠(灵渠)南端筑城屯兵,不断南进。这就是秦城,今遗址尚存。

三、秦城与越城

秦末大乱,南海尉赵佗占据了南海郡,且攻占了桂林、象郡,拥兵自立,割据岭南,封锁五岭隘口,断绝与中原的通道。汉朝建立,汉高祖也无力量改变这种现实情况,只得封赵佗为南越王。汉越边界线也基本上承袭了原来秦越之间的边境线。秦城又成为汉军的前沿阵地,驻兵守卫。在秦城南十里左右赵佗建立了越城(据《太平寰宇记》),也驻兵防守,两军对垒,阵营分明,两军对垒之处正在湘桂走廊的南端,都庞岭与越城岭雄据北面,汉兵据有明显的地形优势,越人必以重兵相待。秦城,作为汉军前沿阵地,必定要便利于出击,轻装待发,不可能辎重累累,广屯军粮。必须在后方不远处有一大本营,补充兵源,给养军需,供给粮饷,作为前沿兵营的保障,这个大本营就是零陵,据全州人说其遗址尚在。公元前112年的进兵南越,有两支部队,戈船将军严和下濑将军甲就是由零陵出发的。在南越军方的前沿阵地越城,它能坚持数十年,同样也必须有一个相应的后方大本营,为其供给军需、粮饷,补充兵源,这个城就是距越城约80里的始安,因文献缺载,尤其是立国90多年的南越历史更是一片空白。这个想法虽无实证,却是事实。因为从汉进军至平定建立政权,期间只短短数月,始安县的建立不可能离开旧的基础而另起炉灶,立全新的县治,而必然在旧政权、旧城的基础上设置的,这就是始安县设县的基础。

四、始安县不可能在今兴安

始安县的设置在公元前111年的春天,离大进军不过数月,建县既然离不开旧的基础,那会不会设在原前线阵地秦城呢?回答是不可能。《汉书·地理志》

载零陵郡下属10个县,首县零陵,把湘水之源阳海山、离水(包括灵渠)都放在零陵县下。而始安县排在营道县(今湖南宁远县南)之后,无一字论述,可见与零陵县毫无瓜葛。《后汉书·郡国志》是以东汉顺帝永和五年(公元114年)的政区资料编成。其中,零陵县的说明与《汉书》略同,注明"阳朔山,湘水所出"。而始安县改称为始安侯国,下有南朝梁刘昭的注引《始安郡记》:"县东有驳鹿山,东有辽山。"我们且不去考证驳鹿山、辽山是今日何山,这一条只是说明始安国决不会在秦城附近。因零陵县已注明了有阳朔山,而且刘昭也作了注。可见《后汉书》里的这两个县也是毫无关系的,此其一。其二,始安郡始建于吴孙皓甘露元年(265年),《始安郡记》必然是两晋宋齐间的作品,那时,始安县已在今桂林已无异议。假如说始安县汉时在溶江附近,晋以后才迁到今桂林处,那么梁时的刘昭决不会张冠李戴,拿晋以后始安的地形来注东汉时的始安,刘昭距两晋为时未远,《始安郡记》的情况他应该是清楚。由此而可见,始安县的城址从未搬迁过。

(本文原为作者参加1998年8月举行的《桂林建城2100周年(公元前111年)时间问题论证会》的论文,后收入《桂林建城时间问题论证文集》,桂林市地方志编纂委员会办公室1999年10月编印)

漓江源头之争刍议

关于漓江的源头,自古有湘漓同源之说,自 18 世纪清乾隆以后,开始打破此说,引起了源流的争论。进入近现代以后,由于漓江、桂江、灵渠等江河的新概念确立,根据现代地理学的概念重新确定了漓江的源头。关于漓江源头之争,似乎可以画上句号。但是,今天漓江、桂江、灵渠等江河的概念,其形成是一个很长的历史过程。古代的漓水并不等于今天的漓江,假如用今天的漓江、桂江、灵渠等江河的概念,强加于古人,去论说古人之非,这就不是历史主义的态度,而且是冤枉古人了。今分述如下:

一、漓江与灵渠

漓江最早称离水。《史记·南越列传》:"故归义越侯二人,为戈船、下厉将军,出零陵,或下离水,或抵苍梧。"《汉书·两粤传》记载相同,惟"下厉"作"下濑",《汉书·武帝纪》作"归义越侯为戈船将军,出零陵、下离水。"又《汉书·地理志上》:"零陵郡县十。零陵,阳海山,湘水所出,北至酃入江,过郡二,行二千五百里。又有离水,东南至广信入郁林[①],行九百八十里。"从《史记》《汉书》的"下离水"和"抵苍梧"及上条的记载,可知汉代离水是指今灵渠、漓江、桂江全流。

到了 6 世纪编成的《水经注》,离水就改称漓水了。"漓水亦出阳海山,漓水与湘水出一山而分原也。"

那么,离水或漓水是否包括灵渠呢?我们从《水经注》"漓水亦出阳海山"来看,漓水就是今天的灵渠,也是漓水上游。古人山川、地名的命名是有一定含义的。按传统的说法,离就是分,即是从湘水分出一部分水流,沟通漓江,这就是离水,也就是灵渠。这条一直流到梧州,汇入西江(当时称郁水)的河流也总名之为离水。所以古时的离水,包括今天所称的灵渠、漓江和桂江。离,后来作江名,才加水字部首。位于成都平原的都江堰,是分岷江为内、外二江,其分水处,古称"离堆"[②],便是明证。

灵渠之名,最早见于唐代。鱼孟威《桂州重修灵渠记》:"灵渠,乃海洋山水一派也,谓之漓水焉。"他说得很清楚,当时的灵渠就是漓水。

首先对漓字作出解释的是北宋初的柳开,他写了《湘漓二水说》:

湘漓之水,始一本也,出于海阳山。山在桂州兴安县东南九十里。西北至县东五里岭上,始分南北为二水,北为湘水,南为漓水。求其二水之名于书记,皆无所说。淳化元年(公元990年),开自全州移知桂州。乘船自湘水而抵岭下,沿漓水达于桂州。问其岭之名,即分水岭也。分水是湘漓水也,二水异流也,谓其同出海阳,至此岭分南北而相离也。二水之名,疑昔人因其水分相离,而乃命之曰湘水也,曰漓水也。……古人以万物错杂,惧难别识也,乃以名各记之矣。即物之名,有类、有假、有义、有因焉。斯水之名,以其水分相离为名,是取类也,是所假也,是从义也,是有因也。③

宋代主此说的有王象之《舆地纪胜》④。后世顾祖禹《读史方舆纪要》、清《嘉庆重修一统志》等权威历史地理著作,均作如是说。今举《读史方舆纪要》卷七五《湖广一·湘水》:

湘水出兴安县南海阳山,其初出处曰灵渠,流五里分为两派。志云:有分水岭,流而南者曰漓水,流而北者曰湘水。漓,离也,言违湘而南;湘,相也,言有所舍也。

古人所说的漓水,就是今天的灵渠,明白了这一点,我们就不会觉得古人所谓的"湘漓同源"没有道理了。

二、桂江

桂江之名出现于唐朝,唐李吉甫《元和郡县图志》卷三七《岭南道四·桂州·临桂县》:"桂江,一名漓水,经县东,去县十步。杨仆平两(南)越,出零陵,下漓水,即谓此也。"宋初编成的《太平御览》卷六五《地部》引有一段《郡国志》,记载唐李渤引湘水置斗门的情况:

后汉伏波将军马援,开湘水为渠六十里,穿度城,今城南流者,是因秦旧渎耳。

至宝历初(825年),渠道崩坏,舟楫不通。观察使李渤遂叠石造堤,分二水,每水置石斗门一,使制之,在人开闭,开漓水则全入桂江,拥桂江,则尽归于湘水。

同时期编纂的乐史《太平寰宇记》卷一六二所引略同。我们细读这段文字,其中的漓水就是灵渠,桂江实指今日漓江。这同唐代桂江的含义就有区别了。明清以后,灵渠、漓江、桂江、抚江等概念逐渐明确,再也没有统称漓水了,因而,关于什么是漓江的源头之争也就产生了。

三、大溶江

大溶江古称汭水,《水经注》有汭水的记载:

汭水出西北邵陵郡界,东南流,至零陵县西南,经越城西。建安十六年(公元211年),交趾刺史赖恭,自广信合兵小零陵越城迎步骘,即是地也。汭水又东南流,注于漓水。

邵陵郡是两晋南北朝的地方建制,郡治在今湖南邵阳,华南第一峰猫儿山即在其东南边界,山的东麓均有水汇成黄柏、川江、华江、六洞江等,至司门前附近汇成为大溶江。灵渠东来,在严关附近接通大溶江支流灵水(灵亦作零、澪)至溶江镇附近汇入大溶江。大溶江在三街镇附近汇合小溶江后即称漓江(今天的称呼)。说实在的,大溶江如果没有灵渠搞在里头,它无愧是桂江或漓江的源头,因为无论是从流长、水量来说,都是不可取代的。但是,从灵渠开凿、接通湘江以后,那争议也就随之而来了。

四、漓江源头之争的缘由

首先提出对漓江与湘江同源有不同看法的是清乾隆时兴安知县莆田黄海。在他主持重修的《兴安县志·舆地志》说:

桂江,在县(兴安县城)南半里,发源于双女井,两井上下涌出清泉,北流至县城东门外,横出灵渠西岸与湘水合。⑤

他认为,双女井河才是漓江的源头,当时双女井河横穿过灵渠,可是今天灵渠河床升高,双女井河已是从灵渠的河床之下穿过,成为河下之河,流入湘江故道,所以,今日之双女井河实与漓江无多大关系。时隔不久,乾隆十九年(公元1754年),当时庆远府同知查礼,受命重修灵渠,作了漓江水源勘测,写了反驳黄海的文章《漓水异源辩》,今摘要如下:

案桑钦《水经》云:"漓水亦出海洋山。"

郦道元《水经注》云:"漓水与湘水出一山而分流也。"又《湘水注》云:"湘漓同源分为二水,南为漓水,北则湘川。"是湘漓二水出一山,同源而分流明矣。且绎湘漓字义,湘者相合而同派也,漓者分离而别流也,言一水同源,下流而分支,故因湘始有漓之名焉。若湘漓各出一源,则漓何故名之耶?昔人命名,盖有取义,如浙江之名浙,巴江之名巴,岂漫无所指哉?况自秦汉迄今二千年来,汲古博学之儒,穷山究水之士,不乏其人,案图据史,考论辨议,向未闻有湘漓异源说。乃乾隆六年(公元1741年),时有莆田黄海知兴安县事,重修邑乘,载湘漓水,本不同源。更讥前人未身历其地,未视水之所从出。海谓漓水发源于县南之双女井,北流入灵渠,与湘永远不相属。其说乖谬甚矣。甲戌(乾隆十九年,公元1754年)秋,制府闻灵渠水道壅塞,铧堤陡门多倾败,则将疏山采石,急筹修复。方伯檄礼往勘之。于九月来兴安,深入海阳山。探湘漓之源。及沿江之支渠别港,断堑长罐,无不亲历,察其水之去来,审其源之大小,固知《水经》之不诬,与《郦注》之初非忆说也。盖海洋发源,本属一水,东北注即湘江。自秦史禄昉凿灵渠,分引而南,而离水名焉。……至双女井一水,乃山洞细流,源出县南七里,径东流至县,入灵渠。方灵渠未凿时,其水由渠之东岸穿渠而西。出今之泄水马氏桥下,流成小溪,二里许,经海阳神庙之北,又二里,至高塘村乃入湘水,迄今故道犹存,何得谓之漓水之源耶?噫!海既未读《水经》,而所历之地复未明晰,轻出此风影无据之言,欲改窜千百年确然之实迹,诚诐词荙说,固不足与之反复驳诘。然人心恶旧而好新,舍常而取异,礼恐后之见邑乘载海之说,而惑漓之果别有源也,是为辨。

后不久,全州唐一飞看了查礼考辩的文章之后,写了《漓水源流考》,对湘漓同源之说进行辩驳：

  自郦道元《水经注》之误,漓水久已失其源矣。近世黄海指双女井为湘漓同源,而漓实不与湘同海阳山之源。查礼又辨《水经注》之非误,且详辨双女井之水直下而合湘入湖,非后人激之入陡河,则此水终不得归漓。然则湘漓非秦将史禄激而分之,其有涓滴入漓乎？郦既误于前,查复附会于后；而漓水之源,终古不明矣。道元《水经注》据史禄分水以后言之,而修志者乃曰史禄于分水塘置天平坝,决湘源以会于漓江,此湘漓所以同源也。夫不曰分湘水为漓江,而曰会于漓江,则漓必另有一江矣。漓且另具一江也,漓不另有一源乎？黄与查不于漓江寻漓源,而纷纷辩于双女井,胡为哉！……(灵渠)至娘娘坝而会于大溶江。夫大溶江至此,其来远矣。发源于猫儿山千溪万壑之中,其有名称者,曰华江、曰川江、曰融江、曰黄檗江。四源竞出至合江口而益大,自合江口三十里至大溶江,可飞行巨舰；由合江口上溯四江,盖百二十里,可泛横网之舟。

  以上是唐氏论漓江源头的主要论点,在这里,他一反自古漓水的传统说法,认为大溶江才是漓江源头。为了证明他的立论,不惜用诡辩的手法：一是偷换概念,以今易古,用今天桂江、漓江的概念来改变古代关于漓水的概念。二是自造书证,窜改古人关于漓水来源之说,来证明他的论点。"夫不曰分湘水为漓江,而曰会于漓江,则漓必另有一江矣。"古籍中叙漓水之源,只有分湘之说,从未有会于漓江之说,此条实为唐氏向壁虚造。第三是夸大大溶江上源的流程和水量。如"自合江口三十里至大溶江,可飞行巨舰。"其实自合江口(今称司门前)至大溶江,与灵渠汇合处不过十里。又"由合江口上溯四江,盖百二十里,可泛横网之舟。"大溶江上源最长的是六洞江,发源于猫儿山东麓,流到司门前,充其量不过六七十里,竟夸大了一倍。可通小舟的也仅自司门前上溯至升平街一段,也是不到二十里的流程。华江是六洞江的支流,和其余的黄柏江、川江等水的流程则更短,只有在旺水季节、可通木筏而已。

  唐氏的诡辩手法还不止这些,他接下去又说："今夫人,其首在其上,其腹居中,其足处下,虽愚妇蒙童,皆知其不可假借也。忽而于腰臂之处而示之曰：'首固在此也',未有不斥其诬罔者。"他想用这种简单道理为自己的论点找根据,但他不应忘记,作为人体,人的头当然很明显,但用在事物的比喻上,头、脚就应有一个准则,若无一定准则,失去标准,那么,他所认为的头,别人也可用同样的手法来说这恰恰是腰、是脚。这种论证方法只能说明他的主观武断,而不是真正解决问题的方法。所以,谢启昆《广西通志》的编者按语说得好:

> 谨案:史禄未为渠之前,有洳水,无漓水,为渠之后,则分湘之漓水通于洳,亦如江淮间之有邗沟。后人反以漓为经流,洳为支流,颠倒甚矣。漓水自以分湘得名,黄海言漓别有源,其论特创。唐一飞乃以洳水为漓水之源,不知洳漓各自为水,不可混而为一。且洳在漓水之下流,何以为漓之源耶?聚讼纷纭,皆非探源之论。⑥

20世纪30年代,上海田曙岚来桂旅游,至兴安考察,写了一篇《湘漓同源辩》,他说:"始知在事实上根本即无有所谓漓水者,有之,惟湘桂运河与桂江耳。"在确定大溶江为桂江源头之后,得出结论:"余以为,漓水之名,在事实上应根本取消,以'漓水'之广义所取代称之桂江,应即称之为'桂江';以漓水狭义所称之灵渠,应即改称为'湘桂运河'。"这就一笔抹煞漓水二千年的历史,其主观武断的态度,就比唐一飞更变本加厉了。所以,混淆漓水古今不同的概念,用现代桂江的情况去评说古人关于漓水的实际情况的叙述,硬说古人是错误的,这种反历史的态度,正如唐兆民先生所说:"总以为六十里的灵渠全由人工凿成,便盲目咒骂:'自郦道元《水经注》之误,漓水久已失其源矣。'这真是不怕冤枉好人了。"⑦

唐先生是兴安人,长期从事灵渠历史的研究。他对漓水的源头有新的看法。他既不同意传统的湘漓同源之说,也反对将大溶江作为漓江的源头。他认为发源于兴安南面的大同界、唐公背岭之间的零水才是漓江的正源。灵渠西流至赵家堰就注入零水,又西流至溶江镇附近注入大溶江,此处当地人仍称之为"灵河口"。整条灵渠全长约六十里,约有三分之二的渠道是借助这条唤作灵水的天然河道。灵渠或称零渠、霖渠,灵、零、霖、离、漓都是一音之转,漓水就是零水、灵水,所以零水才是漓江的真正源头。这不仅从文字、语音上得到印证,而且他还列举中外许多大河,如西伯利亚的鄂毕河,美国的密西西比河,我国的淮河,其源头均不是最长、最大的支流,而是根据历史传统的提法。我认为唐先生的论点有根据、有道理。但单凭语言上的口口相传似乎难以涵盖二千一百多年前司马迁的时代。历史的变迁、人口的流动、政区的变易等等因素使山川名、地名屡屡改易,这是不争的事实。而且零、灵的同声字很多,古人何必定要找这个复杂的"離"字?我认为古人用离字一定有其特殊的意义(说详见前)。总之,有些河流名称,古今会有不同,即使相同,其含义也会不一样。我们用今天的现状,硬是去评说古人是错误的就不是科学的态度。例如我国长江、黄河的源头,且不说古代,就是新中国成立以来就修改了好几次,都没有说前一次是错误的。因为只有随着科学的发展,人们的认识才会不断提高。

(本文原刊于桂林市地名办公室编印的《桂林地名集刊》第三辑,1996年4月出版。在收入本书时作了一些修改。)

注　释:

①据〔清〕王念孙《读书杂志·汉书第六》:"念孙按:无林字者是也,后人不知郁为水名,故加林耳。"

②见《史记·河渠书》。

③文见柳开所著《河东集》,转引自〔清〕谢启昆《广西通志》卷一〇九《山川略十六·山川》。

④见该书卷一〇三《广南西路·静江府·景物上》。

⑤黄海《兴安县志》卷一《舆地志·山川》,转引自〔清〕谢启昆《广西通志》卷一〇九《山川略十六·山川》。

⑥〔清〕谢启昆《广西通志》卷一〇九《川一》。

⑦见唐兆民编《灵渠文献粹编》,第103页。

临桂南陡河的历史和现状
——南陡河的初步调查

一、南陡河概况

在桂林西南郊有一条开凿于七世纪末的古运河,名相思埭。《新唐书·地理志》七上记载:"临桂县有相思埭,长寿元年(公元692年)筑,分相思水使东西流。"埭就是坝,意思是筑坝阻遏相思水,使之向东西两边流,成为人工运河。由于古今水道名称不同,河道也有变化。明清后一般叫南陡河或南渠,当地人民则称之为"古柳运河"。

它的主要工程分水塘在今临桂县会仙墟附近。运河东段在桂林南郊良丰附近的蒋家坝流进相思江(当地人称良丰河,古称浪石江),在柘木附近流入漓江。西段在临桂县大湾附近进入清水河,到永福县苏桥镇流入洛清江,经永福、鹿寨在柳州之东进入柳江。它沟通了漓江与柳江之间的航运。通过柳江又与红水河水系、西江水系相联接;由柳江支流融江、都江可上达贵州之东南;由红水河的支流濛江、北盘江、南盘江可直抵云贵高原;通过邕江上游的左、右江,又把越南北部和滇东联成一气。所以这条运河就成为古代桂林联络这些地区的纽带。

南陡河又和兴安灵渠联成一气,构成古代桂林一南一北的运河系统。清张钺曾说:"二渠(指灵渠和南陡河)之兴,虽地分派别,代有先后,顾因势利导以为功,迹一线之泉流,而至于径达万里,联江会海,沃农田、资贾楫者,其为利于粤则均焉。"[①]

正是这样,灵渠和南陡河就成为古代桂林通向南北的两大动脉。

二、相思埭的开凿

运河的兴建,固然是由于社会经济的发展、人们交流的需要和文化科学水平的提高。在我国古代,它往往又和政治、军事的因素密切相联。统治者的政治需要和军事目的,每每在其中起着主导的作用。研究相思埭的兴建,就有必要回顾一下古代桂林政治、军事地位的升降的历史。

汉武帝在元鼎六年(公元前 111 年)统一了南越之后,就于桂北地区设置了始安县。三国吴末(公元 265 年)升为郡;南朝梁末大同六年(公元 540 年),把桂州州治移来始安,然而这时的州郡已经很小了。唐初,大将李靖经营岭南,在桂林置总管府以为大本营,逐步平定岭南并收复交州。后来改称都督府,贞观八年(公元 634 年)后,桂州都督府总辖岭湾十七州的军政大事。

7 世纪 70 年代后,唐朝国防形势发生一些变化,由于吐蕃和南诏的强大,军事重心逐渐南移。同时,李唐与武周间开展了最高权力之争。武则天便把大量的政敌如李唐宗室、不同政见者和其他罪犯,大批地流放到岭南来。

国防形势的变化、大批中原人士的南来,加之应付近在身旁的南诏等等因素都促使了岭南,特别是岭南西部地区的急剧变化。本来潜伏着的阶级、民族矛盾一下子表面化了。今仅摘录《资治通鉴》中高宗、武后时与桂州有关的几段材料:

龙朔三年(公元 663 年),五月壬午,柳州蛮酋吴君解反,遣冀州长史刘伯英、右武卫将军冯士翙发岭南兵讨之。

垂拱三年(公元 687 年),秋七月。岭南俚户,旧输半课,交趾都护刘延祐使之全输,俚户不从,延祐诛其魁首。其党李思慎等作乱,攻破安南府城,杀延祐。桂州司马曹玄静将兵讨思慎等,斩之。

延载元年(公元 694 年),冬十月,……岭南獠反,以容州都督张玄遇为桂、永等州经略大使以讨之。②

这是相思埭运河修建前后由桂州发兵的几起镇压少数民族的军事行动。桂林以地处湘桂走廊南端的优越地理位置,在当时的条件下是控制岭南西部最理想的据点。南北又有良好的水运,北由灵渠沿湘江通中原,东南有漓江经梧州抵广州。可是要往桂南及左右江流域,就必须由梧州绕道郁江、邕江,要走许多弯路。若往桂中、桂西北则绝无航道可通。不仅平时上述地区的赋税征收、劳役运输困难,一旦猝然有事或南诏窜犯,则军队、粮饷的接济就很成问题。

聪明智慧的我国古代劳动人民,想方设法,终于设计出沟通漓江柳江间航道的宏伟方案,这就是相思埭运河的开凿,相思埭是最科学、最理想的河段,它沟通了漓江与柳江,从而解决了桂林的西南、西北交通难题。这是我国航运史上的又一伟大成就。

当然,相思埭运河的开凿,主要是出于统治者政治、军事上的需要。因为从地理意义上来说,相思埭运河的建成,更便于统治者从桂林控制整个岭南西部地区。

三、相思埭的使用与维修

由于《新唐书·地理志》记载过于简略,其他历史文献又缺载,唐代相思埭的开凿经过和工程情况已不甚清楚。《新唐书》写于北宋,从记述相思埭的口气来看,颇像是当时现状的描述。北宋的地理著作如《太平寰宇记》等均未记载。宋代相思埭的记录,只见于南宋王象之的《舆地纪胜》,但也很简略,基本上照抄《新唐书·地理志》,其云:

相思埭,《唐志》云:在临桂县,长寿元年间筑,分相思水使东西流。③

记载虽仅寥寥数语,但作者把它列于《景物》栏中,而不列于《古迹》一栏。说明南宋时相思埭运河是以实景存在,是在通航使用的。

成书于明景泰七年(公元1456年)的《寰宇通志》是记载明初以前的大型地志,其中有一条有关记载:

白石水:在永福县,流入漓水。④

白石水在《〔嘉靖〕广西通志》中曾多次提及,指洛清江苏桥至永福一段。"流入漓水",无疑指白石水在苏桥、大湾附近接通南陡河东去漓江。虽没有明确提到运河,但从永福流入漓江的河道流向,明显看出所指即是相思埭运河。

明中叶以后,关于南陡河的记载就多起来了,记载最详细的是黄佐等修的

《〔嘉靖〕广西通志》,有多处提及,今摘录如下:

相思江:《唐地理志》:"临桂县有相思埭,长寿元年筑,以分水使东西流。"在府南五十里,源出卧石山下,阔十丈,东流合于漓江,西流合白石水。

浪石江:在临桂县南乡,历凉风合南渠水入相思江至漓江。

白石水:在城西六十里,阔二十丈,发源于义宁丁岭,下会聚水,南流至永福,东流合漓江。

义江:在县(指旧义宁县,县治在今临桂县五通镇)北七十里,发源于丁岭山下,顺流苏桥分为二:其一入永福水;其一历铜鼓墟入渠(指南渠,即南陡河),过凉风驿,东流并相思水入漓江。⑤

这里所记浪石江即今相思江上流,当地人民称之良丰河。白石水,古人常与义江、铜鼓水、永福江混在一起,大致是指洛清江苏桥至永福河段。"下会聚水",《图书集成·职方典·桂林府·山川考》作"下会众水",可能是抄本形误。这些记载把南陡河和桂林西、南郊诸水道的关系交待得较清楚。晚明曹学佺的《广西名胜志》及稍后的《读史方舆纪要》等关于南陡河的记载均以此为本。

魏濬写于万历壬子年(公元1612年)的《峤南琐记》和邝露在《赤雅》里记述他在公元1633年左右来广西时⑥都曾对南陡河作过记载,今并录于下:

灵渠自北而南三十二陡。又由漓通铜鼓水,自东而西入永福六陡。六陡冬月水消,涸绝不行。⑦

灵渠,自北徂南三十二陡。由漓通铜鼓水,自东徂西入永福六陡,六陡冬月涸绝不行。予过陡时,水长月明,如层台叠壁,从天而下。⑧

在这两个同时代人的记载里我们可看到:一,灵渠与南陡河共同构成一个运河系统,一北一南,顺流而下。二,南陡河全程三十里间由于水位差别,也使用陡门来辅助通航,当时有陡门六个。三,南陡河由于冬季水枯,不能通航。这是17世纪初明朝末年南陡河的航运情况。

清康熙中,赵炯曾记述南陡河的情况,他说:

故舟来者(指到桂林)至此必陆,越桂林苏桥六十里而后复舟。所谓临桂南陡河,乃置诸不论议之列,乌知其中何有邪?⑨

康熙四十年(公元1701年),春水暴涨时,赵炯作过一次南陡河航行,写下《陡河六桥记》,记述这次航行情况。例如,他描述南陡河的险工段:

第六桥淹于水中,微露其脊,舟摩其脊而过,则抵所谓鲇鱼陡(疑即鲢鱼陡)。石笋横斜,相向如戟,水作瀑流洄旋,疑舟不得下。⑩

有"官设陡夫十余人"帮助他的船只通过。这些情况说明南陡河已年久失修,河道淤塞,水过大时航行也困难。然政府并未放弃对南陡河的管理,设有陡夫等常年管理人员。可见在水位适当时仍维持着一定的运输。这是17世纪末南陡河的大致情况。

雍正初,西南少数民族与清政府之间的矛盾上升,由于鄂尔泰大力推行"改土归流"政策而引起少数民族上层的反抗。云贵高原的苗、仲家、猓等少数民族和广西少数民族地区的土州府等不断发生武装起义。鄂尔泰的进剿收效不大。公元1728年他任云贵广西三省总督后,便大肆进行军事镇压。为了把云、贵、桂、湘数省的军事力量联成一气,他迫不及待地设法打通这四省间的水路交通,以便互相呼应、互为支援,并同中原保持相通。

雍正七年(公元1729年)便开始对灵渠和南陡河进行全面大检修,二者"工役并举"。南陡河因年久失修,其工程量和费用远远超过灵渠。为了军事运输的需要,必须改变原来季节河的情况,南陡河进行了重建性的整修,其主要工程有:一是扩大水源,这是南陡河通航的关键。旧河水源只有狮子山(即卧石山)岩水一处,水流量极为有限。乃从狮子山北面,汇集积水至灵泉塘(又称积水塘),又东联惠泉塘。又导庙头墟附近积水南下至灵泉塘。诸路积水皆汇分水塘。并于分水塘口置闸控制,使之成为巨大水柜。船过时才开闸放水,以节约水源。二是增设斗门至二十座,以保证船只顺利通航。曾主持修河的张钺这样说过:

然昔时所建鲢鱼陡,不过陂岸碎石,仅存故迹,此外一无泄蓄水具,工巨费倍,殆有甚焉。今自鲢鱼陡而外,太平、黄泥诸陡,共建以闸水者二十。⑪

三是整治河道。修河的另一主持者金鉷主修的《广西通志》指出:

旧时所建止鲢鱼一陡,奔流急湍,垒石多已倾圮,雍正七年,请帑兴修,与兴安灵渠工役并举。于是建闸水之陡二十座,凿去碍船之石三百八十六处,开浚河流如石槽形,水得容蓄,长流不竭。⑫

经过这次大修,南陡河的面貌就大不相同了,鄂尔泰说:

于是近渠之田,资灌溉者不下数百顷,水旱无虞。前此荒塍,悉登膏沃。若乃舟楫之便利,惠贾通商,则自灵渠而北,曲赴湖南;自鲢鱼陡而西,直际黔省之古州(今贵州榕江)。⑬

当然,清政府不惜重资,再建南陡河,决不是为了"利贾便民",而是同其他统治者一样,完全是出于军事的需要。由于黔桂间水运的沟通,驻桂林的军队、军需、粮饷,可直达古州,古州也就成为黔东南的军事重镇。金鉷直言不讳地记载了当时的运兵情况:

乙卯(雍正十三年,公元1735年)岁,王师赴黔征苗,粮饷戈甲,飞输挽运,起桂林经柳州者,胥是河通焉。自雷塘驿则费而劳,自分水塘则捷而逸。⑭

雷塘驿是桂林柳州之间的陆路官道(驿道)。但是我们不能只看到清政府利用南陡河来镇压兄弟民族的一面,因为这终究是一时一事,而应看到南陡河在地区间、民族间起到经济上和文化上交流的长期作用。

为了保证南陡河的长期通航,清政府设置了渠目、陡夫等人员加强管理,并规定了每年的工资和支付管理费用,直至清末不变。⑮

四、南陡河现状的初步调查

自从湘桂、黔桂和枝柳铁路的通车及城乡公路网的普遍建立以后,用陡门逐级递运、运输量极为有限的古老运河航运,必然是难于适应现代的要求而退出历史舞台。近年来已很少有人知道临桂县曾有过一条古老的运河——南陡河了。1983年5月,我们对南陡河进行了一次初步调查。出乎意外的是,这条开凿迄今已一千三百年的古老运河,今天仍然基本完整。水源、分水塘十分清楚。其分水工程如蓄水闸、分水闸的遗迹尚存,只是运河因陡门的废弃失修而不能全线通航了。这里把关于运河河身、分水工程、陡门等方面的调查情况简述如下。

运河的中段部分,即分水塘东西各十余里左右的河段。因我们调查时正值汛期旺水季节,整个河段水源充足,水流平稳,今仍担负着当地农民的运输任务。分水塘西约六里的睦洞村,村西有支港接连运河,这里河港交错,水面宽阔,船只往来如梭,村头停船如蚁,竟是一派江南水乡景象。农民赶圩、捕鱼、耕田、运肥都用船只经运河向东西方运送。在村头井边,我们还发现光绪二十年(公元1894年)临桂县正堂为禁止在运河沿岸设簖捕鱼及任意开挖河岸的布告石碑。

东段,社门岭附近河段水流尚平稳,农民利用运河以灌溉为多,船只少见。此段有几处陡门遗迹,有一座保存较完整,两岸均用方正石块作河岸。四塘桥附近河段,两头水面落差较大,河流已被截割成数段,以用之蓄水灌溉和排水。据睦洞村的一位老农反映,公元1960年前后修建青狮潭水库(在灵川县甘棠江上游)时,他们兄弟都曾去支援,就是驾小船沿运河东去青狮潭工地的。既然六十年代初运河东段还能行船,那么此段河道只要稍加整治,修复一些陡门,是可以恢复通航的。

西段情况较为复杂,自睦洞至莫家村一段,水源较足,水流平稳,至今仍在通航。莫家村至龙门桥(当地叫神龙桥)一段,地势较高,水流浅,极易干涸。龙门桥至大湾一段约有六七里,此段因得到一条来自东南的天然河(当地人也称之为相思江)的补给,水量增大,然运河至此渐入低地,水面比降很大,水流湍激。智慧的古代劳动人民,有意把这段运河开得弯弯曲曲,以减低河水流速,控制水流,以利于行船。此段的陡门很多,且屡有增建。这一段就是运河的著名险工段,即古时所称的鲢鱼陡。邝露所记"如层台叠壁,从天而下"和赵炯所说"陡河之险"均指此段。目前,由于陡门的废弃破坏,已经无法通航了。

水源,是运河存在的关键。分水塘是南陡河的主要工程。位于陡门村东北的分水塘的蓄水、分水工程现已全部破坏。蓄水闸今仅存石堤及闸门的石基残迹,已经没有蓄水的功能了。旺水季节,由于狮子山岩水及附近汇集的水源充足,分水塘两边约二十里的河段尚可通航。秋冬水枯时,则水源仅是一道涓涓细流,如无蓄水工程就难以保证运河水源,也就谈不上通航了。

分水工程:分水塘前的河道,原建有石堤,东西两端各有分水闸,同时也起着陡门的作用。现西水闸已荡然无存,东闸尚有残迹,乾隆二十年(公元 1755 年)建立的闸门,河南岸的石柱尚巍然屹立,北岸石柱则已倒在地上,柱上所刻"岜(时)乾隆二十年春建分水东闸"字迹尚可辨认。

至于运河的二十多座斗门,因数十年来的失修和破坏,今已全不存在,遗址保存得较完整的只有东段社门岭附近的社公陡和西段的老陡、高桥陡等数处。

五、我们的建议

南陡河是 1300 年前创建的人工运河,直至 20 世纪初仍一直负担着桂林、柳州间的主要运输任务,维系着桂北与桂西南乃至云贵高原间的交通。对维护祖国西南的统一、民族的团结以及相关地区间的经济、文化的交流,起过巨大的作用。它对研究桂林地方史、运河史、航运史、民族关系史等方面均有重要意义,何况今天仍在起着一定的运输和灌溉的作用。因此我们建议:

第一,加强对南陡河历史价值和重要意义的宣传。以便引起多方面人士的注意和爱护,使大家都知道在桂林南面还有一条同灵渠一样重要的人工运河。在编写古运河史时,南陡河应占有一定位置,要写进乡土教材之中。我们在竹园村访问过一位 87 岁的老人刘珍弟,他年青时曾在陡夫手下做塞陡工作,提供了不少当时运河航运的情况。这样的老人在运河区一定还有不少。所以我们也建议在宣传的同时开展对南陡河的全面调查和勘测,摸清运河的全部底细,这些工作如再不抓紧去做,那么现存的古老运河将会越来越损坏,亲身经历过运河事务的老人也将日益稀少,势必造成调查勘测工作的更大困难。

第二,应逐步修复分水塘的蓄水、分水工程和一些重要陡门,这不仅关系保护古迹，而且还是进行爱国主义教育和编写地方史的很好材料。我们还可以进一步开发狮子岩的洞穴资源，因为狮子山水岩中洞穴幽深，钟乳石琳琅满目，可建成一个"舟游水晶宫洞府"独具特色的岩洞。分水工程附近的会仙圩，是出现在唐代的古老圩镇。这里奇峰环绕、怪峦林立，真如"群仙聚会"。我们可以对会仙圩整顿一番，开设一个供应土产的市场，使会仙成为独具特色的圩市。因会仙离桂林市区仅三十多千米，如在这里开辟一个有古迹、风景、圩市三者相结合的新的旅游点，是很能吸引游客的。

（本文由万竟君执笔，原刊于《广西师大学报》1985年第1期，原署名为历史系七九级南陡河调查组。参加调查组的有：申良祥、阳德旺、李浩民、陈海东、梁天凌、何小平、潘兴军七位同学。）

注　释：

①⑪〔清〕张钺《重修兴安临桂二陡河记》，引自光绪三十年（公元1904年）胡虔等重修《临桂县志》卷十一《山川十·水利》。

②引自《资治通鉴》卷二〇一、卷二〇四、卷二〇五，中华书局标点本。

③〔宋〕王象之《舆地纪胜》卷一〇三《广南西路·静江府·景物下》。清咸丰五年（公元1855年）南海伍氏校刊本。

④〔明〕陈循等修《寰宇通志》卷一〇七《广西布政使司·桂林府·山川》。《玄览堂丛书续集》本第七十六册。

⑤〔明〕黄佐等修《〔嘉靖〕广西通志》卷十二《山川》一。桂林图书馆民国钞本。

⑥据清道光五年（公元1825年）邝瑞校刻《赤雅》所附录《明诗综》载邝露材料："甲戌（明崇祯六年，即公元1633年）上元，跨马与陈、潘诸公子联骑邀游。值南海令黄熙出，弗及避，冲行慌，令怒拘之。梁御史元桂为请罪，勿释。遂通详削其名至广西。"可见邝露来广西当在公元1633年左右。

⑦〔明〕魏濬《峤南琐记》卷上。《丛书集成》据《砚云甲乙编》影印本。

⑧〔明〕邝露《赤雅》卷二，《丛书集成》据《知不足斋丛书》排印本。

⑨⑩〔清〕赵炳《陡河六桥记》，引自清光绪三十年重修《临桂县志》卷十六《津梁》。

⑫〔清〕金鉷《广西通志》南陡河材料，转引自光绪三十年重修《临桂县志》卷十一《山川十·水利》。

⑬〔清〕鄂尔泰《重修桂林府东西二陡河记》，引自光绪三十年重修《临桂县志》卷十一《山川十·水利》。

⑭〔清〕金鉷《临桂陡河碑记》，引自光绪三十年重修《临桂县志》卷十一《山川十·水利》。

⑮南陡河常年经费开支，见《大清会典事例》卷七〇三《工部四三·水利·广西》；谢启昆修《广西通志》卷一七八《经政二八·陡河经费》引司册；光绪三十年重修《临桂县志》卷十七《陡河经费》。

桂林古代的人工河道

一、灵渠的开凿与科学化的进程

巍巍五岭,东西横亘,绵延约三千里,是岭南与中原的天然屏障。在古代,这些屏障就成为岭南与中原地区间的阻隔,形成不同的自然景观和文化内涵的差异。岭与岭之间的许多天然隘口与峡谷,有许多河流在此出入,也是岭南与内陆的门户与通道。商周以来,古老的越族人民与中原地区即有交往。春秋战国之时,随着长江流域经济的发展,这种地区间的交往更为密切,楚国的势力也逐渐向岭南发展。早在楚悼王时(公元前401—前381年),任用吴起进行改革。"于是南平百越,北并陈、蔡,却三晋,西伐秦。"(《史记·吴起列传》)说明楚的势力已经南进。公元前223年,秦灭楚国,秦兵占领了五岭的各隘口,某些部队更深入进了岭南。《史记·王翦列传》:"岁余,虏荆王负刍,竟平荆地为郡县,因南征百越之君。"以都庞岭与越城岭之间的湘桂走廊而言,战国末,秦军已深入至湘江上游是毫无疑问的。

公元前216年前后,秦军大举南进,统一岭南。《淮南子·人间训》记载秦进入岭南的五支大军:

乃使尉屠睢发卒五十万为五军:一军塞镡城之岭(东汉高诱注,下同,镡城在武陵西南,接郁林);一军守九嶷之塞(在零陵);一军处番禺之都(在南海);一军守南野之界(南野在豫章);一军结余干之水(余干在豫章)。

其中"镡城之岭"岑仲勉先生考释为越城岭(见《中外史地考证》上册),是颇有见地的。后来,"三年不解甲弛弩,使监禄无以转饷,又以卒凿渠而通粮道(监禄,秦将。凿通湘水、离水之渠)。(引文及注均同上书)今兴安大溶江灵渠南口附近有秦城,就是秦军驻兵营垒遗址。由于越族采取游击战术,秦军在明处,他们在暗处,以致秦军始终被处于戒备状态而旷日持久,以致粮饷军资供应困难,不得不开凿灵渠以运输军输粮饷。《淮南子》成书较《史记》要早半个世纪左右,加之东汉人的注释,是灵渠开凿的最早记载。

不久,秦末农民战争爆发(公元前209年),中原大乱,赵佗拥兵岭南进行割据,闭塞五岭关道。试想,初开的灵渠是因军事急需,必定较为粗简,决不会具有后世运河的科学水平。此时,灵渠必然被废弃,甚至破坏了。

到汉武帝建元六年(公元前135年),派唐蒙到南越摸底,为进一步统一南越作准备。唐蒙回来后上书汉武帝说:"南越……今以长沙(湖南)、豫章(江西)往,水道多绝,难行。"并建议:"窃闻夜郎(今贵州)所有精兵,可得十万,浮船牂柯江,出其不意,此制越一奇也。"(《史记·西南夷列传》)可见,湖南、江西与岭南之间水路断绝。没有提到灵渠,这时距灵渠开凿、使用不过八十年。

元鼎五年秋(公元前112年)以五路大军进兵南越,其中有两支部队是从零陵(西汉零陵城遗址在今兴安县界首附近)出发的:"故归义越侯二人为戈船、下厉将军,出零陵,或下离水,或抵苍梧。"(《史记·南越列传》)"离水"是今天灵渠、漓江、桂江的总称。由于《史记》记载十分简略,"下离水"可以理解为从灵渠入漓江,也可以理解自今溶江镇秦城附近结集大军直接由漓江顺流而下,因溶江附近也属零陵县。而以后者的可能性较大。因为秋天是枯水季节,被废弃百年的灵渠,当时未必有水。

其后,关于灵渠的记载更为渺茫。说东汉马援重修灵渠,这仅是传说,最早见于唐末人鱼孟威写的《桂州重修灵渠记》,未见有更早记载。且经多人考证,马援南征交趾路线,实未经灵渠。

《后汉书·郑弘传》说(郑弘):"建初八年(公元83年),代郑众为大司农。旧交趾七郡(南海、苍梧、郁林、合浦、交趾、九真、日南)贡献转运,皆从东冶(今福州)泛海而至,风涛限阻,沉溺相系。弘奏开零陵、桂阳峤道,于是夷通,至今遂为常路。"

有人认为"开零陵、桂阳峤道"就是重修灵渠,其实这是误会。东汉时,零陵郡治已自湘江上游的零陵移至泉陵县(今湖南零陵市),地处在湘水的大支流深水(今称潇水)与湘水会合处。我们看此处唐代李贤的注:"峤,岭也。夷,平也。"就是开辟零陵、桂阳二郡间的山道。原来,零陵郡深水的上源与桂阳郡涟水(今称连江,亦称湟水,《史记》作汇水)的上源二者相距甚近,二水均发源于九嶷山之南,今湖南省蓝山县境内。若此二水源头的山路开通则深水与湟水便可联运,广州的钱粮贡献可以直接由溱水(今北江)入湟水(今连江)转入深水(今潇水)湘水而入长江。这条水路是汉武帝元鼎五年进兵岭南时的重要路线:"卫尉路博德为伏波将军,出桂阳,下汇(为湟之误)水。"(《史记·南越列传》)而"至今以为常路",这是《后汉书》作者范晔的话,就是自东汉直至南朝(公元1—6世纪)中原至岭南的"常路"。假如此处所记的是灵渠,地虽在零陵郡,而与桂阳郡毫无关系。这一时期,一些重要历史典籍均未提及灵渠,如《续汉书·郡国志》《晋书·地理志》《宋书·州郡志》《南齐书·州郡志》以及《水经注》等,所以朱偰先生编《中国运河史料》把灵渠列于唐代运河,是有一定道理的。

灵渠的重大修建,许多重要的工程设施均始于唐代。《新唐书·地理志》说:

桂州理定(应作全义,今兴安)有灵渠,引漓水,故秦史禄所凿,后废。宝历初(公元825年),观察使李渤立斗门十八以通漕,俄又废。咸通九年(公元868年)刺史鱼孟威以石为铧堤,亘四十里,植大木为斗门十八重,乃通巨舟。

同书《李渤传》说:

桂有漓水,出海阳山。史言秦命史禄伐粤,凿为漕,马援讨征侧,复治以通馈。后为江水溃毁。渠道嵌浅。每转饷,役十户济一艘,渤洒浚旧道。鄣泄有宜,舟楫利焉。

其后,桂州刺史鱼孟威,又在李渤的基础上对灵渠进行大修,他写了《桂州重修灵渠记》,十分重视李渤重修灵渠之功:

宝历初,给事中李公渤鹿车至此,备知宿弊,重为疏引,仍增旧迹,以利舟行,遂铧其堤以扼其旁流,斗其门以级其直注。且使溯沿,不复稽涩。李公真为有新规,善养民也。

灵渠的主要的工程设施,如铧嘴、斗门、防护堤(今称秦堤)均在中唐时完成。

四十多年后,咸通九年(公元868年),鱼孟威在此基础上进行重修、扩建:

> 其铧堤悉用石堆积,延至四十里,窃禁其杂束筱也。其陡门悉用坚木排竖,增至于十八重,窃禁其间散材也。浚决碛砾,控引汪洋,防扼既定,渠遂汹涌,虽百斛大舸,一夫可涉。(同上)

由于兴安的地势高,决定了灵渠这条运河必须兼有排水、蓄水的功能,方能全年通行。经过中唐时期这两次创造性的重修,灵渠才能全年通航。

编于十世纪末的《太平御览》在卷六十五《地部·漓水》说:

> 至宝历初,渠道崩坏,舟楫不通,观察使李渤遂叠石造堤分二水,每水置石斗门一,使制之,在(随)人开闭。开漓水则全入于桂江,拥桂江则尽归于湘水。

这条材料反映了灵渠自中唐、五代直至宋初的状况,可以说,灵渠的诸多工程设施,在此时基本上都完成了。同时期编的大型地志《太平寰宇记》,也有相同的记载。

北宋亡后,宋室南渡,政权南移,广西成为可靠的大后方,桂林成为西南一大都会。灵渠在负担两浙、两湖与岭南、西南之间的交通枢纽作用更为突出。为了保证灵渠的畅通无阻,又有一些行政上的措施。《宋史·河渠志·广西水》说:

> 绍兴二十九年(公元1159年),臣僚言:"广西旧有灵渠,接抵全州大江,其渠近百余里,自静江府经灵川、兴安两县。昔年并令两知县系衔兼管灵渠,遇湮塞,以时疏导,秩满无阙,例减举员。兵兴以来,县道苟且,不加之意,吏部差注,亦不复系衔,俾日浅涩,不胜重载。乞令广西转运司措置修复,渠通漕运,仍俾两邑令系衔兼管,务要修治。"从之。

这里明显指出,南宋前,兴安、灵川两县县令,要兼管灵渠事宜,以保证灵渠漕运畅通。靖康乱后至南宋初,职责欠明,灵渠的运输就出现问题。现重申前令,兴安、灵川两县令,必须担负起保证灵渠畅通的责任。这样,灵渠不仅在工程技术上能通航过关,而且在行政上有地方官切实负责,而且从之成为制度,灵渠的通航才有切实的保证。明清以后,灵渠(包括南陡河)的常年开支(如负责人、陡夫的工资、正常维修费用等)列入地方财政开支而成定制,称陡河经费(见清谢启昆《广西通志·经政略二八·陡河经费》)。

二、南陡河的开凿与航运

南北朝后期,桂林的地位逐渐显得重要,南朝梁大同六年(公元540年),把桂州治所移到始安县(今桂林)。隋朝、唐朝平定南方,均设总管府于桂州,总管桂东南、桂西北大约二十多个州的军政事务。中原与桂林有灵渠可通,并有桂江可通桂东南及梧州、广州。而与桂中、柳州、桂西北地区却无水路可通。柳江的支流洛清江,发源于今灵川境内,其支流清水江与漓江的支流相思江(今或称良丰河),其间相距最近处仅十余千米,地在桂林之西南约三十千米处。早在隋朝,此处有洛溪水的河道通接二水,惜迄今已情况不详。至唐代名为相思水,《新唐书·地理志》:

临桂县有相思埭,长寿元年(公元692年)筑,分相思水使东西流。

初唐自武则天掌权后,把大量的罪犯、政敌、唐朝李氏宗室等,流放到岭南西部。中原人的大量进入,加速岭南西部的开发,也必然会引起与少数民族间矛盾的加深,赋税征收加重,少数民族的反抗、起义便不断发生。桂林这个军事中心与少数民族地区的交通联系必然要加强,相思埭也是由于军事的急需而修造的。其开河工程很可能是在隋朝洛溪水的基础上加工完成的。主要工程是在今临桂县会仙圩的斗门村附近,此地居良丰河与清水江间之正中,地势较高,以其北面狮子山附近山泉作水源,筑坝(相思埭),使之向东西两方向流,以之接通漓江与洛清江、柳江的航道。这就是相思水,后亦称铜鼓水或南陡河。至少在明中期后,南陡河与灵渠构成桂林南北运河联运,称南渠北渠或东(灵渠)西(南陡河)二渠。这方面的文献记载颇多,尤其以明末崇祯六年(公元1633年)邝露《赤雅》卷二的记载较为典型:

灵渠自北徂南三十二陡。由漓通铜鼓水(即相思水),自东徂西入永福六陡,六陡冬月涸绝不行。余过陡时,水长月明,如层台叠壁,从天而下。

所述情景便是南陡河西段险工段鲶鱼陡的景观。南陡河西行至此,因受到西北行的一条天然河水(当地人称此河也叫相思江)的补充,水量加大而水位低,故有"层台叠壁、从天而下"的感觉。

至18世纪初,清雍正七年(公元1720年),西南云、贵、桂三省总督鄂尔泰,为了镇压黔东南苗民起义,主要由桂林、宜山等处进军。遂由中央拨款,对南陡河及灵渠进行全面重修,曾参与其事的金鉷在后来由其主修的《广西通志》卷二一《沟洫》中记述南陡河重修的情况:

雍正七年,发帑兴修,与兴安灵渠工役并举。于是建闸水之陡二十座。凿去碍船之石三百八十六处,开浚河流如石槽形,水得容蓄,长流不竭。又溯流而上,经怀远(旧县治在今三江县老堡口)直达古州(今贵州榕江县)。且为黔粤通津。农田商楫,万世攸赖。

直至20世纪的40年代,湘桂、黔桂铁路修通以前,南陡河一直起着黔粤通津的作用,云贵高原山区少数民族食用的盐巴、生产工具犁头犁壁,日常用的锅、针线、陶瓷器等物均由此而进。

1983年笔者曾带领同学去运河遗址进行调查。发现运河全线基本完好,水源、分水塘、分水闸遗址十分清楚,仅是败落不堪。一些斗门遗迹尚在,有一些依稀可辨,大部分已破坏了。在旺水季节,部分河段仍在起着运输的作用,大部分河段则用以排水和灌溉。

南陡河是1300多年前劳动人民为改造自然而创造的一项伟大工程,名声虽不及灵渠,但在地区间、民族间长期起着经济、文化的交流以及维护祖国统一的伟大作用上是与灵渠相同的。我们曾多次建议对这一古运河进行全面保护,在扩大水源方面,可与青狮潭水库西灌溉渠相接,修复一些残存的工程设施;结合旅游和爱国主义教育,尤其是对环境的保护,是有着重要的作用。

三、朝宗渠的引水作用

古代桂林市区引水工程，始于北宋后期。南宋初，桂林人张仲宇写了《桂林盛事记》，其中说：

崇宁间（公元1102—1105年），尚书王公祖道来帅是邦。念郡庠湫隘，风教未敷，乃辟而广之，诱进学者。又采堪舆家之说，泐子癸（北方）之流以注辛戌（西方）。环城有水，如血脉之萦一身。遂闻之朝，故大观二年（公元1108年）准敕著令：壅隔新泐者，以盗决黄、汴二河堤防法坐之。（据中隐山现存石刻）

王祖道开渠的目的是信风水，相信改变地形能使桂林教育发达，能多出几个进士之类的人才，以特出他的政绩。这当然是迷信，但我们不要忘记，这毕竟是在12世纪初。此文虽没有记载这条渠水的起止，但非常重视，申报朝廷，同意对该渠的堵塞者，同破坏黄河、汴渠一样定罪。70年后，广西经略使范成大于淳熙元年（公元1174年）重开此渠，见于他写的《淳熙甲午桂林鹿鸣燕，辄赋小诗，少见劝驾之》诗："月宫移种新栽桂，江水朝宗旧凿渠"。并在跋语里说："又复朝宗渠水，以符文章应命之举。"重修此渠目的说得更为明白，并命名为朝宗渠，这是由于该渠自北而至朝宗门（当时的西门）转向东而注入漓江。他的同僚周去非写了《岭外代答》，其中记载该渠为详细：

昔于城东北角，沟漓水绕城而西，复南，东合于漓，厥后居民壅之，沟遂废。范石湖（成大）帅桂，乃浚斯沟，涟漪如带。于沟口伏波岩之下，八桂堂之前，刱为危亭，名以癸水。此沟未废，桂人屡有登科；既废，二十年间，几类天荒。

这里只说渠道在伏波山前回到漓江，未说自何处引水。据明张鸣凤《桂胜》所记，说引水在虞山之下。我们要说明的是，朝宗渠始终只是引水渠，现在有许多文章、专著，甚至教科书，都说当时的游船可以从虞山附近沿渠南下至西城东向到伏波山回到漓江，这是不符合史实的，历史文献从未有此记载。从开渠到范成大的重修都只是为"文章应命"，是象征性的水渠，故周去非的记载只称它为沟,在旺水季节,这条从漓江回到漓江的水渠,渠水是流通的,可供居民用水及雨季排水,枯水季节随着漓江水位的低落,引水困难,这条沟渠的水源困乏,渠道沟通是很难保证的。所以重修不久又湮塞了。又过来四五十年,到嘉定年间(公元1208—1224年),方信孺又重开此渠。这次所修,其水源、渠道、出口均与前渠不同,实是新开水渠。明代后期,在北门附近渠道遗址发现了方信孺修渠的石碑:

嘉定□年□月,提举河渠公务方信孺修复古渠,筑渠闸二,石堰一。灵溪之水大至,略城而西,达于阳江,……迄工六旬,縻费万钱。因采范石湖诗,以朝宗名,且志于石。(原碑已佚,文见明张鸣凤《桂胜》及《粤西文载》)

灵溪即灵川,今称甘棠江,由西向东在大面墟附近流入漓江。此处唐、宋时,官军均在此开屯田,称为灵陂。新的朝宗渠即在此处引水,因地处漓江上游、水位高,在此处引水,能进入西郊,进入西湖。这样,朝宗渠的作用就有了质的变化,成为一项切于实用的水利工程,补充西湖水,使湖面积扩大,湖水终年不涸。所以朝宗渠与西湖、阳江一起,构成一套水利枢纽,互相调剂。南宋末,因受蒙古军队的威胁,作为西南都会的桂林城,为了加强城防,扩建城池,开挖西濠作新城的护城河,就是截取朝宗渠作西濠的水源,使本来是一座山城的桂林成为"以水为险"的金汤城池。在宋末、元末,两次桂林城的保卫战中,西濠的防卫起了巨大的作用,究其水源,实由朝宗渠。明朝以后,由于长期的和平环境,城防久被忽视,朝宗渠终被湮没,以至遗址都难寻觅了。明后期的张鸣凤说:"(朝宗渠)今堵塞已久,土人以朦胧桥呼之。"朦胧桥旧址即在今北门观音阁驿前街口附近。

20世纪80年代,随着改革开放的需要,又重开引水渠,就是循南宋末朝宗渠的旧道,自大面墟附近引水,用暗沟引到西清湖(今或称桂湖)的北端,作为西清湖、宝贤湖、榕湖、杉湖的水源。使这些湖水成为活水,而且长年不竭,保持湖面景色,使山水增光,这是朝宗古渠在新时期所起的更伟大的作用。

四、西湖的变迁

隐山,在唐代离城三里,已是西郊。这一带辟为景区是唐宝历年间(公元825—827年)观察使李渤首先开发。在当时就有宽广的水域。李的同僚吴武陵写了《新开隐山记》,其中说:

北壁半穴为悬门,彻外,容小舟。出门有潭,袤(袤广)三十步,可以走方舟,泛画鹢,渺然有江湖趣。

他的另一位同僚韦宗卿同时写了《隐山六洞记》,记述了隐山附近池沼的水源:

(蒙溪)自山(西山)南流,会于南华洞(隐山六洞之一)水,合而成池。池因山麓,不资人力,高深向背,缭绕萦回,五六里间,方舟荡漾,靡微风,镜清波。

唐末,莫休符《桂林风土记》中也说:

隐仙亭,在府西郭三里,与延龄寺近。宝历年,前使李给事名渤,开置亭台,种植花木,有池沼巨岩,水深无际。

这是唐末五代前后,隐山一带水面的情况,不久扩而为西湖,成为桂林一郡胜景,其后屡有变化。清金鉷《广西通志》卷十三《山川》对西湖的历史作了概括性的记述:

李渤开隐山,名其水曰蒙泉,疏泉出山,名曰蒙溪。引溪为湖成巨浸,名曰西湖。环汇隐山六洞,阔七百余亩,后废。宋乾道间(乾道四年,公元1168年),张维筑斗门复旧观。淳熙间(公元1174—1189年)张栻用为放生池。元季改为田,今仅余线水,出注阳江。

这里稍加说明,隐山一带,地势低洼,稍有暴雨,则西山、溜马山、白岩山、犁头山等处的积水,迅速汇集于此,可以顿成泽国,然后才由阳江逐步宣泄,如加控制则水面可以保持下来,这就是西湖。然久旱之后,积水干涸,又出现泥沼之地,这是种植莲藕、茨菰、菱角、鸡头、马蹄、席草、蒲草、水稻等作物的好地方,积水过大又要排入阳江。故久而久之,这一带可成为高产良田。西湖的屡兴屡废,原因就在于此。后来元至元三年(公元1337年),郭思诚又一次把变成良田的西湖恢复为广阔的湖面,他说:

有滑徒周其姓者,蒙蔽邑吏,请佃湖为由,垒石塞源于流杯池,开渠泄水阳桥江。芟荷莲而长蒋菲,筑堰坝而周田塍,掩为己产,玄券售于市户曾、唐、李、王、杨五姓,岁收禾利肥家。(郭思诚《新开西湖记》石刻今存)

西湖在元末的重开,就是很好的说明。明中期以后,由于朝宗渠的湮塞,西湖更失去水源的保障,湖面消失更为容易。明万历间(约十六世纪末),张鸣凤在《桂胜》里说:"(西湖)今悉为田,仅余一线出注阳江。"也就前面所引金鉷《广西通志》文中最后一句话。自此之后的四百年,作为"一郡胜概"的西湖就消失了。笔者从20世纪60年代来桂,至八十年代初所见到的,就是《桂胜》中所记的景象。1984年,在改革开放政策的感召下,桂林人遂重开西湖。据工作人员说,开挖时,地下水喷涌而出。很快成湖。面积虽大不如前,但"望之苍茫,皎洁流澈,千峰影落,霁色清秋"(宋鲍同《西湖记》)的景色,仍可领略,希望能有一天,挖出西山路东段路基,使西湖南北部分联为一片,而用长桥跨其上。这样,西湖景色将更为壮观。

五、阳江的人工改道与利用

阳江,今亦称桃花江,发源于灵川县,东南流,在桂林之南流入漓江。唐李渤《南溪诗序》说:"桂水过漓山(象鼻山),右汇阳江,又里余得南溪口。"唐代阳江口距南溪河口有一里多。今天,由于安新洲、萝卜洲的不断向南扩大,阳江口也随之南移,故现今二河河口,已经挨近。编于北宋初的《太平寰宇记》其一六二卷说：

阳江在县（临桂县，即桂林）南五里，源出灵川思磨山下，东流百余里，渐胜舟楫，经郊郭之中。

同书同卷又说：

南溪山在县南五里，其耸拔千尺，烟翠凌空。其溪东注于桂江，合流溯五里，却合阳江，直抵隐山。萦带二十余里，通舟楫于二江之上下。

《太平寰宇记》大约编于公元980年前后，它引用的资料，所反映的情况，均是宋初以前，唐朝、五代的情况。这说明阳江在宋代是可以航行的，而且在城郊、城内二十里间，阳江起着运输作用，并与漓江构成运输网络。

阳江的改造常与西湖相联系，宋方信孺《碧桂山林铭序》："桂府稍西五里，吞蒙溪、吐阳江，是谓西湖。"他的《修朝宗渠记》也说："灵溪之水大至，略城而西，达于阳江。"这些都说明，西湖接受朝宗渠补充湖水。另一方面，在洪水季节，湖水过大，通过阳江排放，不至于泛滥成灾。

另一方面，又利用阳江水作南城濠河水。南宋末，胡颖任广西经略使，扩建桂林城，增开、加阔濠河，设水为险，全面加强桂林的防守工程，南城壕原阔18丈至33丈，展阔至38丈至40丈，深2丈。就是截阳江水，作为水源。咸淳八年（公元1272年）刻于今鹦鹉山南面的《静江府城地图》详细编制了当时修筑城池后的新城全貌。其中南城河，直接标作为阳江。

明洪武八年（公元1375年），桂林扩建南城，并重新开挖壕河。《临桂县志》卷十三《建置·城池》记载说：

明年（洪武九年，公元1376年），塞西坝，开城壕，导阳江经西门外，过宁远桥（今南门桥）分二派：一南注合雉山旧江，一东注经马王阁出象鼻山与漓江合。（光绪本《临桂县志》）

这是扩建南城的第二年,开南城壕河的情况。"塞西坝",就是筑堵塞阳江原流向旧城河的通道,使阳江向南流,作新城的城河。旧城河被圈在城内,就是今天的榕湖、杉湖的前身。阳江作为新城河过南门桥后分两路,一路向南循阳江故道雉山入漓江,一路是新开的城河在象鼻山下流入漓江。而在原阳江与护城河的分流处筑滚水坝,名虹桥坝。在正常水位则阳江水循南城河在象鼻山下进入漓江;在洪水季节,则洪水越过虹桥坝循阳江归道从雉山下进入漓江,此河今名为宁远河。

六、西城壕河的开挖与桂林的防卫

13世纪中期以后,蒙古汗国强大,在灭金与西夏之后,由西域(今新疆地区)收复吐蕃(今西藏地区),进攻四川,声称袭击广西。自1249年李曾伯在广西制置使任内,就开始修筑桂林城防,扩展北城。1253年蒙古灭大理(今云南地区)入缅甸、越南。1259年蒙古军渡过红水河,经柳州越过桂林而抵湖南,这次进犯被击退后,更增强桂林人修城设防的决心。自李曾伯起,中经赵与霖、朱禩孙至胡颖,四任广西经略使的苦心经营,二十多年间把桂林这座山城,修建、改建、扩建,造成城坚隍深的金汤城池。咸淳八年(公元1272年)新的城池全部竣工,刻了巨幅的《静江府城池图》于鹦鹉山的南崖。城防的重点就是将山城设水为险,使之固若金汤。清初著名历史地理学家顾祖禹在其名著《读史方舆纪要》中称桂林城:"志云:郡之外险为严关,内险为壕水。"桂林东城,有宽广的漓江作为天险,南城引阳江作宽阔的南壕河,唯有西城、北城因地势高,无水险。尤其是西面,西郊有老人山、溜马山等群山,地势高,更对西城构成威胁。于是开挖工程艰巨的西壕。由于北城的不断扩建,已将叠彩山、宝积山、铁封山、鹦鹉山圈入城内,北城墙依马鞍山、铁封山、鹦鹉山而筑,依山为险。而在铁封、鹦鹉二山之间作北门,造瓮城,驻重兵,并开无水干壕五十丈二尺,深二丈二尺宽二十二丈,以补无水的不足。西城壕开挖的艰巨在于:城近西郊群山,地表下均为砾石、石山的余脉,凿石开壕非常不易。又取原注入西湖的朝宗渠水,作西壕水源,即在老人山附近筑坝,堵住渠水往西湖去路,引入西壕。在《静江府城池图》的文字部分说:

一、今任胡经略任内……开展新西壕河捌佰叁拾捌丈捌尺九寸。

开新壕，自鹁鸠山下至狮子山脚，共长壹百壹拾贰丈叁尺，壕面阔贰拾伍尺，深贰丈贰尺至贰丈伍尺，并有水。

展旧壕，自南门东坝楮木下起，直到狮子山脚，共长陆百柒拾三丈伍尺玖寸。旧壕面元阔壹拾丈至贰拾贰丈。

今展阔贰拾丈至贰拾贰丈，通阔叁拾捌丈至肆拾丈，深贰丈，并有水。

鹁鸠山今称鹦鹉山，狮子山即老人山，这处城壕约400米左右是胡颖新开，工程最为艰巨，即今之桂湖（亦称西清湖）至宝贤桥一段湖面即其遗址。自此以南阳江一段是胡颖的前任李、朱、赵经略所开，而由胡颖加宽加深。即是今宝贤湖以南至九岗岭，今之宝贤湖、丽泽湖及榕湖饭店内湖，即为此段壕河的遗址。

新城池建成仅四年（公元1276年），南宋首都临安陷落，太后、恭帝均被俘北去。元军统帅、平章阿里海牙于十月稍攻下严关，声称带有恭帝的劝降诏书进围桂林城，企图一举而下静江。不料劝降不成，攻城也遇上劲敌，时值农历十一月，虽是枯水季节，而经过二十多年经营的静江府城，却是城坚水阔，无懈可击。加上南宋军民同仇敌忾，防守严密，志骄气盛的元军竟久攻而不入。《宋史·马塈传》记载了当时攻城的情况：

攻三月，（马）塈夜不解甲，前后百余战，城中死伤相藉，迄无降意。城东稍卑，大军阳攻西门，以精兵夜决水闸，攻东门破其外城。

《元史·阿里海牙传》更明确地记载了攻城的关键：

静江以水为固，乃筑堰断大阳、小溶江，以遏上流，决东南埭，以涸其隍，破其城。

上段引文所谓"水闸"，与下段引文中"东南埭"，实为同一处水闸，即南城壕流入漓江水闸，即前段引文中胡颖所建筑南城壕东坝楮木，即用大木枋修建的水闸。下段引文里的大阳、小溶二江即今天的阳江与甘棠江。要加以说明的是，甘棠江流入漓江之处,即是朝宗渠引水之处,故此处小溶即指朝宗渠。元军切断西城壕与南城壕的水源,即堵住了阳江与朝宗渠,然后打开东南方南壕入漓江的水闸,放干壕水,使桂林无险可守,才攻破静江城的。

九十年后,元至二十八年,亦即明洪武元年(公元1368年),以朱元璋为首的农民军推翻了元朝,统一南方的战争又在桂林城下遇上敌手。明大军迅速南下,朱亮祖自平乐北上,与主攻桂林的杨璟一军相会师,南北夹攻,桂林城已成瓮中之鳖。然而,元广西行省平章也尔吉尼却依桂林城防之险,负隅顽抗。《明史·杨璟传》记载了当时攻城情况:

朱亮祖以兵来会,进攻静江不下,(杨)璟谓诸将曰:"彼所持者西壕水耳,决其堤岸,破之必矣!"乃遣指挥丘广攻牖口关,杀守堤兵,尽决壕水。筑土堤五道傅于城,城中犹固守。急攻二月,克之。执平章额(也)尔吉尼。

很明显,明军攻桂林的办法是同九十年前的元军一样,是放干壕河,城防失去水险,才能攻下桂林城。其文中的"牖口关",也仍是九十多年前胡颖他们建造的"东坝楮木"。可见,在古代地形对战争的影响很大,西壕水的防御作用,在历史上是可以大书特书的。

自明中期以后,朝宗渠湮塞,也影响到西壕的水量。西壕仅依靠附近诸山的积水而生存。至近代西壕被分割西清(桂湖)宝贤、丽泽等水塘,面积日小。至20世纪80年代,重建暗沟引漓江水。进入桂湖,并对这些湖塘重新整治,扩展水面,周建石堤、便道,增筑亭台楼阁,绿化环境,供游人休憩,为山色增光。这些原西壕构成的湖塘,已成为桂林市民旅游、休闲、垂钓的好场所。

七、桂林城区湖塘与郊区水利

桂林市区面积虽不甚大,而石灰岩群山错落其间,仅市区内就有山峰140多座,这样群山特起的城市,世不多见。正如南朝宋颜延之赞美独秀峰的诗句:"未若独秀者,峨峨郭邑间。"但"山无水不秀,水无山不活",如果单有群山,无水面相映衬,只是个山城罢了。城市之中,要山清水秀、山情水茂是难得的,因为天然的河道、湖泊，与群山交会，毕竟不多。古代劳动人民在桂林开辟水利设施来为城市建设服务的同时，也改变了城市的地理面貌和自然景观，使山水生色，城市添彩。明末邝露在《赤雅》里说：

> 漻桂皆山，漻桂皆水也。漓江、阳江、弹丸、西湖、白竹，缠城郭，匝旧域，姑未暇论，即城中揭帝、梓潼、华景、西清，色色入品，惟阳塘最胜。

这就指出了桂林山水奇妙的奥秘，山水相错，交相辉映。邝露只是指出几处较大的水域，远非桂林城市湖水的全貌。据《临桂县志》旧志所载桂林市区池塘潭水（也包括井泉）共计23处。1904年重修《临桂县志》又进行了调查，补充了12处，称之为"新采"。综观这些湖塘，其形成大致有三类。第一类是原来的西城壕，因和平日久，失却防卫意义，纯为山水添景。明后期张鸣凤《桂胜》说：

> 西清、宝贤诸城壕壕水，春夏之交，瀹沦山麓，崖花水藻，丛发清绮。隔水百十家隐见木末，后负连山，前则万荷递映，鼓楫而游，不减若耶之胜。

西清、宝贤原是西城门名称，西清门外壕河名为西清湖（今或称桂湖），宝贤门外壕河就名为宝贤湖。

另一类是由于扩建城池，原来旧城的城壕被圈入城内，逐步改造为湖塘，如前面引文中提到的阳塘、华景、梓潼等。阳塘就是明初扩建南城时把原来宽阔的南城壕河，圈入城内，改造成湖，称阳塘，或阳桥塘。《赤雅》又说：

> 惟阳塘最胜，阳塘东西横贯，中束以桥，东曰杉湖，西曰莲荡。征蛮幕府，镇守旧司，南北相望，演漾若数百亩。临水人家，粉墙朱榭，相错如绣。茂林缺处，隐见旌旗。西枕城闉，阳水入焉。

这是明末阳塘，即是今天的杉湖、榕湖。明时为军事衙署，达官贵人聚居之处。自明的征蛮将军、都指挥使至清杉湖十子、唐景崧、王半塘，至现代的李宗仁、白崇禧、马君武等均居于榕湖、杉湖附近。前段引文中所提及的"梓潼塘"，后或称"百梓塘",是南宋末经略使朱禩孙扩建西城把原西城壕圈入城内,百梓就是原城壕的南段,因这段城壕是南北走向,今桂林中学之北,至原地区体育馆,身下均有池塘,这些池塘,其前身就是这段旧城壕。笔者在二十世纪六七十年代末还见到。在宝积山下有铁佛塘,即前段引文中的"华景塘",以及叠彩山仙鹤峰下,旧时亦有池塘。笔者在20世纪60年代末尚见到,这两处池塘的前身就是南宋后期置制使李曾伯建北城时所开的壕河。至南宋末,经略使胡颖再扩北城,就把此壕河圈入城内,后来改为湖塘,不过是面积日益缩小罢了。现桂林市政府下定决心,拆迁这一带的民房、学校、工厂和单位,扩建为木龙湖,扩铁佛塘,并挖开中山路,造桥使二湖相连,并接通桂湖,也利用漓江水作水源。这样,北起鹦鹉山、马鞍山与南面的叠彩山、宝积山联成一个新的景区,构成一个大公园,即是今天的宋城公园。云峰石色,与湖光倒影,更使山水增辉,使桂林成为更美丽的花园城市。

另外,还利用人工水渠渠水的潴积成塘,如前面引文中的"揭帝塘",张鸣凤《桂胜》说:

城中有三塘水,一曰阳桥,一曰西湖(原在桂林府署之西,也叫西湖或称西湖塘,与城外西湖同名而异),一曰揭帝。宋于揭帝旁大兴浚筑,有八桂堂、泛渌阁、熙春台,今并废。其地在东北隅,起伏波,竟北门,足称长广。顾居者环绕而塘身无几,且各有主者。

可见揭帝塘原来很大,因伏波山附近地势低,就是用朝宗古渠积水而成湖的,后来塘周均为居民填占,至塘身日小。《桂胜》又说:

洞(风洞山即叠彩山)左小山曰于越,其右小支戟立,曰四望,唐元常侍晦清赏处。当揭帝未陆时,池广渐麓,茂树连山,于越、四望拥翠而前,残霞断霭,涣漫层崖,何异叠彩。

这就是揭帝塘在明后期的情况。至二十世纪五六十年代,仅留下太和塘、八角塘两个小塘了。最后,太和塘被填没造房,八角塘也面临同样的命运。

此外,还有利用山泉积水或地下水开凿成池的,明代有四大名池,成因大致相类。一、白龙池,在今漓江饭店之西,20世纪70年代建漓江饭店时填没。二、月牙池,在独秀峰下,明时所开,为靖江王府后花园苑池。三、圣母池,原在西门外,今在东安街,遗迹尚在而水已干枯。四、春涛池,原在宣城书院,即今榕荫路附近。此还有水车巷的洗马池、叠绥山前的流杯池等,今皆不存,不再一一缕述。

  城市的扩大与繁荣,使城市人口增加、消费增长,要求更多的农产品供应城市。这就给政府提出发展农业的要求。同时,农产品在城市有良好的市场也刺激农民生产的积极性,这给郊区县的农业发展与水利建设提供有利条件。而发展农业生产最主要的因素是水,水利是发展农业的命脉。而较大的水利设施必须有政府的财政支持。桂林的郊区、临桂、灵川、阳朔等县,是桂林市区所需要农产品的主要供应地区。在郊区和郊县的主要水利主要有:排灌水渠,如南陡河和其他灌溉渠道;另一种是池塘、陂潭,利用山泉、地下水等积水的潴积所形成,用之灌溉。另外,利用小溪、小河、山涧、田岗(山坡与山坡之间峡谷)筑堰、坝堵水,建成大小水库,用之于灌溉、蓄水。这些陂、塘、水堰,灌溉面积有大有小,自数顷至数百顷不等。今据金鉷《广西通志》、谢启昆《广西通志》所记,临桂县远郊、灵川县、阳朔县的水利设施有20多处。而据黄泌重修《临桂县志》所载临桂县这类水利设施有92处。新修《临桂县志》注重实地调查,其记载较为可信。其他用人力、畜力、风力、河流落差的水力来进行戽水灌溉的办法更多,这里便难于缕述了。

  (本文原为参加广西史学会第九届年会论文,后收入《广西地方民族史研究集刊》第8辑。本文获广西史学会第九届年会论文一等奖。)

论桂林古代人工水道的兴建缘由

在我国古代,城市的建立和发展,虽有其地理位置上的条件,但仍取决于统治者的政治力量,出于政治上的需要,城市才能升格,才能扩大和繁荣,城市的建设、交通运输、水利设施才能跟着发展起来。这是中国城市迥乎不同于西方城市发展的规律。所以,要探求桂林古代人工水道的发展情况,就要首先了解一下桂林作为一个城市,它的政治地位的上升和发展,这是人工水道兴建的先决条件。

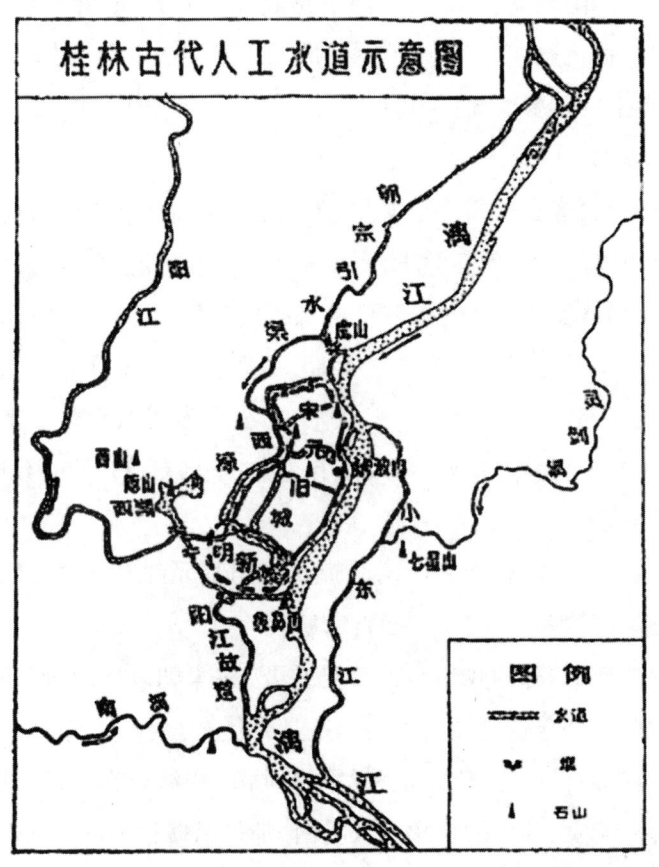

桂林一地行政机构的设置,始自汉武帝元鼎六年(公元前111年),在平定南越割据政权后,在此设置始安县,属零陵郡管辖。三国末,吴孙皓甘露元年(公元

265年)上升为始安郡。南朝梁大同六年(公元540年),把桂州的州治从武服县(今柳州市东南)搬来始安县,从此桂林就成为大行政区的治所,尽管当时州郡的面积已经大大缩小,但毕竟,桂林在岭南地区的地位已渐露头角了。

隋平陈,于桂州设总管府。特别是唐朝以后,桂林的地位有了空前的提高。唐初,大将李靖设总管府于桂州,以此为大本营,逐步平定南方萧铣的割据势力。其后的桂州都督府、桂管经略使、观察使,均设于此。桂林实为桂东北、桂西北、桂中的政治、军事中心,也成为岭南名城。

在宋代,桂州为广南西路治所,所统南至海南岛及南海诸岛,西邻大理。广西军政首长如经略使、转运使,不但负责本路军、政、财务,并兼理越南、大理的外交事务与对外贸易。南宋偏安江左,岭南更是其重要后方,故升桂州为静江府。所以,桂林号称"西南会府",其城区一再扩大。宋周去非《岭外代答》,曾详述桂林在政治、军事上的重要情况:

汉帅府在交州,唐在广州。天宝中,岭南桂、容、邕、交与广州咸属桂州采访。昭宗始升桂管为节度。本朝皇祐中,侬智高平,诏狄青分广西邕、宜、融为三路,用武臣充知州,兼本路安抚都监。而制经略安抚使于桂州,用两制以上官为知州,兼领使事,于是,八桂遂为西路雄府矣。厥后,罢邕、宜、融为郡。……沿边守臣,并带溪洞都巡检使,并隶于经略安抚使。帅府既内兼西南数十州之重,外镇蛮夷几数百族,事权不得不重矣。广西诸郡,凡有边事,不申宪漕,"唯申经略使"。[①]

元改静江府为静江路,为广西两江道宣慰司都元帅府驻地。元末,又是广西行中书省所在。明清两代,都是广西首府所在。

从以上史实看,桂林的政治地位日见重要,在唐朝以后;我们还发现,桂林人工水道的大规模兴修也正是在唐以后。这是为什么?

在我国古代,政治中心城市,常和"军事重镇"相结合在一起。唐代岭南地区频繁的少数民族起义、南诏的多次侵入岭南,都是以桂林为军事据点出兵平息的。部队、军资、粮饷的运输,以及赋税、漕粮的南北调运等军事、政治上的需要,促成了桂林南北运河系统的完善。交通运输的发达又带来工商业的进一步繁荣。其结果是,城市扩大,人口增加。这又带来城市给水、粮食和农副产品的需求量的增长,以及居民游乐宴息等一系列需求。其中人工水道的兴建起着非常重要的作用。而城市市场供应的增长又刺激郊区、近县的农业生产的发展。这又给郊区和近县水利设施的兴修提供良好的前景。这就是人工水道在城市的发展与建设中,相互依存、相互促进的辩证关系。

"山无水不秀,水无山不活"。桂林得天独厚的奇峰怪石,平峦幽岩,只有得到激荡清流、平泉泻瀑的配合,才相得益彰。"桂林山水甲天下"这一名言出现于南宋,决非偶然。正是由于人工渠道的开凿,水源充分的利用,大片湖塘池沼的点缀,才使山川添秀,平原生色。

军事上,在技术落后的古代,山川之险,汤池之固,对战争常起着非常重要的作用。但是雄关天险毕竟不多,古代桂林人民又克服重重困难,利用人工水道进行添险设防,把山城改造为"静江以水为固",具有易守难攻特色的"金城汤池"。

现将桂林古代人工水道的种种设施分述如下:

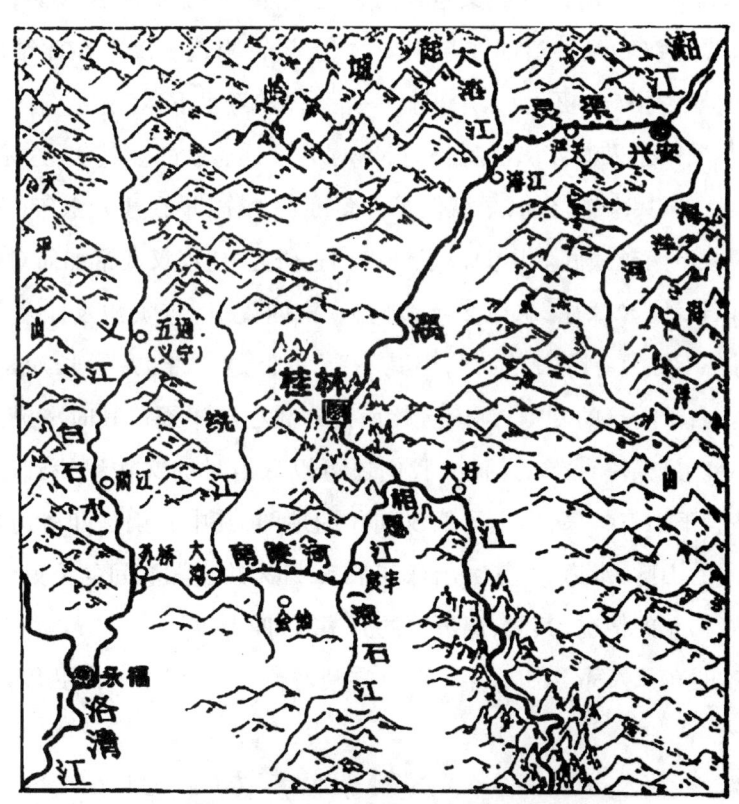

灵渠与南陡河位置图

一、灵渠与南徒河

灵渠沟通长江、珠江两大水系,是古代岭南与中原地区交往的重要交通枢纽,无论在政治、军事、经济、文化各方面,都起过十分重要的作用,有着伟大的历史功绩,这是人所共知的。

灵渠虽说开凿于秦始皇三十三年(公元前214年),"使监禄凿渠运粮,深入越"。但是,自开凿至唐代桂林成为岭南重镇之前的一千多年间,这条伟大的人工运河的历史却是非常渺茫的,也就是说,灵渠通江会海的巨大作用,乃是在唐宋以后的事。在唐中叶以前的古代文献中,很少有关灵渠的记载。有人把两条隐隐约约的记载,说成是灵渠的史料。

一次是汉武帝元鼎五年(公元前112年)对南越的用兵,五路大军中有两支部队是从广西北部出发的:"故归义越侯二人为戈船、下厉将军,出零陵,或下离水,或抵苍梧。"②西汉零陵县治即在今兴安之北,界首附近。汉军在此结集,一路由离水(漓江)至苍梧(今梧州)入广东。一路可能从贺水下达苍梧。有人说,"下离水",就是从灵渠进入漓江。也就是说,当时灵渠是通航的。其实,这是莫须有的事。汉武帝在用兵南越之前,早就做了许多准备工作,早在建元六年(公元前135年)就派唐蒙至南越摸底。唐蒙作了许多调查研究,建议汉武帝如何对南越用兵。他说:"今以长沙、豫章往,水道多绝,难行。窃闻夜郎(今贵州及桂西北一带)所有精兵,可得十馀万,浮船牂柯江,出其不意,此制越一奇也。"③长沙是郡、国名,即今湖南。由于南越的割据,湖南至岭南的水路已经不通。其时离灵渠的开凿,不过八十年。灵渠不通航的情况,我们还可以从当时的文物里找到印证。1973年,在长沙马王堆三号墓,出土了西汉初年的地图,其中一幅是湘粤边界地形图,详绘湘粤间的山脉、水道,尤其突出珠江水系,却未绘出湘漓间的灵渠。其图反映的是汉文帝初年的情况,其时,离灵渠的开凿,仅四十年。

另一次是东汉章帝建初八年郑弘开零陵峤道。《后汉书·郑弘传》说:

建初八年(公元83年),(郑弘)代郑众为大司农(最高财政长官)。旧交阯七郡(两广四郡:南海、苍梧、郁林、合浦;越南三郡:交阯、九真、日南)贡献转运,皆从东冶(今福州市)泛海而至,风涛艰阻,沉溺相系。弘奏开零陵、桂阳峤道,于是夷通,至今遂为常路。④

有人把开零陵峤道,认为是整治灵渠。其实,这是误解了这段话的原意。零陵、桂阳峤道,是指零陵、桂阳两郡之间的山路。东汉时,零陵郡治所已移至泉陵县(今永州市,旧称零陵县),地处在湘水大支流深水(今主流称潇水)流入湘江之处。开这两郡间的山路,是使深水与汇水(《史记》作湟水,古亦称湟水,即今连江)联运,由汇水直达番禺。郑弘奏开的实是这条零陵、桂阳两郡之间的山路。我们只要仔细体会一下《后汉书》李贤的注:"峤,岭。夷,平也。"非常明显,所指是两郡间的山路。开辟这条山路即沟通今潇水与连江上游一些障碍,潇水与连江即可联运。这条水路,就是汉武帝元鼎五年秋平南越的主将伏波将军路博德的进军路线:"出桂阳,下湟水"(《汉书》作"下湟水",即汇水)。这一条是由中原至广州的近路。故次年(元鼎六年)冬(当时用周历,以十月为岁首,次年冬实是同一年的冬天),路博德与由江西进军的杨朴攻下番禺,结束了平南越的战争之时,其他三路军(两支由广西北部进军,一支由贵州沿牂牁江下广东)还未到达番禺。所以这是一条近便的道路。我们再看一下《资治通鉴》"汉纪·初平八年"所记有关内容的胡三省注,注文明确地指出了郑弘所开的就是这条山路。当时七郡贡赋集中在番禺,由海运至内地。现改由水陆联运,直抵中原,近便得多。所以范晔说:"至今遂为常路"。由此亦可见,直到南朝时,还是中原与岭南之间的常路。这条常路并非是灵渠。

所以,在漫长岁月之中,灵渠的信息十分渺茫。此外的历史文献如《续汉书·郡国志》《晋书》《宋书》《南齐书》《水经注》等,均未具有灵渠的任何记载。

灵渠的名称出现和有关记载,都在中唐以后,《新唐书·地理志》说:

桂州理定(应作全义,今兴安)有灵渠,引漓水,故秦史禄所凿,后废。宝历初(公元825年),观察使李渤立斗门十八以通漕,俄又废。咸通九年(公元868年)刺史鱼孟威以石为铧堤,亘四十里,植大木为斗门十八重,乃通巨舟。⑤

同书《李渤传》说:

桂有漓水,出海阳山。史言秦命史禄伐粤,凿为漕,马援讨征侧,复治以通馈。后为江水溃毁。渠道嵌浅。每转饷,役十户济一艘,渤洒浚旧道。郭泄有宜,舟楫利焉。⑥

其后,鱼孟威任桂州刺史,又在李渤开创的基础上对灵渠进行大修。他写了《桂州重修灵渠记》,也十分强调李渤对灵渠的修建之功:

宝历初,给事中李公渤鹿车至此,备知宿弊,重为疏引,仍增旧迹,以利舟行,遂铧其堤以扼其旁流,斗其门以级其直注。且使溯沿,不复稽涩。李公真为有新规,善养民也。⑦

经他在咸通九年(公元868年)重修之后,灵渠又恢复了繁重的运输任务:

其铧堤悉用石堆积,延至四十里,窃禁其杂束筱也。其陡门悉用坚木排竖,增至于十八重,窃禁其间散材也。浚决碛砾,控引汪洋,防扼既定,渠遂汹涌,虽百斛大舸,一夫可涉。⑧

兴安地处都庞岭与越城岭间湘桂通道的最高处,湘漓在此分流,春夏间多洪水,如无排洪措施,则洪水如野马奔腾激荡,灵渠也难于通航;秋冬之季,水源枯竭,如无蓄水工程,则成细流,也难于运舟。李渤、鱼孟威他们兴建的一整套铧堤分水、长堤泄水、斗门蓄水的工程,正是使灵渠终年保持一定的水位,保证全年通航,这样,灵渠的工程才能说是完善了。

《太平御览》卷六十五《地部·漓水》说:

致宝历初,渠道崩坏,舟楫不通,观察使李渤遂叠石造堤分二水,每水置石斗门一,使制之,在(随)人开闭。开漓水则全入于桂江,拥桂江则尽归于湘水。⑨

这条材料的开头说:"《郡国志》称,后汉伏波将军马援,开湘水为渠六十里,穿度城。今城南流者,是因秦旧渎耳。"《郡国志》当是《续汉书·郡国志》,今已合入范晔《后汉书》中,但未见有此记载,或是其他《后汉书》中的《郡国志》就无从查考了。从整段文字看,似是当时人所写,所记灵渠的情况与同时编纂的《太平寰宇记》所述极相似,都是反映唐末五代至宋初的灵渠的现状。

及至南宋,政权南移,桂林在岭南、西南的地位更为重要,灵渠在负担桂林与两浙、两湖间的交通作用也更为突出。南宋政府为了保证灵渠的畅通无阻,采取了一些新的措施。《宋史·河渠志·广西水》:

绍兴二十九年(公元1159年),臣僚言:"广西旧有灵渠,接抵全州大江,其渠近百余里,自静江府经灵川、兴安两县。昔年并令两知县系衔兼管灵渠,遇湮塞,以时疏导,秩满无阙,例减举员。兵兴以来,县道苟且,不加之意,吏部差注,亦不复系衔,俾日浅涩,不胜重载。乞令广西转运司措置修复,渠通漕运,仍俾两邑令系衔兼管,务要修治。"从之。⑩

灵川、兴安两县的知县,加兼管灵渠的官衔,目的在负起灵渠维修的责任,从行政上保证灵渠的终年畅通。这样,灵渠才既有灵巧齐全的工程设施,又有官员负责包干,才真正起着通江会海的伟大作用。

唐代作为统制十八州军事的桂州及后来桂管经略使所领的十五州,大部分在柳江及上游的环江、龙江、融江地区及红水河地区。所以单有南北向的航道灵渠是不够的,必须解决上述地区与桂林之间的水运问题。于是一条沟通桂江、柳江间的人工运河便应运而生了,这就是相思水。《新唐书·地理志》:

临桂县有相思埭,长寿元年(公元692年)筑,分相思水使东西流。

在桂林南郊,有一条发源于南边山的良丰河(古称浪石江,今亦称相思江),曲折北流,在柘木镇附近流入漓江。西远郊有一条洛清江(苏桥一段古称白石水,上流称义江,发源于旧义宁县丁岭)。经永福、鹿寨,在柳州之东进入柳江。其支流有清水河,发源于会仙镇之南,西北流,于苏桥附近进入洛清江。清水河与良丰河之间,最近处仅三十里左右,其中心点斗门村附近又恰是最高之处,古代劳动人民就在此堵截狮子山附近诸塘泺之水作水源,筑埭,分向东西,开辟人工运河。东在竹园蒋家坝进入良丰河,西在大湾附近接清水河,这样就联成一条沟通漓江、柳江的人工运河,唐称相思水,后来,称南陡河、南渠,或桂柳运河。它与灵渠联成一气,构成桂林南北的水路联运。下录一段明末邝露《赤雅》里记载桂林南北两渠的联运情况:

灵渠,自北徂南三十二陡。由漓通铜鼓水,自东徂西入永福六陡,六陡冬月涸绝不行。予过陡时,水长月明,如层台叠壁,从天而下。⑪

由此可见,长期以来,桂林是南北航道的中心,由于其政治地位的上升,而成为岭南与中原的交通枢纽。但是在冬天,南渠常因水枯而断航。

清雍正初,因鄂尔泰大力推行"改土归流"政策,激化了清政府与西南少数民族间的矛盾,民族纠纷以致发展到武装反抗,络绎不绝。雍正六年(公元1728年),鄂尔泰任云、贵、广西三省总督,开始大规模镇压三省的少数民族,重点尤其在黔东南的苗族地区,如铜仁、镇远、黎平、都匀等府。或由湖南溯沅江而上,或溯广西融江上流,或由庆远(宜山)、思恩(环江)等处进兵,进行包剿。在古州(贵州榕江县)设总兵,成为军事重镇。为了运输兵员和军需粮饷,鄂尔泰拨巨款整修灵渠和南陡河,尤其是后者,几乎进行了重建性的改造。当时主持者之一的张钺所写的《重修兴安临桂二陡河记》记述了南陡河重修情况:

若乃临桂陡河,激流上下,咫尺悬殊,石梁石堤,比栉触碍,治固与灵渠无异也。然昔时所建鲢鱼陡,不过陂岸碎石,仅存故迹,此外一无泄蓄水具,工巨费倍,殆有甚焉。今自鲢鱼陡而外,太平、黄泥诸陡,共建以闸水者二十,碍船之石,凿去者百四十四处。又为开广河路,如石槽石贯,需其出而养其源,不溃不竭,自临入永之江,脉络贯矣。又自临桂至雒容,驿路岖崎,并皆修凿。工既竣,爰议各添设陡夫渠目,并约料岁修费若干,比皆维持保持善后不可无者。⑫

主持者鄂尔泰也写了《重修桂林府东西二陡河记》,论述了灵渠与南陡河的联运与受益:

于是近渠之田,资灌溉者不下数百顷,水旱无虞。前此荒塍,悉登膏沃。若乃舟楫之便利,惠贾通商,则自灵渠而北,曲赴湖南;自鲢鱼陡而西,直际黔省之古州(今贵州榕江)。⑬

自此而后的灵渠和南陡河,一直是岭南地区与中原、西南的交通命脉,直至20世纪40年代初,湘桂、黔桂两铁路的建成通车,这种用陡门逐级递运麻烦的水路运输,逐渐无人过问了。由于没有渠目、陡夫的管理,陡门的设施逐步废弃,运河失去了航运的生命,这两条重要的人工运河,终于成为历史陈迹。张铖曾指出灵渠和南陡河,对岭南的交通,具有同等重要的意义:

二渠之兴,地虽分派别,代有先后,顾因势利导以为功,迹一线之泉流,而至于径达万里,联江会海,沃农田而资贾楫者,其为利于粤则均焉。⑫

二、西湖与朝宗渠

隐山与西湖景区,是唐代宝历间(公元825—827年)观察使李渤开发的。他的同僚吴武陵写了《新开隐山记》,其中说:

北壁半穴为悬门,彻外,容小舟。出门有潭,袤三十步,可以走方舟,泛画鹢,渺然有江湖趣。⑭

他的另一位同僚韦宗卿也写有《隐山六洞记》,详述了隐山附近池沼的水源所自:

(蒙溪)自山(西山)南流,会于南华洞(隐山六洞之一)水,合而成池。池因山麓,不资人力,高深向背,缭绕萦回,五六里间,方舟荡漾,靡微风,镜清波。⑮

唐末,莫休符《桂林风土记》中也说:

隐仙亭，在府西郭三里，与延龄寺近。宝历年，前使李给事名渤，开置亭台，种植花木，有池沼巨岩，水深无际。⑯

其时实已成湖，只是尚未称作西湖而已。到了南宋初，水情有变，当时鲍同写的《西湖记》说：

桂林西湖，今经略使徽猷张公（维）所复也。旧曰蒙溪，去城里许而近，胜概为一郡甲。按唐吴武陵《隐山记》、韦宗卿《六洞记》，皆述溪潭可以方泳。然岁久废为田，尚可考者，特一潭二池，有芰荷，广不逾寻丈，余尽耕稼之陇矣。初公游山中，得二记按之以求，后读吴记至"走方舟，泛画鹢，渺然有江湖趣"，则叹曰："郁兹观美，可谓杀风景者矣！"遂已，默记厥由：居山之麓，众泉所会，中偃而四穹，兹盖天成，第流泉使之不得去，则湖可坐而复。乃相所从泄，作斗门以闸之。未几，水遂盈衍澶漫，若潭若池，横径将数十亩，望之苍茫皎澈，千峰影落，霁色清秋。⑰

张维自己写的《开潜洞记》也说：

乾道四年（公元1168年），春正月，浚西湖；秋七月，开潜洞。明年春二月，疏凿李溪二百六十步有奇，可通画鹢而洞山宛在水中矣。⑱

从以上材料看，当时西湖规模不是很大，只是"横径将数十亩"。因为当时张维所浚西湖的水源，不过是"众泉所汇"。因隐山附近地势较低洼，每当雨季，西面、北面的西山、骝马山、老人山等的泄水，都往南流，汇集此处。只要"使之不得去"，自然能汇集成湖。但枯水或久旱季节，湖水就不能保证了，仍有干涸的危险。六年后，淳熙元年（公元1174年），范成大重开朝宗渠经西湖之后，湖面就有很大的改观。

朝宗渠是北宋末开的一条人工水渠，绍兴二十九年（公元1159年），桂林人张仲宇写了《桂林盛事记》，其中记述了王祖道开渠的情况：

崇宁间（公元1102—1106年），尚书王公祖道来帅是邦。念郡庠湫溢，风教未敷,乃辟而广之,诱进学者。又采堪舆家之说,汩子癸之流以注辛戌,环城有水,如血脉之萦一身。遂闻之朝,故大观二年(公元1108年),准敕著令:壅隔新汩者,以盗决黄、汴二河堤防法坐之。[21]

王祖道开渠的目的不甚明白,从他对这条渠道如此重视,决不会是简单的"采堪舆家之说"。渠的起止何处,也未记载,只说"汩子癸(北方)之流以注辛戌(西方)"。渠道在张仲宇时代可能还存在,后不久,周去非在《岭外代答》里说:

昔于城东北角,沟漓水绕城而西,复南,东合于漓。厥后居民壅之,沟遂废。范石湖(成大)帅桂,乃浚斯沟,涟漪如带,于沟口伏波岩之下,八桂堂之前,创为危亭,名以癸水。此沟未废,桂人屡有登科;既废,二十年间,几类天荒。[22]

范成大自己写的《淳熙甲午桂林鹿鸣燕,辄赋小诗,少见劝驾之》诗也提到:"月宫移种新栽桂,江水朝宗旧凿渠"。并在跋语里说:"又复朝宗渠水,以符文章应命之举。"

周去非只记了朝宗渠水来自漓江,绕城半圈又回到漓江,但没有提及水源引水的具体地点。明后期,张鸣凤在《桂胜》里说:

皇泽(皇泽湾,或皇泽潭,在虞山北麓),本漓小支,疑即王祖道相城之北,穿为长池,引潭灌注,用作癸水。范、方继踵,鸠工增缮,或为渠,或为闸,名曰朝宗,使东接漓江,西达隐山之西湖。其曰癸水,以方隅所值,故云。[23]

明后期,朝宗渠已不复存在,张鸣凤也不知道其水源自何处引来,只说是"疑"。其实,这条"漓小支"今日尚存,只是一条附近低洼地的排水沟,在虞山之北注入漓江,其出口处离漓江水面的落差将有2米,如从此处引水往城北转向西湖是不可能的。那末,朝宗渠的引水源头,到底在哪里呢?明后期,北门外出土了南宋嘉定间(公元1208—1224年)方信儒《修朝宗渠记》石碑,其中云:

嘉定□年□月,提举河渠公务方信孺修复古渠,筑渠闸二,石堰一。灵溪之水大至,略城而西,达于阳江。……迄工六旬,糜费万钱。因采范石湖诗,以朝宗名,且志于石。[24]

碑文明确记载渠水来自灵溪。灵溪即灵川,水经龙岩(亦称灵岩)而出,今称甘棠江,在白石湫附近入漓江,其地今名大面墟。唐桂州刺史王晙,曾于此筑灵陂,宋李治等均在此兴屯田。由此处引水作渠西南行至西湖,然后东南行,经朝宗门外,独秀峰前,至伏波山下入漓江。方信儒所筑水闸二处,一处当在虞山皇泽潭,一处当在伏波山前入漓江处;水堰当在西湖入阳江之处。这样,保证枯水季节的渠水水量,水势过大时便开闸放渠水入江。

西湖由于得到朝宗渠水的补给,不但保证了常年的用水量,而且面积扩大,《[嘉靖]广西通志》说它"阔七百亩",其后的《读史方舆纪要》《广舆志》,后来修的金鉷《广西通志》都这样说。

元明以后,朝宗渠逐渐堵塞,至明后期,连遗迹也难于寻找了,张鸣凤说:"今堵塞已久,土人至以朦胧桥呼之"。因而也波及西湖的生存,由于没有朝宗渠水的补给,在元初,就废为良田,至明后期,"今仅余线水入阳江"。一代名胜,比美于江浙的西湖,就此消失了。最近,重开西湖,虽面积远非昔比,而"可通画鹢,而洞山宛在水中矣"的景色总算是略有恢复了。

三、西壕水与城防

唐宋时,桂林的水利设施,一般用之于交通运输、农田灌溉,同时也用来装点景色或城市居民用水。《岭外代答》说:"古记云:'赖有癸水绕东城,永不见兵刀。'又有石记云:'湘南南粤北,此地居然自牛肋(明陈琏《桂林郡志》'自牛肋'作'以水助');直绕四面血成池,一骑刀兵入不得。'五代、靖康之乱,大盗满四方,独不至静江。"宋江文叔《西湖诗》云:"桂林佳丽冠群城,父老从来不识兵。"[25]所谓"桂林山川甲天下,三百年间无兵革之警"[26]。宋室南渡,经济重心更随之而南移,桂林得到空前的发展和繁荣,成为后方的"乐土福地"。近郊的风景点逐步开发,由于水利事业的发展,湖光山色,使桂林的景色更是锦上添花。一些赞美山水的诗文,游览的石刻遍于各风景点,便是很好的历史见证。

可是好景不常,战争的灾难,常不以人们的意志为转移。蒙古在灭西夏、灭金之后,公元1245年进兵大理,完成自西北至西南对南宋的包围,桂林开始戒严。在日益紧迫的形势下,自公元1249年李曾伯任广西经略使至公元1272年胡颖任内的二十多年间,桂林多次修筑城垣,开浚城壕,引水为防,以补天然形势的不足。宋咸淳八年(公元1272年)刻在鹦鹉山崖的《静江府城池图》,不仅画出了城防、城壕的详细情况,还用文字记载了李曾伯、赵与霦、朱禩孙、胡颖四任广西经略使修城经过;城墙、城壕新修、扩展的起止,及所用工料、钱物。这是一件研究引水修壕、加强城防的绝好材料。第一段记李曾伯任内的城防工程,其中开城壕的情况:

壕河:自南阳江一字城起,至平秩门、尊义门,至西北古旧城团楼,过宝积山花园,转至镇岭门,接碧霞岩脚,通长捌百陆拾玖丈。又自东江门下訾家洲至阳江口,转至西湖钥匙头,接望火山至宝积山背止,通长壹千余丈,并系新开及展阔之数。[27]

李曾伯所筑新城,自伏波山南沿江北上至叠彩山,绕明月峰、仙鹤峰,西接宝积山,南折至今十三中附近。所开城壕在北城之外,西段自南城北向,沿城楼新城,与北城外新开壕相接。这些新筑城墙和新开城壕,后来都在他的后任所筑的外城之内。

扩展城垣和开浚城壕的工程最后是由胡颖完成的,他的任期是在宋度宗咸淳间(约自元年至八年,公元1265—1272年)。当时蒙古已灭大理和越南,完成了对南宋的全面包围,蒙古骑兵已经渡过红水河,在柳州一带活动,形势已经十分紧张,他扩大北城,东自叠彩山北至铁封山,西自宝积山北上至鹦鹉山,并建造鹦鹉山与铁封山之间的瓮城。所开浚城壕,工程更为艰巨:

新开壕:自鹁鸪山下至狮子山脚,共长壹百壹拾贰丈叁尺,壕面阔贰拾伍丈,深贰丈贰尺至贰丈伍尺,并有水。北关门外,自寿星山背至莫家山脚,共长伍拾贰丈贰尺,深贰丈贰尺,面阔贰拾贰丈,系干壕,无水,拖板桥壹座。

展旧壕:自南门东坝楮木下起,直至狮子山脚,共长陆百柒拾叁丈伍尺玖寸。旧壕面元阔壹拾捌丈至贰拾贰丈,今展阔贰拾丈至贰拾贰丈,通阔参拾捌丈至肆拾丈,深贰丈,并有水。

南壕是用阳江之水,加阔至四十丈左右。所谓"南门外东坝楮木",即是阳江进入漓江处控制城壕水的水闸。

西壕,几乎是这几年平地新开的城壕,并有许多设施。其水源主要是朝宗渠,在城池图上标作旧渠,朝宗渠来自北方,穿过西北方的丛山,本来引进西湖,现将其在狮子山(今名老人山)前切断,使其水引进西壕,再加上阳江之水倒灌,使西壕有着宽阔浩瀚的水面,本来地势复杂的西城郊,平添了这条像漓江一样的天险,对西城的防守有极大的意义。《读史方舆纪要》曾说:"志云:郡之外险为严关,内险为壕水。"正是一语道破了桂林城防守的关键所在。

四年以后,元兵攻入南宋都城临安,俘恭帝。元平章阿里海牙,带着宋帝的所谓"招降书"进围静江,时值农历十一月,原以为可以一举而下,可是经过二十年修建的桂林城,可谓"固若金汤"。《宋史·马塈传》说:

攻三月,(马)塈夜不解甲,前后百余战,城中死伤相藉,讫无降意。城东稍卑,大军阳攻西门,以精兵夜决水牐,攻东门,破其外城。

这里的"夜决水牐",就是胡颖所修的"东坝楮木",即用坚硬楮木制成的活动闸门。阿里海牙用精兵攻下闸门放水,使壕水干涸,才从较低的东门攻进桂林的。《元史·阿里海牙传》说:

静江以水为固,乃筑堰断大阳、小溶二江以遏上流,决东南埭以涵其隍,破其城。

这里说得更为具体,阿里海牙先把城壕的水源切断,大阳江即阳江,小溶正是朝宗渠(因其引灵川附近的江水,古今名称有差异,漓江上游常通称溶江或融江。小溶之意,即谓漓江小支,即朝宗渠)。然后打开城东南角阳江入漓江的水闸,放干城壕之水,使之失去险要,才攻入桂林的。可见壕水对桂林的城防是何等重要。

时过八十多年,元至正二十八年,即是明洪武元年(公元1368年),历史的进程竟在以惊人相似的方式重演着。在元末农民大起义冲击下,元统治已在土崩瓦解,朱元璋高举"驱除胡虏,恢复中华"的民族主义大旗,通过十多年的苦战,力屈群雄,以席卷之势统一江南。元广西行省平章也尔吉尼竟依恃桂林城池之险,据险顽抗。《明史·杨璟传》说:

朱亮祖以兵来会,进攻静江不下,璟谓诸将曰:"彼所恃西壕水耳!决其堤岸,破之必矣!"乃遣指挥丘广攻牐口关,杀堤兵,尽决壕水,筑土堤五道,傅于城。城中犹固守。急攻二月,克之,执平章额(也)尔吉尼。

明徐学聚《国朝典汇》也说:

璟与张彬合兵攻之(靖江),元平章也尔吉尼督众固守,璟遣指挥邱广攻夺其水隘。朱亮祖亦自平乐率众来会,攻益力。也尔吉尼势穷出战,指挥胡海击败之。㉓

明军之所以攻下桂林,关键仍在于破坏城壕,去其防守之险。这里的"西壕恃险",仍是九十多年前胡颖所开浚的西壕。

四、阳江的人工改道与利用

阳江,今名桃花江,是发源于灵川县的一条自然河,经桂林西郊,东南流至雉山附近注入漓江。阳江之名,出现甚早,唐李渤《南溪诗序》说:"桂水过漓山,右汇阳江,又里许得南溪口。"唐代的阳江出口也正在雉山附近,"又里许"才是南溪之口。(今天,由于萝卜洲的不断冲积,阳江口西移,已接近南溪口了。)

《太平寰宇记》卷一六二云:

阳江在县南二里,源出灵川思磨山下,东流百余里,渐胜舟楫,经郊郭之中。

《太平寰宇记》是北宋初的地理总志,大约修于公元980年前后。所记虽是北宋初的现状,实际上也反映了唐末、五代的地理情况。所以,阳江至少在五代时就

和城内外的一些水道发生纠葛和联系,或利用其水源沟通航运,或导其为城壕塘泺。《太平寰宇记》同卷又说:

> 南溪山在县南五里,其耸拔千尺,烟翠凌空。其溪东注于桂江,合流溯五里,却合阳江,直抵隐山。萦带二十余里,通舟楫于二江之上下。[29]

这段文字现在读起来颇为费解。由于一千多年来水道、水情的变化,已与今天水道情况面目全非,其实结合当时情况,这段文字应这样理解:出南溪河口,溯漓江,进入阳江口,溯阳江约五里,直通隐山脚下。并与南城河、漓江等航道互相联贯,可再上溯约二十里,其间萦回曲折,舟楫往来,上下行驶,甚为方便。

南宋以后,阳江又与西湖相联系。宋方信孺《碧桂山林铭序》云:"桂府稍西五里,吞蒙溪,吐阳江,是谓西湖。"他的《修朝宗渠记》也说:"灵溪之水大至,略城而西,达于阳江。"这是说,一方面西湖接受朝宗渠水作水源,另一方面在洪水、积水过大时,西湖放水入阳江。

由于桂林地势西北高东南低,东南流的阳江,一方面接受西湖及西北诸山的积水,一面却又在城西堵其东南流向,使其折而向正东,作为南城壕水的水源。《静江府城池图》的南城壕,明白标出称作阳江,并在城东南角城壕通入漓江之处同样建闸门,也是为了控制南城壕河的河水。这是宋初至宋末历三个世纪的阳江情况。

明洪武八年(公元1375年),桂林扩建南城,并相应增开南城壕河。

> 明年,塞西坝,开城壕,导阳江经西门外,过宁远桥(今南门桥)分二派:一南注合雉山旧江;一东注经马王阁出象鼻山与漓江合。[30]

这是扩建南城的第二年,又一次对阳江的改道。所谓"塞西坝",就是在西城外堵塞宋元时原南城壕河的水源,使阳江水进入新开南城的壕河。又在南门桥下分水两路,一路南向,由雉山进入漓江,这条就是北宋前的阳江故道,并在新城河与阳江故道分水处筑滚水坝,使在枯水季节阳江河水全部流进新开城河,而在洪水季节,洪水可越过水坝进入阳江故道,经雉山流入漓江。这条水坝就是今日的虹桥坝。

原宋元时代广阔深泓称南阳江的南城壕河,此时被圈进了南城之内,而成为"莲花""杉木"等巨大湖塘。

明曹学佺《广西名胜志》说:

漓所挟诸水,阳江为大,源出灵川思磨山,一出维摩岭。流至郭西,领杉木、莲花诸塘水,汇为澄潭,历西、南、文昌三石梁,出漓山与漓合。[31]

《读史方舆纪要》也指出:

(志云)府城旧有莲花、杉木两塘,宋时穿此,引西湖水,北接朝宗渠,为西北城壕,今故址犹存。[32]

这里的杉木、莲花二塘,就是今天杉湖、榕湖的前身。

五、城区塘泺与郊区水利设施

古代桂林的人工水道除运河、水渠、壕河之外,还有许多人工造成的湖塘、陂、堰等水利设施。明末邝露说:

漉桂皆山,漉桂皆水也。漓江、阳江、弹丸、西湖、白竹,缠城郭、匝日域,姑未暇论;即城中揭帝、梓潼、华景、西清,色色入品,惟阳塘最胜。[33]

这些池塘,可分三类。一类是由于城市扩建,原来城外的城壕圈进城内,逐渐化为池塘。如宋末、明初,桂林城的两次扩建,就把原北城壕、南城壕圈进城内,如广阔泓深的南城壕,原名为南阳江,明朝圈入城内后称阳塘或阳桥塘。邝露说:

惟阳塘最胜,阳塘东西横贯,中束以桥。东曰杉湖,西曰莲荡。征蛮幕府、镇守旧司,南北相望,演漾若数百亩。临水人家,粉墙朱榭,相错如绣。茂林缺处,隐见旌旗。西枕城闉,阳水入焉。[34]

　　这类池塘,还有上段所引文中的华景、梓潼。华景塘,今名为铁佛塘,在宝积山之北麓。这就是宋李曾伯所扩建北城的北壕河的西段遗迹。梓潼塘,后也称百梓塘,这原是宋代西城南段壕河,南宋末,朱禩孙经略扩展西南城墙,把它圈入城内,此塘在20世纪60年代,已填平造房,遗迹难觅了。西清、宝贤两池,原来就是宋末、元代的西城壕河。入明后,承平二百多年,城壕的作用逐步被废弃,经人工妆点,成为游览胜地。张鸣凤《桂胜》云:

　　西清、宝贤壕壕水,春夏之交,瀹沦山麓,崖花水藻,丛发清绮。隔水百十家隐见木末,后负连山,前则万荷递映。鼓楫而游,不减若耶之胜。[35]

　　但在二十世纪后,逐渐湮塞荒废,不但面积日小,几成臭水沟。近年,引大面墟漓江水灌榕湖,由此而入。加以整治疏浚,逐步恢复昔日面貌。

　　另一类是利用人工渠水的潴积,构成池塘,如隐山西湖,另有城东的揭帝塘。《桂胜》又说:

　　城中有三塘水,一曰阳桥,一曰西湖,一曰揭帝。宋于揭帝旁大兴浚筑,有八桂堂、泛渌阁、熙春台,今并废,其地在东北隅,起伏波,竟北门,足称长广。顾居者环绕而塘身无几,且各有主者。[36]

《桂胜》又说:

　　洞左小山曰于越,其右小支戟立,曰四望,唐元常侍晦清赏处。当揭帝未陆时,广池渐麓,茂树连山,于越、四望,拥翠而前,残霞断霭,浃漫层崖,何异卷叠绲。[37]

　　揭帝塘,地处伏波山麓,正是朝宗渠入漓之处,积水形成巨大人工湖塘,向北直至于越山前,今第二人民医院住院处,故"足称长广"。今天的八角塘,当是揭帝塘留下的一小部分。

还有一类是利用山泉、积水、地下水开凿的池塘,如独秀峰下的月牙池、城内府署西的西湖塘、叠彩山前流杯池、水车巷洗马池等。

现据金鉷《广西通志》、谢启昆《广西通志》、光绪三十年黄泌《临桂县志》三书所载桂林城区(包括近郊)的湖塘情况概述于下表:

金鉷《广西通志》	谢启昆《广西通志》	黄泌《临桂县志》
金龟潭、曲斗潭、春涛池、宝贤池、圣母池、月明池、洗马池、流杯池、独秀泉、冷水泉、龙池、龙泉、揭帝塘、阳桥塘、西湖、西湖塘(在府署西,名同隐山西湖而略异)、琴潭水、光明山水。 共计18处	西湖、皇潭、金龟池、春涛池、宝贤池、圣母池、月明池、洗马池、流杯池、龙池、独秀泉(月牙池)、冷水泉、龙泉、阳桥塘、揭帝塘、西湖塘、琴潭水、光明山水。 共计18处	侧潭、元潭、金龟潭、绿漪潭、獭子潭、阳桥塘、西湖、西湖塘、揭帝塘、春涛池、圣母池、宝贤池、月明池、洗砚池、洗马池、流杯池、龙池、犀池、玉乳池、白龙泉、独秀泉、冷水泉、龙泉。以上系录自旧志,下为1904年新采。 堰塘、梓潼塘、湾塘、老提塘、科第塘、太和塘、华景塘、清塘、白龙池、皇泽湾、圆通湾、龙泉,记录旧志23处,新采12处。

城市的扩大与繁荣,使人口增加、消费增长,要求更多的农产品供应城市。这一方面给城乡的官吏带来压力,要求他们促进农业的生产,同时,农产品的良好市场也刺激农民生产的兴趣。古代常设置劝农使一类的官员,他们每年定时下乡"劝农"。桂林有《劝农事文》和"劝农经此"等石刻,这是古代桂林地区重视农业的实证,这就使桂林地区大力兴修农田水利有了可能。因为发展农业生产不是依靠一纸命令,是有具体条件的。最重要的条件就是水,水利是农业的命脉,较大的水利设施得靠官府的支持与投资。桂林郊县的水利设施大致以陂塘堰坝为主。一种是利用山泉、地下水等积水的潴积,造成塘、池、陂、潭等用之灌溉;一种是利用小溪、小河,筑堰、坝堵水,建成水库,用之灌溉;还有一种在大小溪流上设水车,根据地势高低决定水车大小,利用溪水的自然冲力,通过水车上的竹筒把水带向高处灌溉。现据金鉷《广西通志》、谢启昆《广西通志》、光绪《临桂县志》,将桂林近县临桂、阳朔、灵川三县的陂塘坝堰等水利设施作一统计,以见古代桂林近县陂

塘情况,从而推之农业发展的情况:

书志＼县份	临桂县	阳朔县	灵川县
金鉷《广西通志》	27 处	22 处	27 处
谢启昆《广西通志》	25 处	24 处	25 处
黄泌《临桂县志》	92 处	/	/

说明:

1. 表内统计数字只限于陂、塘、堰、坝等水利设施,不包括桂林市区的池塘。

2. 金鉷《广西通志》只限于《沟洫》部分;谢启昆《广西通志》、黄泌《临桂县志》只限于《山川·水利》部分。

(本文原刊于桂林地名委员会所编《桂林地名集刊》第 1 辑,由桂林市委宣传部 1990 年出版)

注 释:

① 《岭外代答》卷一《地理门》,《丛书集成》本。

② 《史记·南越列传》。

③ 《史记·西南夷列传》。

④ 《后汉书》卷三十三《郑弘传》。

⑤⑥⑲⑳《新唐书》,中华书局标点本。

⑦⑧《灵渠记》,〔清〕汪森《粤西文载》本。

⑨《太平御览》,《四部丛刊》影宋本。

⑩《宋史》,中华书局标点本。

⑪《赤雅》卷二《灵渠》,《丛书集成》本。

⑫张钺《重修兴安临桂二陡河记》,引自金鉷《广西通志》卷六《艺文》,《四库全书》本。

⑬鄂尔泰《重修桂林府东西二陡河记》,引自光绪重修《临桂县志》卷十二,《山川·水利》。

⑭《新开隐山记》,〔清〕汪森《粤西丛载》本。

⑮《隐山六洞记》,引自谢启昆编《广西通志》卷九五《山川略》二。

⑯《桂林风土记》三十三,《丛书集成》本。

⑰鲍同《西湖记》,引自谢启昆《广西通志》卷一〇九《山川略》川一。

⑱张维《开潜洞记》,引同上。

㉑张仲宇《桂林盛事记》,桂林中隐山石刻今存。文见《桂林石刻》第一册。

㉒《岭外代答》,《丛书集成》本。

㉓《桂胜》,引自光绪《临桂县志》卷十二《川》。

㉔方信儒《修朝宗渠记》,转引自汪森《粤西文藏》卷十九。

㉕江文叔《西湖诗》,见〔宋〕王象之《舆地纪胜》卷一〇三《广南西路·靖江府》,清咸丰南海伍氏校刊本。

㉖语见〔宋〕李曾伯《重建湘南楼记》,转引自光绪本《临桂县志》卷二六《胜迹》二。

㉗据桂林市地名委员会办公室缩绘《静江府城池图》,个别文字与《广西通志》《桂林石刻》等记载有别,下同。

㉘〔明〕徐学聚《国朝典巢》,转引自谢启昆《广西通志》卷一八八《前事略十·之二》。

㉙〔宋〕乐史《太平寰宇记》,清嘉庆洪亮吉校刊本。

㉚光绪本《临桂县志》卷十三《建置》一《城池》。

㉛曹学价《广西名胜志》卷一《桂林府·临桂县》,上海古籍出版社影印清钞本。

㉜《读史方舆纪要》卷一〇七《桂林府·临桂县》,中华书局影印商务印书馆国学丛书本。

㉝㉞邝露《阳塘记》,转引自光绪《临桂县志》卷二六《胜迹》二。

㉟《桂胜》,转引自光绪《临桂县志》卷十二《山川·水利》。

㊱《桂胜》,转引自光绪《临桂县志》卷二六《胜迹》二。

㊲《桂胜》,转引自谢启昆《广西通志》卷九四《山川略》一《山》一。

试论南宋末期桂林的城壕建设

桂林这座历史文化名城,不仅以风景优美见称,且自隋唐以来,一直是南疆军事重镇,向为兵家必争之地。清初著名历史地理学家顾祖禹曾说桂林城:"志云:郡之外险为严关,内险为壕水。"[①]说明桂林城壕在城防中具有十分重要的作用。本文试对引水设险把桂林这座山城改造成"以水为固",易守难攻的"金汤城池"的过程略抒浅见。

一、桂林城西人工开发水源工程的历史回顾

桂林东有漓江南流,数十座石灰岩山峰错落于城内外。地势西北高东南低,所有河水溪流均东南流向漓江。以城防而言,漓江是东城的天然屏障,北面依山为固,铁封山、鹦鹉山环绕整个北城,但西面、南面便无险可守。尤其是西面,敌方可凭借西北山地直指城下,这是城防的薄弱环节。假如西面、南面有宽阔的水域作城壕,不利形势即可改变。要达到这一理想目的,那么首先要解决水源的问题。古代劳动人民解决水源的方法,不外是:一,利用天然积水;二,人工开渠引水;三,改变天然河道的流向,为我所用。桂林城西、南面城壕建设的水源,就是这三种方法的综合利用。但是由于古代科技水平所阻,开辟水源,以水设险的工程,不可能一举俱成,旦夕而就,这是一个多次尝试、长期实践的过程。今就桂林城西、南面城壕水源开辟问题,作一历史回顾。

(一)汇积水与西湖的形成。山与水是事物的一对矛盾,俗话说:"有山必有水""山有多高,水有多深"。桂林西郊,以西山为主的群山,雨季常有巨大积水,加之山泉、地下水,可用为天然水源。早在唐代中叶,敬宗宝历年间(公元825—827年),桂州观察使李渤,曾利用西山附近的蒙溪水,引至隐山附近,开辟隐山风景区。他的同僚吴武陵写了《新开隐山记》,记述了当时引水至隐山附近,形成溪潭的情况:

(隐山)自石室东回三步,得石岩,岩下有水泓然,疑虬螭之所宅,水色墨绿。其浚三丈,载舟千石,舟可坐数十人,……北壁半穴如悬门,徹外,容小舟,出门有潭,袤三十步,潭有芰荷。潭北十步有溪,溪横五里,径二百步,可以走方舟,泛画鹢,渺然有江湖趣。……山曰隐山,泉曰蒙泉,溪曰蒙溪,潭曰金龟。②

他的另一位同僚韦宗卿也写了一篇《隐山六洞记》,其中说:

(蒙溪)自山(西山)南流,会于南华洞(隐山六洞之一)水,而合成池。池因山麓,不资人力,高深向背,缭绕萦回,五六里间,方舟荡漾,靡微风,镜清波。③

这些都是反映中唐以后桂林西郊的水域情况。至唐末,莫休符的《桂林风土记》也有类似的记载,这里就不多引了。

至南宋初,经略使张维,恢复西湖景区,他的同僚鲍同写了《西湖记》,其中记述了当时西郊的水情:

桂林西湖,今经略使徽猷张公(维)所复也。旧曰蒙溪,去城里许而近,胜概为一郡甲。按唐吴武陵《隐山记》、韦宗卿《六洞记》,皆述溪潭可以方咏。然岁久废为田,尚可考者,特一潭二池,有芰荷,广不逾寻丈,余尽耕稼之陇矣。初公游山中,得二记按之以求,后读吴记至"走方舟,泛画鹢,渺然有江湖趣",则叹曰:"郁兹观美,可谓杀风景者矣!"遂已,默记厥由:居山之麓,众泉所会,中偃而四穹,兹盖天成,第流泉使之不得去,则湖可坐而复。乃相所从泄,作斗门以闸之。未几,水遂盈衍澶漫,若潭若池,横径将数十亩,望之苍茫皎澈,千峰影落,霁色清秋。④

南宋初西湖的形成,正是利用众山的积水和山泉溪流的堵积,不使其流入阳江,很快就形成了广阔的水面。

(二)引水入城的尝试。引水入城工程始于北宋末年,最早的记载是南宋绍兴二十九年(公元1159年)桂林人张仲宇所写的《桂林盛事记》,其中提到首次开渠引水的情况:

崇宁间(公元1102—1106年),尚书王公祖道来帅是邦,念郡庠湫隘,风教未敷,乃辟而广之,诱进学者。又采堪舆家之说,洫子癸之流以注辛戌,环城有水,如血脉之萦一身。遂闻之朝,故大观二年(公元1108年),准敕著令:壅隔新洫者,以盗决黄、汴二河堤防法坐之。⑤

所记甚为简略,开沟的原因,只是"采堪舆家之说",沟的起止只提到"洫子癸(北方)之流以注辛戌(西方)"。但对这条沟渠却非常重视,曾奏请朝延,对破坏这条沟渠的要依盗决黄河、汴水一样的罪名处置。

南宋淳熙初(公元1174年),广西经略使范成大重修此渠,并定名为朝宗渠,他的同僚周去非在《岭外代答》一书中较详细地记载了该情况:

昔于城东北角,沟漓水绕城而西,复南,东合于漓。厥后居民壅之,沟遂废。范石湖(成大)帅桂,乃浚斯沟,涟漪如带。于沟口伏波岩之下,八桂堂之前,创为危亭,名以癸水。此沟未废,桂人屡有登科;既废,二十年间,几类天荒。⑥

范成大自己写的《淳熙甲午桂林鹿鸣燕,辄赋小诗,少见劝驾之》诗也提到:"月宫移种新栽桂,江水朝宗旧凿渠"。并在跋语里说:"又复朝宗渠水,以符文章应命之举。"⑦这里,周去非记载了朝宗渠的来源去向,自东北而西而南,绕城半周,至伏波山下又汇入漓江。但仍未指出其源头来自何处。据明张鸣凤的推测,在虞山下漓江皇泽潭。⑧开渠的目的也仍是迷信堪舆家之说,希望桂林能多出几个进士。

五十年后,方信孺又重浚此渠。明末,在桂林北门外出土了方氏所写的《修朝宗渠记》石碑,记录了此渠的起止和修渠的情况:

嘉定□年□月,提举河渠公务方信孺修复古渠,筑渠闸二,石堰一。灵溪之水大至,略城而西,达于阳江。董事者,昭州立山县尉丁似雄,边军统辖孙恢。迄工六旬,靡费万钱。因采范石湖诗,以朝宗名,且志于石。嘉平月日。⑨

此碑所记渠水来自灵溪,其源头当在灵陂附近,唐宋时均在此兴营田,《读史方舆纪要》记其地"在府东北二十里"⑩,即今灵川县大面墟附近。地处漓江上游,水位高,从此处引水,才能穿过城西高地。而渠的终点在阳江,而不是范成大时代的伏波山下。究其原因,是在开渠的目的不同。过去王祖道、范成大他们开渠,是"采堪舆家说",为了"文章应举"。而在虞山附近引水,水位低。洪水季节,可能有水回流到伏波山下,枯水季节,水量就难以保证。所以这条沟渠只能是象征性的,明显的水源不足,所以旋开旋废。方信孺重开此渠,目的在于补充西湖水面,并通过阳江堰引水作南城壕水,成为一套水利枢纽,直接为城市建设服务。所以他改从灵陂附近引水,水量大。故在碑记中再也不提"文章应举"的事了。

(三)阳江的改道与利用。阳江今又名桃花江,发源于灵川县西部,流经桂林西郊,南至雉山附近流入漓江。阳江之名出现甚早,唐李渤所写《南溪诗序》中就提到:"桂水(指漓江)过漓山(今称象鼻山),右汇阳江,又里许得南溪口。"⑪编于十世纪末的《太平寰宇记》中说:

阳江,在县南二里,源出灵川思磨山,东流百余里,渐胜舟楫,经行郊郭之中。⑫

同书同卷《南溪山》条中又说:

南溪山,在县南五里,其耸拔千尺,烟翠凌空。其溪(即南溪水)东注于桂江,合流溯五里,却合阳江,直抵隐山。萦带二十余里,通舟楫于二江之上下。⑬

这里的县,指的是临桂县城,即桂林城。这些材料反映北宋初漓江、阳江、南溪河之间的关联情况,当时的阳江可以航行,船只与漓江相通。至南宋,阳江逐步与西湖、朝宗渠发生关联。方信孺《碧桂山林铭序》云:"桂府稍西五里,吞蒙溪,吐阳江,是谓西湖。"⑭前所引《修朝宗渠记》也说:"灵溪之水大至,略城而西,达于阳江。"通过这些材料,结合上段所述,我们可以得出结论:南宋中期以后(十三世纪初),阳江、西湖、朝宗渠,通过一系列的堰、闸,三者已构成一套相互关联的水利枢纽。朝宗渠补给西湖水,西湖与阳江有石堰相隔,不让湖水流入阳江,而在洪水季节,则漫盈的湖水可越过水堰进入阳江,导入漓江,不致泛滥成灾。后来,阳江被导向东,作南城壕河水源。明洪武八年,桂林扩建南城,次年,在南门附近筑虹桥坝堵塞阳江流向雉山的原河道,使导至象鼻山下入漓江,作为新扩南城壕河。

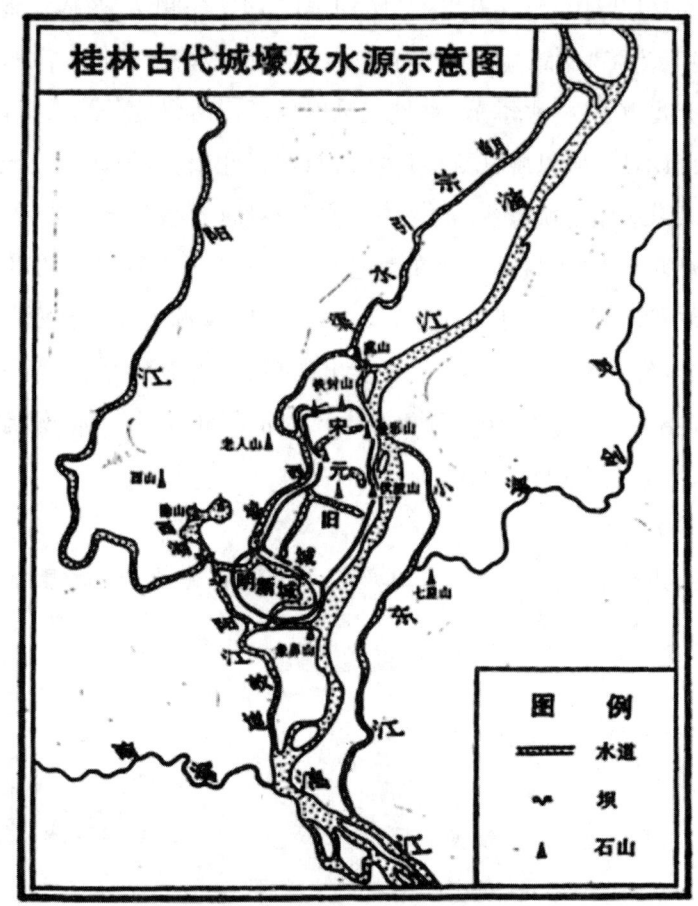

桂林古代城壕及水源示意图

二、桂林壕河的完善

13世纪初,蒙古族统一大漠南北,以其强悍的骑兵征伐四方。公元1227年灭西夏,公元1234年灭金国,又自西北南下,收复吐蕃(今西藏及附近地区)。从西南攻四川、大理(今云南地区),进入广西。这对一向视为后方乐土的广西无疑是一个严重的威胁,尤其是首府桂林,常自诩"三百年不识兵革"。广西的第一次军事警报在理宗淳祐五年(公元1245年),蒙古攻大理,声言入广西。宋朝廷急忙调京西南路、荆湖路的兵马增援广西。十月,援军抵桂林。因蒙古军未至而撤戍解警。一时，修城浚池便成为当务之急。自公元1249年李曾伯任广西制置使便开始修城。公元1253年蒙古灭大理，形势更为紧迫，公元1259年蒙古骑兵渡过红水河，经柳州，越桂林而直抵湖南，后被击退。这更增强了桂林修城浚池的决心。为了修建城壕的需要，举凡一切原有水利设施，现今都转用来为城防工程服务。经过二十多年的苦心经营，把一座桂林城建造得城高隍深，真可谓铁打的"金汤城池"。咸淳八年（公元1272年），城防设施全部竣工，在鹦鹉山刻了一幅巨大的《静江府城池图》。这是一幅全国少见的古城市地图。不仅详细绘出了城墙、城壕、箭楼、兵署等城防的详细情况，还在上端用文字记录了李曾伯、赵与霦、朱禩孙、胡颖四任经略使各自新建或扩建城墙、城壕的起止、长度，以及所用工时、材料、钱物的数字，是一篇记录当时城防工程的绝好原始资料。这里只介绍胡颖最后完成的水防设险的工程情况：

新开壕：自鹁鸠山下至狮子山脚，共长壹百壹拾贰丈叁尺，壕面阔贰拾伍丈，深贰丈贰尺至贰丈伍尺，并有水。北关门外，自寿星山背至莫家山脚，共长伍拾贰丈贰尺，深贰丈贰尺，面阔贰拾贰丈，系干壕，无水，拖板桥壹座。

展旧壕：自南门东坝楮木下起，直至狮子山脚，共长陆百柒拾叁丈伍尺玖寸。旧壕面元（原）阔壹拾捌丈至贰拾贰丈，今展阔贰拾丈至贰拾贰丈，通阔叁拾捌丈至肆拾丈，深贰丈，并有水。⑮

胡颖所开新壕，主要是西壕，自鹁鸠山（今称鹦鹉山）至狮子山（今称老人山），长约四百米。所经原是山脚瘠地，工程十分艰巨。水源就是利用朝宗渠水，城图上标称旧渠。原流至西湖，现把它引来作壕水。狮子山至阳江一段，即西壕的南段，城图上也标作新壕，是胡颖在前任所开的基础上加阔加深。南壕，城图上直接标作阳江，这也是堵截阳江的原有河道，改向东行，作南壕的水源，这一工程的始作可能较早。由于阳江水的引入水源充足，胡颖把原阔二十丈左右的南壕展宽至四十丈左右。东坝楮木，即指控制南壕流入漓江的大木闸门。

北城地势高，无法引水，只能挖一段长约一百八十米的干壕，依山为险，在鹦鹉山、铁封山（城图中称莫家山）之间造一座团城，亦称瓮城，形势十分险要。后来是元军攻下的最后一个宋军据点。

三、城壕水在宋军静江保卫战和明军攻城战中的作用

新的城池建成后四年(公元1276年),南宋首都临安陷落,太后、宋恭帝被俘北上。元平章阿里海牙带着宋帝的"招降书",以破竹之势,企图一鼓而下静江。不料劝降不成,进攻也遇上强敌。时值农历十一月,虽正值枯水季节,而经过二十多年苦心经营的静江城,却城坚水阔,无懈可击。加上英勇的南宋军民,上下齐心,同仇敌忾,志骄气盛的元军,竟久攻而不下。《宋史·马塈传》记载了当时攻城的情况:

攻三月,(马)塈夜不解甲,前后百余战,城中死伤相藉,迄无降意。城东稍卑,大军阳攻西门,以精兵夜决水闸,攻东门破其外城。

这里的"夜决水闸",就是打开控制南城壕水流入漓江的水闸,也就是胡颖他们所建的"东坝楮木"。《元史·阿里海牙传》更明确记载攻城的关键:

静江以水为固,乃筑堰断大阳、小溶江,以遏上流,决东南埭,以涸其隍,破其城。

在破坏以水设险的战略上,此处说得更为具体。先是切断城壕水源,然后打开壕水进入漓江的闸门,终至城壕水涸,失去防守的险要,才攻破静江府城。此处大阳江即阳江,小溶江本指甘棠江,此处指甘棠江流入漓江之处,在此开渠引水的朝宗渠。二者正是西南城壕的水源。"决东南埭",就是打开南壕的闸门,即前面所说的"东坝楮木"。

八十多年后,元至正二十八年,也即明洪武元年(公元1368年),以朱元璋为首的农民起义大军,推翻了元王朝,统一战争又一次在桂林城遇上敌手。明大军已迅速平定南方,朱亮祖自平乐北上,与主攻桂林的杨璟相会合,南北夹击,桂林已成了瓮中之鳖。然而元广西行省平章也尔吉尼,却依恃桂林城防之险,负隅顽抗。《明史·杨璟传》记述了当时的情况:

朱亮祖以兵来会,进攻静江不下,(杨)璟谓诸将曰:"彼所持者西壕水耳,决

其堤岸,破之必矣!"乃遣指挥丘广攻牖口关,杀守堤兵,尽决壕水。筑土堤五道傅于城,城中犹固守。急攻二月,克之。执平章额(也)尔吉尼。

明徐学聚《国朝典汇》(后亦称《明朝典汇》)也记载了攻城的情况:

(杨)璟与张彬合兵攻之(靖江),元平章也尔吉尼督众固守,璟遣指挥邱广攻夺其水隘。朱亮祖亦自平乐率众来会,攻益力。也尔吉尼势穷出战,指挥胡海击败之。[16]

在进攻桂林的战略上,明军与八十多年前的元军相同,都是先破坏城池水防,放干壕河,使桂林失去防守之险,然后攻城。这里提到的"堤岸""牖口关""水隘",都仍是南宋末胡颖他们所创修的控制水壕的"东坝楮木"工程。所以,城池壕水的建设工程,不仅是桂林城攻守的至要关键,也是研究桂林水利史、军事史的重要项目,甚至对桂林历史的发展,也起着重要的作用,有着深远的意义。

事移世迁,斗转星移,至明朝中叶(十五世纪中期)以后,由于长期的和平生活,昔日城防之险的壕水工程,逐渐忽视。尤其是西壕水源朝宗古渠的日久湮废,据明后期张鸣凤《桂胜》的记载,当时朝宗渠连遗址都难以寻找:"然今埋塞已尽,土人至以朦胧桥呼之。"[17]至于一代名胜西湖,也因朝宗渠的湮塞而失去水源补给,久而久之也渐辟为负郭良田。张鸣凤记载的西湖遗迹,已是"今悉为田,仅余一线,出注阳江"了[18],原来宽阔深广的西城壕水,由于朝宗渠湮塞而水源断绝,也渐淤浅缩小,在清代被截堵成西清、宝贤等池,也只是附近诸山的积水塘。宋元时代宽广的南城壕,在明代演变为阳塘(或称莲荡)等人工湖,就是今天榕湖、杉湖的前身。到中华人民共和国成立前后,西清、宝贤诸池,都成为小得可怜的水塘,榕湖、杉湖也常遭干涸,水量不能保证。

进入20世纪80年代后,随着改革开放政策的深入落实,带来城乡经济的空前繁荣。桂林市重新制订的宏伟科学的城市建设远景规划逐步付诸实施。为丰富人们的文化生活,适应蓬勃发展的旅游事业,有计划地逐步恢复一批旧有名胜古迹和开发新的景点。遂又循沿昔日朝宗渠故道,自大面墟引漓江水南下,用暗沟导入城西壕。经重新修浚,整治原来的西清、宝贤等池,因而有较丰富水源,成为今天的西清湖、宝贤湖、丽泽湖景区。并使水源继续南下，导入榕湖、杉湖，以保持常年丰富的湖水。1984年又重开西湖，虽未能恢复宋时旧貌，但使隐山园林中又有一个千山影落。轻舟荡漾、碧波明镜的湖面，为山色增辉。这些都是历史上千年水利工程旧迹的恢复，而又有新的时代生命，为今日社会主义建设服务。可以说，这是古为今用的良好典范。

（本文原刊于中国地理学会主编刊物《历史地理》第12辑，上海人民出版社1995年3月出版。本文于1990年冬即写就寄该刊，因刊期过长，后曾刊于《广西师范大学学报》1993年第3期。）

注　释：

①顾祖禹《读史方舆纪要》卷一〇七《桂林府》，中华书局重印商务印书馆《国学丛书》本。

②引自〔清〕汪森编《粤西文载》卷一九，清康熙梅雪堂原刻本。

③引自〔清〕谢启昆编《广西通志》卷九五《山川略》二，清同治补刻嘉庆本。

④引自〔清〕谢启昆编《广西通志》卷一〇九《山川略》一，清同治补刻嘉庆本。

⑤桂林中隐山石刻，今存，文见桂林市文管会编《桂林石刻》第1册。

⑥⑰据《四库全书》本。

⑦桂林伏波山还珠润石刻，今存。文又见桂林市文管会编《桂林石刻》第1册。

⑧张鸣凤《桂胜》卷四有皇泽潭的记载："皇泽，本漓小支，疑即王祖道相城之北，穿为长池，引潭灌注，用作癸水。"《四库全书》本。

⑨宋方信孺《修朝宗渠记》，明万历间出土，见张鸣凤《桂胜》卷四，碑刻今已不存，碑文亦见清汪森编《粤西文载》卷一九，清康熙刻本。

⑩顾祖禹《读史方舆纪要》卷一〇七，《桂林府·临桂县》。

⑪《四库》本《桂胜》引作《玄岩序》，今转引自《临桂县志》卷五，清光绪补刻嘉庆本。

⑫⑬《太平寰宇记》卷一六二《岭南道》，清嘉庆洪亮吉校刊本，光绪八年金陵书局刻本同。

⑭引自《临桂县志》卷一八。

⑮《静江府城池图》石刻今存，文字据桂林市地名委员会所绘缩图本。《桂林石刻》题作《修筑桂州城图》所录文字与本文有小异。

⑯引自〔清〕谢启昆编《广西通志》卷一八八《前事略十·元二》。

⑱《四库》本残缺甚多，未见，今转引自《临桂县志》卷一一《蒙溪》。

宋徽宗崇宁癸未奖谕敕书
——记桂林龙隐岩一件已毁的重要石刻

一

桂林龙隐岩原有《宋徽宗崇宁癸未奖谕敕书》石刻一件，今已不存，现据该石刻原拓片全文抄录如下：

敕程节，省广西经略司奏：安化三州一镇，蛮贼结集八千余人，于地名卸甲岭、吴村、蒙家寨等处作过。黄忱等部领兵丁等二千九百九十余人与贼斗敌，斩到五百四十八级，阵亡一十八人，贼兵大败，夺到孳畜器械三万余数。得功人乞推恩，候敕旨。事具悉。蛮蜒跳梁，为郡邑害。维予信臣，克奋威略，选用材武，提兵格斗，斩首捕虏，厥功著焉。除恶靖民，嘉乃之举，故兹奖谕，想宜知悉。春暄，卿比平安好，遣书指，不多及。□□二十五日。

崇宁二年五月二十七日，桂州龙隐岩释迦禅寺住持传法沙门赐紫仲堪上石

这是一件反映北宋后期，广西当局镇压安化州少数民族事件的碑刻。安化州，唐五代时称抚水州，宋真宗时改名安化，分上、中、下三州，故称安化三州。其地约当今环江毛南族自治县的大、小环江流域以及罗城仫佬族自治县的天河一带。宋属宜州管辖，向为少数民族聚居之地。该地少数民族常被封建统治者诬称为"抚水蛮"。自宋初至南宋，该地少数民族对封建统治的反抗、起义一直不断。崇宁初（公元1102年）少数民族首领蒙光有等聚众起事，广西经略使程节派黄忱会同宜州知州党光嗣的部队计三千人进剿。据敕书文，被杀的有五百四十八人，可见镇压是多么残酷。至于进兵的年月，《宋史·徽宗本纪》《宋史·蛮夷·抚水州》均作崇宁二年。但据黄忱在宜州留下的题名石刻，却是崇宁元年十一月，现将黄忱的石刻全文抄录如下：

抚水贼犯边,余自柳城接战蒙村,贼迎刃败北,即凯旋而还宜阳。且闻南山僧舍颇尽林泉之胜,遂邀太守文思副使党明远、经勾朝奉郎周君仪、通判承议郎钟少由、将作左藏副使陈天佑同游。飞觞奏乐,固多珍赏。时崇宁元年十一月望日

西上阁门使黄忱君锡题

  黄忱的题名石刻刻于今宜州市南城外南山双门洞左上方,高1.25米,宽1.15米。这是他在镇压得手之后,踌躇满志,在南山游山玩水、寻欢作乐所留下的亲笔题字,同游的有帮凶宜州知州党光嗣(字明远),便是很好的旁证。《宋史》把镇压日期记在崇宁二年二月是有很多问题的。我们可以从几个方面来说明。其一《敕书》没有署年月,只题"二十五日"。年份是崇宁二年没有问题,那么是哪个月的二十五日呢？文中有"春暄"二字,不会是正月二十五("暄"是暖和的意思),必定是二月或三月,这年的清明节是二月二十七日,所以《敕书》很有可能是二月二十五日写的。出兵是什么时候呢？总不可能在正月十五日以内吧！试想,蒙光有等结集八千余人起事,黄忱等纠集三千人的部队自桂林开至宜州环江流域作战,打完仗要回师桂林,然后总结评功,写成报告送上东京开封中书省候旨,最后由皇帝下敕书谕示,敕书就算是写在三月二十五日,也不过是短短的一两个月,这样短的时间里要做完这许多事是断然办不到的。其二,二月不是南方用兵季节。我们从大量广西地方志的"前事"来看,用兵一般都在秋季,即秋收后农闲之时,而不是二月春播春耕之时。且地处云贵高原边缘的环江流域,春季二月正是雨季,绵绵的春雨每每是伴随着料峭春寒(以上所说的月份均指旧历)。这对行军、作战是极为不利的。所以,对安化三州的用兵时间,应依黄忱亲自题写的题名碑为准,是崇宁元年十一月的中旬。那么,《宋史》为什么把这次战事记在崇宁二年二月呢？笔者认为,元年初冬战事结束后,这支杂凑起来的队伍,尚须一系列的整编、遣散、安置、评功、优恤的工作,然后由广西安抚使上报"乞推恩,候敕旨"。由广西送到东京已经是年关了,须得等待来年春日"开印"后才由中书省申报,最后由皇帝敕书奖谕,当是仲春二月了。所以朝廷的一些原始记录如《日历》《起居注》《大政记》等就把这件事记在崇宁二年的二月。南宋时根据这些资料编成《实录》,而《宋史》就是根据《实录》等材料编成的,这样看来事情就不难理解了。

二

公元 1100 年,赵佶继其兄哲宗赵煦即位,这就是宋徽宗。当时仅是十八岁的青年,少年气盛,血气方刚,原是想励精图治,干一番事业的。但他面临的却是一个腐朽的宋王朝,百孔千疮,危机四伏。这一点他已故的兄长哲宗也看到了,当支持旧党的高太后一死,哲宗亲政,次年即改元绍圣(公元 1094 年),表示要继承他父亲神宗之法。于是斥逐旧党,起用新党人员。徽宗即位,为了安定政局,团结各派力量,改元为建中靖国,只斥逐了反对立他的宰相章惇。公元 1102 年又改元为崇宁,表示要推行他父亲神宗的熙宁新法。由他开创的亲书手敕,便是革新的一例。所谓敕书,在宋初原是给六品以下官员的文书,由翰林院撰文下达。另有手诏、手敕,或称御书,是皇帝对宰相、枢密使、亲王等高级官员所奏的请示条呈的答复,经中书、门下两省共同议定,由翰林学士起草,然后颁下。宋徽宗始创有御笔手诏、手敕,一方面表示他亲自过问、处理军国大事,一方面也想要显露他的书法艺术,这是有宋历朝皇帝都办不到的。而桂帅广西经略使程节也非一般武职军官,其后他历任要职,位至宝文阁待制。因此当时年仅二十岁的徽宗才对他下亲笔敕书。

三

下面我们再来探讨这一件《敕书》的书法艺术问题。大家知道,宋徽宗书法有自己独有的特色,号为"瘦金体",是吸收前人特别是吸取了唐朝薛稷、薛曜的书艺而创造出特有的书艺风格,影响所及,流韵千古,至今不绝。传世的宋徽宗书法真迹,碑刻很多,但无法确指哪一些是他早年时期的作品,大致多是他中老年时期书艺成熟老练的作品。他青年时期书风是怎样的呢?宋蔡绦的《铁围山丛谈》卷一中透露一些有关的信息:

国朝诸王弟多嗜富贵,独祐陵(宋徽宗的陵号为永祐陵,故亦称徽宗为祐陵)在藩时玩好不凡,所嗜者唯笔册、丹青、图史、射御而已。当绍圣、元符间,年始十六七,于是盛名圣誉布在人间,识者已疑其当辟(皇位)矣。初与王晋卿诜、宗室大年令穰往来。二人皆作文词,而大年又善黄庭坚,故祐陵作庭坚书体。后自成一法也。时亦就端邸(徽宗即位前被封为端王)内知客吴元瑜弄丹青。元瑜者,画学崔白,书学薛稷。后人不知,往往谓祐陵画本崔白,书学薛稷,凡斯,失其渊派矣。

奖谕程节敕书

北宋崇宁二年(公元1103年)五月二十七日刻。原石刻在广西桂林龙隐岩。拓片通高96厘米,宽80厘米。行书,额正书。(据《北京图书馆馆藏历代拓片汇编》)

蔡绦是徽宗最宠爱的权臣蔡京之子,常随父出入宫禁。蔡京晚年老眼昏花,决事、奏章常出绦手,对宋徽宗的书画创作、理论与实践,必然是亲见、亲闻,其所记宋徽宗书画的渊源所自,当最为可信。据此推测,徽宗书法是学黄庭坚在前,唐朝薛氏在后,他早年的书法必然带有黄庭坚的风格。传世有一件《蔡行敕》也是宋皇帝所书的御笔敕书,原是明收藏家项元汴天籁阁的旧物,后入清内府,现藏辽宁省博物馆。虽是一件流传有绪的著名法书,但作者为谁,说法不一,后经鉴定家们反复论证,认为是宋徽宗所书。该敕书笔法疏细,而风致清爽,与《崇宁奖谕敕书》的风格十分相似。若二者相比较,《蔡行敕》的书法风格更接近于瘦金,而《崇宁奖谕敕书》的书法更带有黄庭坚的书风。故《崇宁奖谕敕书》是传世稀见的宋徽宗早年书法作品。

宋徽宗敕蔡行手迹（局部）

《敕书》从文词、语法、文体、口气上来看，不像是词臣所作，又从书法艺术和风格上来推断，很可能是宋徽宗的亲笔御书，所以程节会郑重其事地于这年的五月把它刻在龙隐岩的释迦禅寺内。

《崇宁癸未奖谕敕书》原是桂林石刻中的名刻，曾收录于明张鸣凤《桂故》卷四、清谢启昆主编的《广西通志·金石略》及单刻本《粤西金石略》等书中，这里就不一一列举。光绪三十一年（公元1905年）重修的《临桂县志·金石》仍有著录。可见在二十世纪初《崇宁癸未奖谕敕书》的石刻还存在。在什么时候，由于什么原因而被毁的呢？现在一时也难于稽考。所万幸的是该敕书的石刻旧拓片却保留下来了，现藏于国家图书馆（原北京图书馆）。

（本文刊于桂林市文化局、桂林市文物管理委员会主办的《桂林文博》1999年第1期。）

桂林定粤寺大钟铭文考释

一

桂林定粤寺大钟铸造于清康熙八年（公元 1669 年）。据铭文载，重 5048 斤（当时衡制，即漕秤，每斤合 596.82 克）[①]。虽历尽沧桑，几经兵火，却仍完好无损。今与定粤寺大锅，一起移到伏波山前，左右并立。钟，本是佛寺常见的法器，所谓"暮鼓晨钟"。但这一口钟却非寻常宗教迷信的器物，而具有重要的政治意义，可以说，它是三百年前广西的一场统一与分裂之争的历史见证。

二

定粤寺已毁于抗日战争之时，位于叠彩山前右方，原名为普明庵，原是靖江王专用佛寺。后为孔有德改名扩建。孔有德是个有名的杀人魔王，明亡以前且不说，从公元 1644 年他随清兵入关后，不但在潼关镇压李自成农民起义，大量屠杀农民军，而且骇人听闻的"扬州十日""江阴屠城"，都有他的份。顺治七年（公元 1650 年），他攻下桂林之后，又一手制造了桂林大屠杀。单自靖江王及文武百官就杀死四百七十三员，其他吏目兵丁、男女百姓，那就更不计其数了[②]。这就是钟铭所夸耀的"先藩主提一旅之师，悉平楚粤"。但是，这个杀人不眨眼的刽子手，在攻下桂林的第二年，就扩建了定粤禅寺。《临桂县志·胜迹》："定粤寺在府城东北。顺治八年定南王孔有德建。"[③]记载与钟铭吻合。试想，一面肆无忌惮地杀人，一面又口念"阿弥陀佛"，信起不杀生的佛教来，岂非咄咄怪事！列宁说："所有一切压迫阶级，为了维持自己的统治，都需要有两种社会职能：一种是刽子手的职能，一种是牧师的职能。"[④]所以刽子手每每兼做牧师，孔有德也就一手拿刀，一手捧着佛经。他还厚着脸皮，自称为"孔圣之后"，满口仁义道德，劝说瞿式耜、张同敞二人投降，那就更不足为怪了。

但是佛菩萨并不能保祐他平安无事,当时受南明桂王领导的农民军安西王李定国,驰骋湘桂之间,打得孔有德应接不暇,疲于奔命。顺治九年(公元 1652 年)七月,李定国由间道突击,大败孔有德军于严关。七月初四日,在孔军主力分散,守城士兵不肯卖命的情况下,攻破了桂林。孔有德这个双手沾满人民鲜血的刽子手,竟发愿要把自己唯一的儿子出家当小和尚,真是既不肯放下屠刀,却又想成佛,他烧毁了经营二百多年的豪华的靖江王府,自杀身死。

孔有德虽死,定南王旗的武装力量并未消灭,他的部将线国安、李如春等不久又收复桂林,控制了广西。同其他藩王一样(吴三桂、尚可喜、耿继茂),握有重兵,盘踞一方。藩王强兵割据,必然与清中央政权发生矛盾。只是由于农民军的势力和明的残余势力还存在,他们还是清政府的依靠力量,矛盾还不致激化。一旦农民军和明的残余势力得到解决,这种割据局面就不允许存在了。顺治十六年(公元 1659 年),清兵攻下昆明后,清政府就考虑下一步棋,因定藩在四王之中毕竟势力较小,清廷想从定藩先下手。《东华录》顺治朝三三,顺治十六年十二月壬子:"谕兵部:靖南王耿继茂,久镇东粤,劳绩素著,今又自请移镇,效力疆场,忠志可嘉,著移驻广西;广西提督线国安,著带领所统兵士,来京另用。"⑤很明显,清廷是想借靖藩调防之际,把定藩调离广西,从而撤销。但要调走在广西统治了十年的定藩,不是一件轻而易举的事。《清史列传》八〇《线国安传》:"(顺治)十七年二月,命(线国安)为广东都统。四月,谕兵部:广西岩疆,当厚集兵力镇守。都统线国安免赴广东,统领定藩下官兵,驻广西。应行事宜,速议具奏。寻议,线国安应以都统、太子太保、三等伯,镇守广西,加征蛮将军,总督定藩下官兵。再拨与绿旗兵三千,驻桂林。得旨,线国安授广西等处镇守征蛮将军。"⑥这说明清廷事与愿违,遇到很大的阻力,只得承认了定藩统治广西的现实。耿继茂不可能调进广西,而被调到福建。从此,定藩的地位确立下来了,同平西王(吴三桂)、平南王(尚可喜)、靖南王(耿继茂)成为盘踞东南、西南的"四大家族",他们"一荣俱荣,一损俱损",结成了与中央抗衡的政治联盟。而清廷一时鞭长莫及,只能采取拉拢和团结的态度,如联婚就是常用的手段。当时,吴三桂、耿继茂、尚可喜他们的儿子都是"联翩尚主,恩宠无比"。但孔有德的儿子幼小,后又为李定国俘杀,这个任务就落到了钟铭里名列第一的他女儿孔四贞身上了。

关于孔四贞,公私的记载颇多,互有异同,也有作为诗文题材的,桂林也有不

少关于她的传说,可见她是一个风云一时的人物。清叶梦珠《续编绥寇纪略》卷三:

有德料乘城将士仅八千人,气衰不振。七月四日城陷,有德自经死,家属一百二十余人皆遇害。有女曰思贞,单骑突围出,奔京师。上疏言其父死难及续顺公沈守忠顿兵不救状。世祖怜之,将册立为妃,知先许字孙延龄,乃止。⑦

清人所著《四王合传》却说:

世祖与太皇太后,悯有德没于王事,其子廷训已见杀,止遗一女,令送入宫,为太后养女,名孔四贞。⑧

这些历史著作的记载,虽有出入,我们可以透过这些迷人的现象,观其本质。顺治和太后之所以爱怜孔四贞,决不是她失去父母或长得漂亮,而是看到,在她的后面有一支不小的定藩军队,在左右着广西的局势,故无论是想立她为妃也好,做养女也好,都不过是想通过她来维系定藩的力量,达到控制广西的目的。

康熙五年(公元1666年),国内已经基本安定,形势十分有利于统一事业的推进。清廷于五月任命孔四贞的丈夫孙延龄为广西将军,八月,又同意给孔四贞仪卫执事,同往广西驻防⑨,这是对他们作了很大的让步。钟铭说:"昨自丁未(康熙六年,公元1667年)秋,荷郡主、将军奉命南镇,缵先王之余绪,扩而盛其事也,则金碧重辉,焕然大展法门。"这是说,孔四贞、孙延龄到桂林后,又重修、扩建了定粤寺,继续完成孔有德未竟之业。为了扩大影响,更铸造了这口大钟。这一方面具有迷信的色彩,钟的顶层铸有《多心经》全称《般若波罗蜜多心经》或称《心经》一卷,这有超度孔有德之意。但其主要目的在宣扬孔有德封藩建旗之功,一手创建定藩的大业;说明他们是合法继承者,旁人无权插手。钟铭说得十分清楚:"昔先王,威武扬,纪盛绩,开佛场。祝国祚,寿无疆。今藩嗣,奕芬芳,壮其模,华其堂……天地久,日月长。"值得注意的是,这里一个字也没有提及清朝廷、皇帝,其狼子野心是非常明显的。他们既是合法的继承者,而且要使定藩这个独立王国永远存在下去,天长日永,传之无穷!

三

钟铭之"本旗功德主金名",是一本当时定藩军事头目的花名册,是关于定藩军事组织情况的绝好材料。现将名单中的一些人物,结合当时广西复杂的斗争情况以及定藩兴废等的有关史实,作进一步的说明。

孙延龄,这个花花公子,素无才望,只是由于孔四贞的关系,才平步青云,一跃而为广西将军。他又无自知之明,野心勃勃,专横跋扈,为所欲为。清廷对他统治定藩也并不放心,是有所警惕的。首先把久任定藩统帅而又深得军心的线国安调开,以年老为借口令其退休。另设都统,安插亲信。清代的驻防将军与都统,级别相当,一般是不同时并设在一地,将军之下一般是设副都统。而广西将军之下设都统,朝廷的用心可知。在人选上也不由孙延龄作主,《四王合传》有这样一段记载:

戴良臣者,原系四贞包衣佐领,颇有才知,希大用。力荐其亲王永年为都统,而己与严朝纲副之。延龄初不许,乃营求于内,四贞强之而后可。虽为之请命于朝,而心甚忌之。良臣因构难其间,谓延龄独信任蛮子(指汉人),而薄待旧人。由是夫妇益不合。良臣佐格格(指孔四贞),每事与延龄相左。所用之人,必逐而后已。延龄竟为木偶,不能复出一令。四贞初任良臣,以为尊己,故唯言是听,及其得志,并格格而蔑之。权且归于下,事无大小,皆擅自题请。广西一军,惟知有都统,不知有将军,并不知有格格。⑩

从上面的材料看来,表面上好像是格格、将军、都统之间开展着钩心斗角的权力之争,实质上是反映着清中央与藩主之间的矛盾和斗争。王永年等正是清廷安置在孙延龄身边的亲信,仗着自己有后台,进行暗中夺权,康熙十二年(公元1673年),中央与藩主的矛盾已经十分尖锐,康熙帝已下决心撤藩。王永年配合撤藩也上告孙延龄的种种不法。清廷借言官之口说出了对定藩的态度。《东华录》康熙朝十二·康熙十二年(公元1673年)七月甲戌:

御史鞠廷奏:孙延龄原系定南王藩下标员,年令素轻,位权未重,只因配定南王女,所以命之掌管王旗。但孙延龄终属外姓,论名分,则无承勋爵之理;论军心,多未有肯帖服之情。……且孙延龄驻扎广西以来，或锁辱职官，或擅题标弁，以致屡挂弹章，显被讦告。况粤西苗瑶杂处，边隅岩险。乞敕部确议，将王女与孙延龄撤回京师，其定藩旧标官兵，或归并黄旗，或分隶八旗，仍令驻防该省，另差将军统辖。

可见定藩亦要被撤，只是时间问题了。但当时吴三桂正在积聚力量，而表面上却"上表请撤"，以试探清廷的撤藩决心，清廷马上表示同意撤，并对吴三桂平西王藩作出安置办法。一场决斗已不可避免。为了全力对付吴三桂，康熙决定暂时不动孙延龄。《清史列传》卷八十《孙延龄传》：

部下都统王永年，副都统孟一茂，参领胡同春、李一第等列延龄赃款及纵属殃民，城门昼闭，乡民不敢入城，移牒总督金光祖。光祖以闻上，上遣侍郎勒德洪赴粤审理。……既而勒德洪、鞫讯（《东华录》作鞫询）、永年所劾属实，请治延龄罪。得旨宽免。

这是康熙出于策略的需要。至十二月，吴三桂反，清廷又作巨大让步，授孙延龄抚蛮将军，又重新起用线国安为广西驻防都统，以稳住定藩，防止广西变乱。但孙延龄这个野心家，终因要保持对定藩的永久统治地位而孤注一掷，决心跟吴三桂走，第二年（康熙十三年，公元1674年）二月，他杀害了王永年、孟一茂、胡同春、李一第、严朝纲等十三人，扣留了巡抚马雄镇，封锁关隘，反清，走上公开分裂的道路。

分裂违背历史潮流，不得人心。三藩之乱虽嚣张一时，孙延龄也暂时能苟延喘息。吴三桂曾屡次要征调定藩军队北上作战，孙均答以"部众不从"。当然这一方面是他推托之辞，一方面也说明他的部众不愿为分裂而战。后来，广东平藩尚之信向清投降，战场也移到梧州、玉林一带，孙延龄受到了威胁，又酝酿向清廷投诚。看起来这虽是孙个人的出尔反尔，从另一方面，也反映了广大部众和广西的各族人民不愿为孙的分裂活动而继续卖命，说明了统一是人心所向。但阴险毒辣的吴三桂却不让他有游移动摇的余地，于康熙十五年（公元1676年）用阴谋诡计杀死孙延龄于桂林，并把孔四贞拘于云南，企图利用她继续控制定藩。康熙十八年（公元1679年）原孙延龄部将刘彦明（即钟铭里的将军标中营中军）及线国安之子线成仁等，率部众和百官，在桂林起义，广西战局基本解决[⑪]。康熙二十一年(公元1682年),三藩之乱平定后,正式撤销了定南王藩属,其部队属汉军八旗,由督捕理事官麻勒吉率之赴京师[12]。孔有德开创的这支定南王旗部队,至此告终,广西武装力量直接受两广总督和广西巡抚的节制,结束了拥兵割据的局面。

四

钟铭里的一些清代兵制和职官的名称,一时不易理解,现作一简释。

藩王: 清初异姓功臣的最高封爵,他们掌有大量兵员,控制一省或数省的行政、财政大权,俨然是独立王国,而且又是世袭。藩的意思是屏藩王室,即保卫以皇帝为首的封建国家,这主要是指掌有军队,又是世袭,故其部下每称之藩主,其性质略同于唐末的藩镇。三藩之乱平定以后,这种藩王就不存在了。

将军: 清朝的军队,分八旗和绿营两种,二者从中央到地方的部队,都各有其独立的组织系统。八旗兵创自清太祖努尔哈赤,最初是生产与军事相结合的组织。编300人为1牛录,置额真,汉语名佐领。5牛录置札兰额真,汉语名参领。5札兰置固山额真,汉语名都统,是为1旗。都统就是旗长,是军事长官,又是旗民的行政长官。后来除满洲八旗之外又增置蒙古、汉军八旗。钟铭所列定藩名单上有佐领20员,由此可推知定南王旗八旗兵的正常兵额约为6000左右。这里的将军,是指驻防将军,是驻扎在地方的八旗兵的最高长官。当时的级别略高于都统,但一般将军与都统不并设在一处,广西将军下设都统,这是对孙延龄有分权、监督之意。

和硕格格: 格格是清代皇族女儿的称号。亲王之女封郡主,称和硕格格。孔四贞在顺治十二年(公元1655年)"食俸视和硕格格"。[13]约于顺治十七年(公元1660年)正式封和硕格格,掌定南王事。

定南王旗伯: 线国安于顺治十一年(公元1654年)封三等伯,后为广西提督,于康熙五年(公元1666年)退休,此时无正式职名,只是称其封爵为伯。

京奇尼哈番: 通作精奇尼哈番,满语,清初武官爵位名。顺治四年(公元1617年),改昂邦章京为精奇尼哈番,分两等,汉语称为銮仪卫都指挥使(正一品)及銮仪卫都指挥同知(从一品)。

阿思哈哈番: 通作阿思哈尼哈番,清初武官爵位名。由梅勒章京(此不同于职位名副都统)改称,分三等,汉语称外卫都指挥副使(正二品)、外卫都指挥同知、都指挥副同知(俱从二品)。

阿达哈哈番:清初武官爵位名,由扎兰章京(此不同于职位名参领)改称,分三等,汉语称外卫指挥副使(正三品)、外卫指挥同知、外卫副同知(俱从三品)。

拜他喇布喇哈番:通作拜他喇布勒哈番,清初武官爵位名。由牛录章京(此不同于职位名佐领)改称,汉语称外卫指挥副金事(从四品)。

拖沙喇哈番:清初武官爵位的开始级,旧亦称半个前程,汉语称外卫所千总(正五品)。由于这是爵位的起码级、基本级,它可以加入以上各级,提高爵位级别,如拜他喇布勒哈番,加一拖沙喇哈番,汉语称为外卫指挥金事(正四品);阿达哈哈番,加一拖沙喇哈番,称外卫指挥使(正三品),余类推。

阿里哈超:通作阿礼哈超哈,满语,初为随营马兵之意,为骁骑营之始。这里亦作职衔名。

分得拨什库:汉语称骁骑校,八旗兵佐领下的军官,正六品。

虾:满语禁卫之意。汉语皇室的禁卫称侍卫,如御前侍卫等。亲王、郡王等府的禁卫,汉语称护卫,分三等。

将军标:清朝军队,除八旗兵之外,还有绿营兵,其士兵由汉族充当,其组织形式基本上承袭明代兵制。部队的编制单位分镇、协、营、汛四级。在地方的绿营兵,由总督、巡抚、提督领导,凡受他们直接统辖的军队,分别叫做督标、抚标、提标。由驻防将军统辖的绿营兵,称将军标。

游击:清代绿营兵军官名称,从三品。

中军:或称中军官,绿营兵标、营等军事单位的统领官。如钟铭里将军标名单中的刘彦明,其官职是标中营的中军,其军衔是游击。

都司:清代绿营兵军官名,低于游击,当时为正四品。

守备:清绿营兵军官名,低于都司,当时也是正四品。又守备掌营务粮饷,充游击的中军官。钟铭里将军标名单中的陆观象,其职务是中营中军守备,其军衔是都司金书。

千总:清代绿营兵军官名称,位在守备之下,当时是正六品。

把总:清代绿营兵军官名称,在千总之下,为正七品。千总、把总,是绿营兵军事单位"汛"的长官。

僧纲司:是清代地方行政"府"一级管理佛教的机构。

五

钟铭用"皇图巩固""帝道遐昌"等句作为每栏铭文的引首,更是加强了政治气息,说明了定藩和佛教的关系。而此钟在广东佛山铸造,又说明了定藩和平南王藩的关系。铸钟的时候,康熙八年(公元1669年)冬,不仅清廷与地方藩王、统一与分裂势力之间的矛盾已处于十分尖锐的地步。即就定藩本身而言,其内部同样存在两种势力,派系之间,同床异梦,不过当时还是在定南王的大旗下搞暂时的联盟。一旦矛盾发展到不可调和,只有用战争的形式来解决之时,一切阶级、政治集团,都要在这一场惊心动魄的大搏斗中受到考验。三藩之乱的结果,分裂势力终因逆历史潮流而消失,定藩本身也进了博物馆。而这件载有当时定藩"大联合"名单的定粤寺大钟,却作为历史的见证而留下来了,这是一件非常可贵的历史文物。

(原载《广西师范学院学报》1978年第4期)

注 释:

①吴承洛《中国度量衡史》,上海书店1984年版,第60页。
②《碑传集》卷六《孔有德传》,第5页。
③《临桂县志》卷二十七:胜迹三寺观,1962年石印光绪刻本。
④列宁《第二国际的破产》,《列宁选集》第二卷,第638页。
⑤《东华录》第8册第7页,光绪丁亥广百宋斋石印本。
⑥《清史列传》第80册,第33页,中华书局排印本。
⑦该书收入《申报馆丛书》余集。
⑧⑩《四王合传》收入《荆驼逸史》第十六册,锦章书局清末石印本。这里说的副都统严朝纲,据钟铭载,副都统是孟一茂。
⑨《东华录》康熙六,第9册,第4页。
⑪《平定三逆方略》四十三,商务《四库全书珍本丛书》。
⑫《清史列传》卷十,《麻勒吉传》。
⑬《东华录》顺治十二年四月。
⑭以上职官名称的解释,主要依据《清史稿》《清通考》及梁章钜《称谓录》等材料写成。

附：桂林定粤寺大钟铭文全文

（文中"⏌"符号系每行铭文之末，标点为方便读者而加）

皇 图 巩 固

广西会城定粤禅寺新造大钟铭
本寺创立，始自⏌
先藩主定南武壮王，提一旅之师，悉平楚粤。遂尔建刹以纪事。⏌
名曰定粤禅林。方将殿宇落成而先王又晏驾矣。迄今⏌
十数年来，风雨摧残，能无凋朽之叹！昨自丁未秋，荷⏌
郡主、⏌
将军，奉⏌
命南镇，缵先王之余绩，扩而盛其事也。则金碧重辉，焕然大⏌
展法门。但殿阁虽周而钟鼓未备，亦不足以壮禅林之大观⏌
也。是以僧等不惜口业，遍募阖旗宰官、居士暨⏌
当道有力大人。共捐锱铢，铸造洪钟一口，数重五千四十八觔，⏌
口广五尺，身高七尺五寸。然器物虽微，而声韵及远，可以⏌
利幽爽之群迷而为法界最胜之功德也。谨将⏌
芳名题左，永示万古之不朽云。铭曰：⏌
昔先王，威武扬。纪盛绩，开佛场。祝国祚，⏌
寿无疆。今藩嗣，奕芬芳。壮其模，华其堂。⏌
造以器，扣之彰，彻宵汉，吼冥阳。利之溥，⏌
福且康。檀护显，缁俗昌。天地久，日月长。⏌
铭斯器，永无量。⏌
平南王尚可喜⏌
平藩都统尚之孝⏌
平藩副都统聂应举⏌

平藩下阿里哈超参领周朝英,信官周得龙、周得用」

平藩下佐领温守福、张逢吉、温时茂」

平藩下信官秦调元」

帝 道 遐 昌

本旗功德主金名：

和硕格格孔四贞」

掌管定南王旗镇守广西等处将军孙延龄」

定南王旗伯线国安」

广西驻防都统王永年」

管辖定南王下官兵副都统孟一茂」

管辖定南王下官兵副都统戴良臣」

定南王旗京奇尼哈番全成忠」

定南王旗阿思哈哈番管参领事何廷俊」

定南王旗总理堂务事阿思哈哈番胡同春」

定南王旗阿思哈哈番李一第、徐鸿振、曾宗尧、孙延昌、袁道禄」

定南王旗阿达哈哈番管参领事洪恩广」

定南王旗管粮饷事阿达哈哈番张明德、程九思」

定南王旗阿达哈哈番兴彦明、孙延基、冯攀龙、李茂先、陶宗孟」

定南王旗拜他喇布喇哈番管参领事徐文登」

定南王旗拜他喇布喇哈番张于庭」

定南王旗佐领丁永耀、范思正、黄维锻、齐光祖、金如翠、」

王嘉相、胡光先、徐上达、张时益、刘文龙、」

郭成贤、丁应元、瞿天俊、李什汉、张怀玉、」

霍文照、杜呈秀、张有才、金玉」

定南王旗佐领加一级严朝纲」

定南王旗拖沙喇哈番孟成忠、李广」
定南王旗分得拨什库周兴国、黄龙、徐尚官、吴怀玉、胡永安、」
王国臣、李必信、范思爱、王有寿、姚永祥、廖虎、」
杨有良、何万德、李成名、韩有功、曾得道、李禄」

佛 日 增 辉

定南王旗一等虾緮成德、万象新、郭世熙、曹三才、梁显明」
定南王旗信官施茂魁、穆成祯、赵邦、袁道垂、刘芳远、」
卢国祥、李应科、石仲琏、王化行、吴守义、」
陈胤昌、苑公乾、时际昌、张自达、王廷佐、」
顾养圣、沈学礼」
镇守广西将军标中营游击管中军事刘彦明」
镇守广西将军标左管游击陈全」
镇守广西将军标中营都司签书管中军守备事陆观象」
镇守广西将军标左营都司签书管中军守备事常胜」
镇守广西将军标右营中军守备武斌」
镇守广西将军标中左右三营千总李有功、张维贤、孙尧相、」
崔天节、薛启凤、郭义」
镇守广西将军标中左右三营把总滕云龙、林文善、张应洪、」
苏华、罗尚文、沈文龙、」
蒋荣」
广东佛山信士陈学儒、麦万源、许国安、陈元利、陈复兴、」
杜万兴、霍武真、麦裕昌、陈尚泰、麦应龙、」
梁曼耀」
定南王旗僧纲司金信理、戎海澄」

法 轮 常 转

定南王旗善信：王国守、戴天成、朱延履、李养成、沈天德、郝应祯、
汤友功、王聘、邓梦龙、苑汝魁、刘光禄、吕世忠、武进忠、
李少元、宛天锡、吕克孝、三应虎、何显贵、胡光彩、李成兰、
白汉功、张汝诚、史自安、周承祖、陈玉庭、李联芳、苏英武、
曾国英、张鸣凤、杨布德、柴倍、王化醇、黄中理、石仲珊、
李国龙、邬国祥、徐进忠、潘成章、鲁瀚、辛志伊、辛荣贵」

定南王旗信女：李门朱氏、妙贤、妙成、弘吉、妙药、妙相、月云、八妙、
袁门孟氏、萧门刘氏、朱门赵氏、韩氏、张门苏氏、辛门张氏」

定南王旗定粤禅寺住持比丘信辩」

本寺耆旧比丘：性宦、信慧、信安、信广、启机」

本寺僧众：玄定、玄洁、海印、玄正、玄有、玄富、玄乐、玄昭、
海潮、玄旨、玄元、玄位、玄微、玄意、玄胜、玄福、」
玄震、玄任、玄江、玄灿、玄泰、玄镜、元修、师柔、师刚、师因、一明、一乘、
妙智、妙学、妙喜、妙旺、」
妙长、师行、妙能、妙慧、妙兴、妙转、妙花、妙宝、」
妙明、妙轮、妙果、妙祥、妙莲、妙法、妙因、妙来、」
妙光、妙珍、常德、善明、普兴、扩缘、崇善、崇喜、」
崇本、崇可、崇戒」

皇清康熙八年己酉太岁孟冬月吉旦

李祖成　铸

广东佛山 弟子 黄信心

何起寰　造
庞明伟

（本文原刊于《广西师范学院学报》1978年第4期。后收入魏华龄、张益桂主编的《桂林历史文化研究文集》第1辑,漓江出版社1995年12月出版。本文写作于1977年,当时"文革"虽已结束,期流毒尚未肃清,本文写作难免受到影响。且动乱十年,学术几乎空白,不仅在思想限于混乱,连资料也十分匮乏。不仅《清实录》等大型书籍见不到,即如《东华录》《清史列传》等书也难以寻觅。故本文只能说是筚路蓝缕初始的粗糙制作,不料事隔四十年之后,竟有人摘取该文片言只语,断章取义大做文章,进行批判。可见本文虽说幼稚而数十年后仍具生命力,故仍选入本集。）

定粤寺大钟与孔四贞

桂林伏波山还珠洞前,碧色琉璃瓦亭子覆盖着三吨重的大钟,这就是清初孔四贞铸造的定粤寺大钟。

说起孔四贞就必然会联系到她的父亲孔有德,这个在山东、辽东惹事生非、反复无常的汉族兵弁,因无法立足而投降了清。入关后成为疯狂屠杀同胞的凶恶鹰犬,被封为定南王。于公元1650年(清顺治七年)11月攻陷桂林,又一次制造了桂林大屠杀。杀害了以瞿式耜、张同敞为首的明朝官员,有品级姓名的计四百七十三员,其他胥吏、下级军官、士兵、男女百姓更是不计其数。当时,南方的局势并不稳定,农民军、南明的联合力量还很活跃。公元1652年7月,由李定国率领的一支农民军部队,从湖南武冈,抄小路突袭桂林,孔有德措手不及,在主力军在外、救兵又不至的情况下,这孔有德焚烧王府,阖家自杀。当时十几岁的孔四贞正在校场练武,为部下救护,送至北京哭诉。进入宫中后,与之年龄相仿的顺治帝对她又怜又爱,很想纳为妃子,后因顺治另有所爱而作罢。太后很喜欢她,收为养女。康熙六年(公元1667年)局势又有变化,南明和农民军势力已被消灭,南方"四大天王"——福建的靖南王耿精忠、广东的平南王尚可喜、广西的定南王部、云南的平西王吴三桂,这些靠镇压农民军和南明军起家的势力与清廷之间的矛盾上升了。为了安定广西,分化各王,清廷先从广西下手,委派孔四贞以和硕格格(郡主,郡王的女儿)定藩唯一继承人的身份,入主定南王旗,她的丈夫孙延龄被任命为广西将军,节制定藩旗兵。孔四贞在这年的秋天来到桂林。一方面大修定粤寺——她父亲专用的佛寺,并于康熙八年铸造了这口大钟,意在宣扬她父亲封王建旗的功业,并有纪念超度之意。孔四贞作为清廷的代表做了许多工作,团结各方面的势力,为安定广西的局面、维护祖国的统一而努力。她丈夫孙延龄原是孔有德部将孙龙之子,随孔有德降清,封二等男。孙延龄既无威望,又无才能,只是由于孔四贞的关系才平步青云,他专横跋扈,野心很大,在旗内安插亲信,培植自己势力,引起定藩旧部、清廷耳目,甚至孔四贞的不满。内斗激烈,影响到整个广西的局势。清廷为顾全大局而一再忍让,但孙延龄终无悔改而变本加厉。康熙十二年(公元1673年),吴三桂反,三藩之乱起。孙延龄迫不及待地响应反清,杀掉定藩旗内代表中央势力的都统王永年等十三名高级将领,囚禁了广西巡抚马雄镇。在清廷的镇压打击下,南方八省的吴三桂反清军节节败退。随着广东尚之信的降清,孙延龄也欲中止反清。可是狡猾的吴三桂不给他犹豫的余地,派他的孙子吴世琮以卑劣的手段在桂林诱杀了孙延龄,并将孔四贞劫持到云南。

  康熙二十年(公元1681年),这场规模不小、历时八年的三藩之乱被平息了,定藩旗兵也同其他藩王的旗兵一样没有了。孔四贞回到北京,在她父亲的专祠里奉佛以终。定粤寺大钟,是她留在桂林的唯一遗迹,可贵的是,钟的铭文不但记录了她在桂林的事迹,而且开列了定藩旗兵的全体将官名单,反映着旗内的各派势力,在孔四贞格格的名义下团结起来,虽然这是一种暂时的联合,却反映着定南王旗的兴盛时期拥有兵员情况。前几年,琼瑶在北京,询问地名公主坟的来历,得知孔四贞的故事,就写了《还珠格格》的电视剧,受到国内外的欢迎。其中主人公还珠格格,就是以孔四贞作原型。我们且不去管她塑造的人物与原型之间的差距有多大,她给格格取名为"还珠",恐与还珠洞前的大钟不无关系。

(原载《桂林日报》2000年8月7日第4版副刊)

原定粤寺大钟(骆绍刚摄)

第四辑

论著序跋集粹

《崔颢诗注》前言

崔颢（公元704—754年）①，汴州（今河南开封市）人。生长在经济繁荣、文化昌盛的开元、天宝时代。他的诗名很大，但事迹流传甚少。《旧唐书·文苑传》说："开元、天宝间，文士知名者，汴州崔颢，京兆王昌龄、高适，襄阳孟浩然，皆名位不振。"正是由于"名位不振"，在新、旧《唐书》里，他的传记非常简略，连文学上的成就也未提及，相反，倒提到他生活上的许多缺点。其他文献，也只有一些零星记载。他大概在开元十年左右登进士第。②当时他曾进谒著名学者李邕。因为唐朝科举考试，考场应试固然重要，却还得有场外的活动。外地举子入京应试，得先走当权者或名流的门路，献上礼物和平时的作品（当时叫做"行卷"），经这些人的推荐、造成"文誉"才有登第希望。但年青的崔颢毕竟缺乏处世的经验，以为李邕会赏识他这个年少风流的才子，献诗的第一首就是"十五嫁王昌"。不料方板的李邕勃然大怒，骂了一句"小儿无礼"，就给他一个"闭门羹"。在登进士后到天宝初的二十年中（公元723—744年），他多在外地漫游，估计他是任外官或当外任官的幕僚。足迹遍于大江南北，自淮楚而武昌，而河东，最后到了东北。后来回京任太仆寺丞，最后做到司勋员外郎。死在天宝十三载（公元754年）。

崔颢的名声很大，前面所引《旧唐书》，提到他和王昌龄、高适、孟浩然齐名。唐人芮挺章编诗选《国秀集》，就收了他的《古游侠》、《赠轻车》（在东北）、《定襄狱》（在山西）、《八咏楼》（在浙江金华）、《黄鹤楼》（在武昌）等诗。中唐的文学家还把他和大诗人王维并称。如"沈（佺期）、宋（之问）既没，而崔司勋颢、王右丞维复崛起于开元、天宝之间。"（唐独孤及《毗陵集·唐故左补阙安定皇甫公集序》）而大诗人李白对崔颢尤为佩服，李白在武昌见到崔颢题黄鹤楼诗而发出"眼前有景道不得，崔颢题诗在上头"的感叹，因此搁笔而去，所谓"崔颢在上，李白不敢题诗"的传说便是明证。

崔颢的诗歌，按其内容大致可分为三类。一类是描写妇女的诗，共有十五首。这大概就是他"才俊无行""名陷轻薄"的罪证吧。其实崔颢的妇女诗有着深刻的社会意义。一方面他写贵族妇女们虽然有丰厚的物质享受,居于深宫甲第,锦衣玉食,但她们不过是帝王、豪贵的玩物,是驯养的笼中鸟,因此在精神上十分空虚。"妆罢含情坐"(《杂诗》)、"度日不成妆"(《古意》)、"还将歌舞态,只拟奉君王"(《岐王席观妓》)。当贵族老爷们耍够了、玩腻了,"但见新人笑,那闻旧人哭"?这些娇生惯养、"十三兄弟教诗书,十五青楼学歌舞"的"掌上明珠",到头来"泣尽无人问,容华落镜中"(《长门怨》)、"班姬此日愁无限,河汉三更看斗牛"(《七夕》)、"愁来欲奏相思曲,抱得秦筝不忍弹"(《代闺人答轻薄少年》),陷入可悲的境地。杨玉环本是唐玄宗的儿媳妇,一日为玄宗所纳,便贵倾后宫,"女弟新承宠,诸兄近拜侯"(《相逢行》)。她的从兄杨国忠不久任宰相,身兼四十余职,窃柄弄权,骄奢淫逸。在大多数人敢怒而不敢言的时候,崔颢写出了"人生今日得骄贵,谁道卢姬身细微"(《卢姬篇》)、"莫言炙手手可热,须臾火尽灰亦灭"(《长安道》)等针砭时弊、讽刺杨氏的诗篇,是具有一定的现实意义的。另外,崔颢也写了一些反映较下层的水上妇女生活的诗篇,写出了她们的思想感情,风格清新,活泼自然。总之,崔颢写的妇女诗篇,多数内容是健康的,艺术上也是成功的。

崔颢诗的另一类是边塞诗和山水诗,这类诗也有十五首。《河岳英灵集》的编者殷璠说他"晚节忽变常体,风骨凛然,一窥塞垣,说尽戎旅"。天宝年间,唐王朝已盛极而衰。作为它强盛基础的"均田制"和"府兵制"已趋于瓦解。唐玄宗本人也已经没有开元时的朝气,他耳目之中只见有"花团锦簇""歌舞升平",迷恋于表面的繁荣,视财物如粪土,任意挥霍浪费。对外则穷兵黩武,征战不休。边将中迎合唐玄宗好战而不断挑起战争的都得到提拔重用,而主张团结少数民族、维持边境安宁的都遭到斥逐。如营州杂胡安禄山原为幽州节度使下的很小边将,由于他不断用诈力杀戮少数民族而受到唐玄宗的宠信,数年之内升至身兼平卢、范阳、河东三镇节度使,握重兵数十万。他攻契丹,被杀得全军覆没,而唐玄宗却对他更为信任。崔颢曾亲至辽水,目睹边境情况。他的《赠王威古》《古游侠》《赠轻车》《辽西》等诗篇,歌颂了边防将士的爱国献身精神,同时也描写了他们紧张、艰苦的战斗生活。

崔颢又是写景高手,他的《黄鹤楼》一诗,传为千古佳作。他的山水诗,状景生动,有时又极宁谧,语言清新,常把景物提高到一个新的境界,助人欣赏。但由于他政治上的不得志,又眼见一些社会黑暗无法解决,在写景之中时而流露出消极、离世的心情。如:"始知世上人,万物一何扰"(《游天竺寺》)、"向晚登临处,风烟万里愁"(《题潼关楼》)、"日暮乡关何处是?烟波江上使人愁"(《黄鹤楼》)、"借问路旁名利客,无如此处学长生"(《行经华阴》)等。

　　崔颢还有少数赠答、记事、谈理的诗,在一定程度上反映了封建统治集团之间互相倾轧、钩心斗角、争权夺利的现实。但是诗人往往把这些人事代谢、富贵无常的现象归之于天命,表现了一些无可奈何、委顺自然的消极思想,这就削弱了作品的现实意义。

　　崔颢的作品,《新唐书·艺文志》著录有"诗集一卷"。宋陈振孙《直斋书录解题》录有《崔颢集》一卷。但宋本《崔颢集》今已不传,现在我们能见到崔颢别集最早的版本是北京图书馆旧藏的明正德十年(公元 1515 年)刻本,收诗四十一首。北京图书馆藏另一明刻《崔颢集》三卷本,收诗四十二首,它把《渭城少年行》析为两首,其实仍是四十一首。明铜活字本《唐人集》中《崔颢集》两卷本,是后出善本,收诗四十二首,比上两种本子多出《维扬送友还苏州》一首。这是后来的崔颢集子如明嘉靖刻《唐二十六家集》中的《崔颢集》及《全唐诗》中的崔颢诗所本。另外,七律《和贾至早朝大明宫》一首,《文苑英华》、宋本《杜工部集》及宋魏庆之《诗人玉屑》都把它作崔颢诗。但据近人考证,是乾元元年(公元 758 年)贾至、王维、岑参、杜甫同时唱和之作,是岑参的作品,不可能为崔颢所作。又五代王定保《唐摭言》收有崔颢的《荐樊衡书》《荐齐秀才书》两篇散文,后来也收进《全唐文》卷三三〇中。但据近人岑仲勉先生考证,《荐齐秀才书》为中唐令狐楚作,而非崔颢作品。

　　本集以北京图书馆所藏明铜活字本《唐人集》中的《崔颢集》为底本,篇章编次亦依此本。并参照明正德本、明刻三卷本、明嘉靖浮玉山房刻《唐二十六家集》中的《崔颢集》、《全唐诗》以及唐人选唐诗集《河岳英灵集》《国秀集》《又玄集》《才调集》《搜玉小集》,宋人所编总集《文苑英华》《唐文粹》《乐府诗集》等,对有参考价值的异文,列入注内,不再另作详细的校勘记。至于注释,力求简要明确,重在帮助读者了解必要的背景、文物制度和典故,以及一些难解的词语,而不作罗列式的笺注或烦琐考证。书末附崔颢的传记和其他有关资料,以供读者参考。由于本人才疏学浅,校注中错误难免,敬希读者随时赐教,俾便今后改正提高。

(1981年11月于桂林)

(原载《唐诗小集》之《崔颢诗注》上海古籍出版社1982年出版)

注 释:

①据闻一多《唐诗大系》。我认为崔颢的生年可上推到公元700年左右。因为二十岁左右中进士已很年轻,十八岁左右未免小了一些。

②关于崔颢进士及第的年代有三种说法:宋陈振孙《直斋书录解题》卷十九"诗集类"崔颢集一卷下注:"唐司勋员外郎崔颢撰,开元十年进士,才俊无行,《黄鹤楼》诗盛传于世。"元辛文房《唐才子传》一"开元十一年源少良下及进士第。"明正德十年刻《崔颢诗集》目录之下有注:"开元十二年姚重晟下进士。"

《崔国辅诗注》前言

盛唐诗人崔国辅（公元678—755年）[①]，在当时是颇负盛名的。白居易《故滁州刺史赠刑部尚书荥阳郑公墓志铭》说：

公（郑昈）尤善五言诗，与王昌龄、王之涣、崔国辅辈联唱迭和，名动一时。逮今著乐词、播人口〔者〕非一。[②]

但是，这样一位在当时与王昌龄、王之涣齐名的诗人，至今连他的生卒年、籍贯、字号都很渺茫。《旧唐书》《新唐书》都未为之立传。只是在《新唐书·宰相世系表》二下《清河青州房》里有崔国辅和他的儿子崔度的名字。[③]这并不是因为他的诗名而是由于他和肃宗时的宰相崔圆同属一房，因此才"垂入史册"。他是吴郡人，李白《送崔度还吴》诗注云："度，故人礼部员外国辅之子。"有人又因为孟浩然有《江上寄山阴崔国辅少府》诗，因此说他是山阴人。其实"山阴崔国辅少府"就是"山阴少府崔国辅"，这不过是指崔国辅任山阴县尉而已，故应作吴郡人为是。

宋陈振孙《直斋书录解题》说他是开元十三年（公元725年）进士，后来又应县令举，曾任许昌令。中进士后的二十年中，他的足迹曾到辽东、淮北、江西、浙江等地，大概都是在任地方官或游幕。五代王定保《唐摭言》卷十一收录了崔国辅写的《上何都督履光书》，从中我们得知他曾入平定南诏的特进何履光的门下。芮挺章在天宝三年（公元744年）编定《国秀集》，目录上就标明"左补阙崔国辅"，可见他那时已经任京官了。后来他逐渐显赫起来，做了集贤直学士、礼部员外郎。天宝十载，杜甫进长安，献《三大礼赋》。"玄宗奇之，召试文章，授京兆府兵曹参军"[④]当时试官之一就是年届七十的集贤直学士崔国辅。杜甫甚为感激，曾写诗云："谬称三赋在，难述二公恩"[⑤]可是好景不常，天宝十一载，由于邢縡在京作乱，企图杀死当权的李林甫和杨国忠，事情牵连到当时的权臣、御史大夫、户部侍郎王鉷;并由此累及王鉷的"近亲"崔国辅,遂被贬为竟陵郡司马(唐天宝时改郢州、复州为竟陵郡,治所在复州,即今湖北天门县)。他的结局是相当凄惨的,可能在此后不久就死了。崔国辅中年以前长期沉沦下僚,奔走四方,有机会与下层社会相接触。后来他虽任京官数年,终遭不测,屈死贬所,使他进一步看到了统治阶级的黑暗和上层贵族、官僚的奢靡腐朽。这些都对他的诗歌创作产生了影响。

崔国辅的作品,《新唐书·艺文志》著录有《崔国辅集》,但已不可见,也无法知道其篇目内容。宋陈振孙《直斋书录解题·诗集类》录临海李氏本《崔国辅集》一卷,仅存诗二十八首,又录石林叶氏本多收六首,也不过三十四首。《全唐诗》收集得诗四十一首。唐殷璠《河岳英灵集》多收了《秦中感兴寄远上人》《夜渡湘江》《渡浙江问舟中人》三首,但这三首诗又都被王士源收进了他于天宝九年编的《孟浩然集》中。到底是谁的作品呢?天宝三年编的《国秀集》作了旁证,收录的孟浩然诗里有《渡浙江》七绝一首,和《渡浙江问舟中人》完全相同。很明显,这三首诗是孟浩然的作品。宋代所编总集《文苑英华》里又多收了《侠客行》《清水西别李参》二诗,为他本所无。仔细一查,这两首诗也来自《国秀集》,《国秀集》卷中收了李巅的《读前汉外戚传》《游侠》二诗,与此二首完全相同,因恰好编在崔国辅诗之后,《文苑英华》就误作为崔国辅的诗了。此外,《唐摭言》卷十一收了崔国辅《上何都督履光书》书翰一篇。

现存的四十一首诗中,数量最多的是乐府诗,单《乐府诗集》就收录了十八首之多。此外的《魏宫词》《湖南曲》《卫艳词》《古意》《杂诗》等篇,无论从题材上、风格上,都可以说是属于乐府诗。这样,乐府诗就约占全数的一半以上。

这些乐府诗中有很大一部分是"拟古""咏史"的作品。名为"咏史",其实是借咏史事抒发对当前社会政治的不满;这些乐府诗,虽用古乐府为题,写的是古代的事,而实际是揭露唐朝天宝时期的政治黑暗、统治者奢靡相尚的社会现象,如《怨词》《魏宫词》《长信草》《王昭君》《妾薄命》等。一部分作品是描述贵族少年奢侈、豪侠、放荡的生活,这是对那些浑浑噩噩、饱食终日无所用心,只知寻欢作乐而虚度年华的纨绔子弟的有力鞭挞,如《襄阳曲》《少年行》《王孙游》等都是这类作品。又有一些乐府诗描写贵族妇女生活,她们虽然锦衣玉食,但是终日无聊、精神空虚,无异是身居樊笼的玩物,是封建社会的牺牲品,像《丽人曲》《白纻辞》、《古意》("玉笼薰绣裳""种棘遮蘼芜")等都有这类描写。以上这些作品,或多或少地揭露了唐代封建社会的阴暗面。还有一些乐府诗描写炽烈的爱情生活,如《湖南曲》《卫艳词》《采莲曲》等,短短数语,却十分明快、感情真挚。

  这些乐府诗的特点是短小精悍,绝大部分只是五言四句,在短短的二十个字里,有的通俗明白,极近民歌,而又寓意深远,韵味隽永;有的针砭时弊,一针见血;有的热情奔放,感人至深。故《河岳英灵集》的作者殷璠给他下了较为恰当的评语:"婉娈清楚,深宜讽味;乐府数章,古人不及也。"正是由于这些乐府诗,崔国辅才能在盛唐诗坛上得与王昌龄、王之涣等著名诗人相随唱和,自占一席之地。

  乐府诗之外,崔国辅还写了一些边塞、山水诗。他的山水诗,不在单纯的描绘景物,而在写景之中常赋予主观想象,使得情景交融。有时候牢骚怨气常和赞美大好河山、良辰美景一起抒发出来。这也正是他奔走四方,官宦无着,生活忧愁的反映。例如:"一身犹未理,安得济时代"(《石头滩作》)、"独有凄凄心,谁知怨芳岁"(《题豫章馆》)、"古地多堙圮,时哉不敢言"(《漂母岸》)、"九日陶家虽载酒,三年楚客已沾裳"(《九日》),等等。崔国辅的应制、赠答作品,一般说来格律严谨,用典切贴,显示了作者较高的写作技巧。某些赠答诗写得很有感情,也能说一些公道话。

  总之,崔国辅不失为盛唐的一个重要诗人,但是他毕竟缺乏气势磅礴、慷慨淋漓的作品,反映社会现实尚缺乏深度和广度。因此,他的成就非但不能与李、杜相比,而且与王昌龄、王之涣、崔颢等人亦相去甚远。

  本集所收崔国辅诗四十一首,以《全唐诗》为底本,并参用唐人所选唐诗选集《河岳英灵集》《国秀集》《又玄集》《才调集》,以及宋人所编总集《文苑英华》《唐文粹》《乐府诗集》等会校,择善而从。对有参考价值的异文,则列入注释之中。本书的注释,着重对难解的字、词、典章名物制度等作诠释,并对诗中的古地名、人名和典故作简要的注解,目的在于帮助读者理解原诗。如有谬误之处,敬希读者随时指正。

(1982年1月于桂林)

(《崔国辅诗注》上海古籍出版社 1982 出版与《崔颢诗注》合装成一册出版,作为《唐诗小集》中的一册。)

注　释:

①据闻一多《唐诗大系》。
②《白居易集》卷四二。
③《新唐书》卷七二下《宰相世系表》二下。
④《旧唐书》卷一九〇下《杜甫传》。
⑤《杜诗详注》卷二《奉留赠集贤院崔于二学士》。

广西的民族问题碑刻

——《广西历代民族问题碑刻校释》前言

广西是一个多民族地区,壮族的80%聚居于此,此外,满、回、侗、水、苗、瑶、仫佬、仡佬、毛南等族也占很大的比重。这些民族,有的是土生土长的,有些是很早就从外地迁来的。所有这些少数民族,同汉族一起,经过长期的奋斗与交融,共同开发了岭西之地,共同创造了丰富的、灿烂的南方民族文化。

民族间的团结互助,在同一地区里各民族在经济上、文化上的繁荣与进步局面,绝不是突然形成,也不是自古而然。这种局面的形成,常取决于有好的、正确的民族政策。繁荣的经济、先进的文化常为少数民族所向往,民族的团结和睦、正常的交往为各民族的共同愿望。这里,汉族人民尤其是汉族统治者应起着主要的不可推委的帮助责任。但是,在漫长的旧时代,由于受到时代的、阶级的局限,统治者,首先是汉族统治者,从其统治需要出发,常采取民族歧视,分而治之,或"以夷制夷"等反动政策,或屡屡挑起事端,造成民族隔阂、化友好为仇敌。少数民族常遭受到不公正的待遇或难以忍受的剥削,他们起来反抗、斗争是必然的、理所当然的。于是,又引起了一连串的用兵与镇压。

为使我们对广西的民族问题有一个粗略的了解,我们把广西少数民族的原委、历代的中央统治者与广西少数民族间的关系,作一简单的回顾。

越族是居住在我国南方的古老民族,居地广阔,种类繁多,凡在江淮、江南、闽浙、两湖、两广、云贵一带都有越族聚居或与其他民族交错杂居,号称为"百越"。他们有着共同的文化,也各具有地方特色。居住在湘南、桂东北的一支,大致统称扬越,因其地处扬州(古地区名)之南;住在桂中一带的古书上称西瓯越;桂南、越南北部一带的称作骆越。这个局面在春秋(约公元前7世纪)以后,就逐渐改变,是因为中原较为先进的民族,逐渐向这些地区进军,首当其冲的是百越族的偏北地区。这就使得百越族受到这些外来者的统治,逐渐改变原有的生产方式,逐步同化于先进民族。或有一部分原来的越族被迫向南转移。当然,这些变化的过程是进行得十分缓慢的。

地处岭南的越族,免不了也有这样的过程,这就是当时较为先进的楚国势力的南移。楚国的势力早在春秋晚期,就沿着湘江上游的灌江、潇水,向岭南进发,这些河流上源,与珠江水系的交汇之处,常有不少的春秋、战国文化遗址发现。但是明确的文献记载却较为晚出,最早见于《史记·吴起列传》:"楚悼王素闻起贤,至则相楚。明法审令……要在强兵,破驰说之言纵横者。于是南平百越,北并陈蔡,却三晋,西伐秦。"吴起入楚任相在公元前389年,至公元前381年,楚悼王死,吴起也为贵族们射死。"南平百越"当在这公元前389至公元前381年的九年之间。而《史记·蔡泽列传》里又说:"吴起为楚悼王立法……南收扬越,北并陈蔡。"可见吴起所"平"的,正是地处湘南、桂北一带的扬越。总之,楚国势力逐步进入岭南,至战国后期,楚国在湘江上游的岭南地区建立了统治是没有问题的。但是也不会南下很远,岭南的大部分越族仍处于独立状态。战国末期,中原的夏族,江淮以南的楚,楚以南的越,是三个独立的政治实体,这可从当时大学者荀子的话里得到印证,《荀子·荣辱》:"譬之越人安越,楚人安楚,君子安雅。"又《荀子·儒效》:"居楚而楚,居越而越,居夏而夏。"

秦始皇的统一岭南,是造成一次划时代的民族大融合。秦的进兵岭南,岭南归入中国版图,一般的说法,都是把秦始皇三十三年(公元前214年)设置南海、桂林、象三郡作为进兵岭南、统一岭南的标志,《史记·秦始皇本纪》:"发诸尝逋亡人、赘婿、贾人略取陆梁地,为桂林、象郡、南海以谪戍。"在一年之内,既要出兵平定越人,又要安定民心,恢复社会秩序,建立郡县,似乎过于神速了一些。其实,秦的对南越用兵,早在秦统一全国以前,公元前223年灭楚以后就开始了。《史记·王翦列传》:"秦因乘胜略定荆地城邑。岁余,虏荆王负刍,竟平荆地为郡县。因南征百越之君。"在秦灭楚之后,秦军就乘胜前进,进行了平定越族的战争。而平定岭南之战是非常艰巨的,《史记·主父偃列传》:

> 又使尉屠将楼船之士南攻百越,使监禄凿渠运粮,深入越,越人遁逃。旷日持久,粮食绝乏,越人击之,秦兵大败,秦乃使尉佗将以戍越。

成书早于《史记》的《淮南子》有更为详细的记载:

秦始皇利越之犀角、象齿、翡翠、珠玑,乃使尉屠睢发卒五十万,为五军:一军塞镡城之岭;一军守九嶷之塞;一军处番禺之都;一军守南野之界;一军结余干之水。三年不解甲弛弩。使监禄无以转饷,又以卒凿渠而通粮道(高诱注:监禄,秦将,凿通湘水、漓水之渠)。以与越人战,杀西瓯君译吁宋,而越人皆入丛薄中,与禽兽处,莫肯为秦虏。相置桀骏以为将而夜攻秦人,大破之。杀尉屠睢,伏尸流血数十万,乃发谪戍以备之。

所以,秦之平越决非轻而易举能在短短的一年之内完成的,而是经过长期艰苦的流血牺牲。三十三年(公元前214年)的建立三个郡,乃是这场战争的结果而已。

不久,秦末大乱,原任龙川令的赵佗,接替任嚣任南海尉。封闭岭南与中原的通道,任用亲信,逐步控制南海郡的政权。不久又击并桂林、象郡,自立为南越武王,建立割据政权。由于汉初中央权力的衰弱,郡县与封国并存,名为统一国家,实为四分五裂的分裂时代,它根本没有力量过问南越,只能听之任之,承认现状,加以封号。南越政权建自秦末,直至汉武帝元鼎六年才被削平,共传了五世,存在九十多年(公元前208—公元前111)。南越虽是个分裂割据的政权,但在当时的情况下,也做了许多好事,起着秦统一帝国所不能起到的作用。首先是保持了岭南地区的安定,免受秦末战乱的兵祸,维持了正常的生产和生活。其次是"和集百越",团结各民族。刘邦曾表扬赵佗在南越的一些政绩:

越人之俗,好相攻击。前时,秦徙中县之民南方三郡,使与百越杂处。会天下诛秦,南海尉佗,居南方长治之,甚有文理,中县人以故不耗减,粤人相攻击之俗益止,具赖其力。(《汉书·高帝纪》)

再次是南越政区的扩大。赵佗为了抵制汉高后吕氏对南越的经济封锁和用兵,为加强南越的实力,扩大财力兵原,加强了对少数民族的统治,扩大政区范围,《史记·南越列传》说:"佗因此以兵威边,财物赂遗闽越、西瓯、骆,役属焉。东西万余里。"西瓯是对东瓯而言,约在今广西中部一带,骆即骆越,今桂南、越南北近海一带。可见越南北部的归入中国,首先是在汉初并入南越的版图,然后,汉武帝在平南越以后,在此地区设置了交趾、九真、日南三个郡。

自此以后至东汉末的三个世纪中,广西少数民族是一个逐步被发现、开发、收编的过程。首先,在东汉初,任延任九真太守,"铸田器、教其耕稼。始设婚礼、立学校"。这段时间里,百越、南越、西瓯、骆越等名称逐步消失。在东汉,桂南地区出现乌浒蛮的名称。《后汉书·南蛮传》:"《礼记》称:'南方曰蛮,雕题交趾。'其俗男女同川而浴,故曰交趾。其西有噉人国……今乌浒人是也。"注引方震《南州异物志》:"乌浒,地名也。在广州之南,交州之北。"这支南越后裔的少数民族,在与汉族多次接触之后,终于接受了官方的统治。《后汉书·南蛮传》:"灵帝建宁三年(公元170年),郁林太守谷永以恩信招降乌浒人十余万内属,皆受冠带,开置七县。"

在魏晋南北朝时期,海内鼎沸,南北分裂。南方政权面临北方大敌的威胁,就必须非常重视内部的团结,不敢在所治地区妄兴兵端,对少数民族常采取羁縻放任的政策,不敢多加管理,以免引起麻烦。《北史·蛮獠传》说:"《礼》云:'南方曰蛮。'其种类非一,与华人错居。其流曰蓝,曰獽,曰俚,曰㐌。居无君长,随山峒而居。其断发文身,好相攻讨。自秦并三楚,汉平百越,地穷丹徼,景极日南,水陆可居,咸为郡县。洎乎境分南北,割据各殊,蛮獠之属,递为去就。"《粤西丛载·历代驭蛮》也说:"永嘉南渡,宋、齐、梁、陈间,南北割据。勤兵中原,交州而外,蛮獠荒僻,弃而不有。"正说明了当时的情况。汉族统治者对南方少数民族尽量少管、采取放任,听其自流。我们试从当时的历史地图上,在当时的始安郡(今桂林)、桂林郡(今柳州附近)、晋兴郡(治今南宁)、交趾郡(治今越南河内)之间划出一条直线,我们就可发现,这条线以西的今天少数民族地区,在当时设置的郡县竟非常稀少,几乎近于空白。这种情况至少要在唐朝以后才逐渐改变。所以,这种放任政策的实行竟长达四个世纪之久。这种政策长期实行的后果,一方面是少数民族循着自身的发展规律,缓慢地逐步向前,由于他们受汉族先进文化的影响,有轻重缓急,也影响他们自身的发展的不平衡性,出现了更多的种族、族类。另一方面是汉族与少数民族长期的和平共存,纠纷不多,较大规模的少数民族起义不多。

隋唐是我国统一的时代,对待少数民族的政策,也有一些新的措施。隋炀帝是一个好大喜功,轻易挑起边衅的人物,在大业元年(公元605年)他出兵征服了在越南南部的林邑,建立了荡、农、冲三州,但维持了不很久,又仍然听其自流。

唐朝建立后,由于当时最大的强敌是西北方的突厥,故唐帝国的国防力量主要部署在西北一线。在处置少数民族问题、边疆的开拓上,其主要的目的在于保证西北方面的安全,解决来自突厥等族的威胁。大约经过了百年,进入八世纪以后,国防形势发生了变化,西北的威胁解除,由于西南南诏的崛起,和东北契丹等少数民族的强盛,军事重心转向了西南和华北。而视广大的岭南地区为可靠的后方,一直是唐室中央流放罪犯的地方。大量的移民势必触犯到当地少数民族的利益,促使少数民族的分化和演变。同时也对少数民族加强了控制,这表现在开元以后在桂南、桂西南大量设置州县和羁縻州郡,相应地说,对少数民族的各种剥削也加强了。广西少数民族进行的各种抗争和起义也就频繁起来了。尤其在安史之乱以后,中央的权力已经削弱,而广西西原蛮的暴动,自桂南直至湘南,每过之处,部众动辄数万,就是在这样的情况下发生的。

自五代迄两宋,我国又进入一个分裂的时代。自秦汉以来一直属于中国领土的越南,就在国内政治力量四分五裂的时候,从祖国分裂出去了。宋太祖、太宗由于北方强敌契丹的威胁,竟然不敢用兵收回交趾,承认其独立的现实。十一世纪中期,广西发生了侬智高反宋的大事变。当然,侬智高的起兵反宋,主要是由于北宋王朝民族政策的失误和边疆大员的腐朽所造成。但就其实质而言,是广西少数民族企图效法越南的又一次尝试。这一点,当时的有识之士是看得很清楚的。当有人建议仁宗皇帝同意侬智高的要求,以邕、桂等七州节度使之职,来换取侬的招降,时任枢密副使的梁适说得好:"若尔,则岭外非朝廷有矣!"(见《续通鉴》)

11世纪后期以后,北宋的边防与少数民族政策,与当时新旧党争相联系,有着明显的党争色彩。王安石的改革失败后,随着神宗皇帝的驾崩,一切稍有积极意义的边防和少数民族的政策和措施,统统被推倒废止,或是彻底地倒过来,回复到宋仁宗时的老样子。宋徽宗崇宁以后,一些号称执行王安石新法的人上台,又重新燃起了积极的边疆政策。腐朽的宋徽宗却十分陶醉蔡京"丰亨豫大"的开边政策,但国库空虚,边政腐败,已是燕巢危幕,却一厢情愿地醉心收复失地、扩大边疆。然而却有一批边臣,投其所好,收买一些少数民族上层,广设郡县,夸大、虚报户口、钱粮,邀功请赏。广西的封疆大员王祖道首先得计,张庄、程邻效尤于后。南宋初明橐曾一针见血说明了这种情况:

崇宁大观间,边臣启衅,奏请置州拓境,深入不毛。如平、允、孚、庭、观、溪、驯、叙、乐、隆、兑等十有二州,属之黔南,其官吏军兵请给费用,悉由内郡。于是骚然,莫能支吾。政和间,朝廷始悟其非,罢之。(《宋史·蛮夷传三》)

南宋屈居于江南半壁河山,北方有强大的金国,形势较北宋更为严峻。强大的金骑兵常驰骋在江南大地。南北议和以后,以淮水、秦岭为交界,岭南就是其唯一的后方了。所以,决不允许在这里有任何不稳定的因素,对广西的少数民族尽量采取优抚的政策,极少用兵,这里录一段宋高宗与权臣秦桧之间的对话,可窥见对广西少数民族政策的一斑:

(莫)公晟献马三十匹,且遣其部落七百余人至靖江府与经略司属官歃血而盟,诸蛮愿以二十七州、一百三十五县为本路羁縻,实为熙朝盛事。丙子,帝谓大臣曰:"得州非以广地,但瑶人不作过,百姓安业,可喜!"……(吕)愿中又画图进呈,帝曰:"且喜一方宁静。"秦桧曰:"陛下兼怀南北,定计休兵,小寇岂敢不服?"帝曰:"若非休兵,安能致此。"于是铸羁縻州县印一百六十二给之。(《续资治通鉴·宋绍兴二十四年七月》)

元朝蒙古以少数民族入主中原,实行残酷的民族压迫政策与武力的统治。元朝统治者在广西地区的统治,一开始就像屠杀南宋统治下的汉族人一样屠杀少数民族,或为奴役,或课以沉重租赋。故少数民族的反抗从未停止,而元统治者则采取血腥的镇压。终元之世少数民族抗元斗争的烈火遍于广西,最后与全国的抗元大斗争汇成一起,终于推翻了元朝的统治。

明王朝的政权,建立在农民大起义之后,明初统治者实行了许多安定民生、发展生产的有利措施,朱元璋对广西少数民族及其上层,也本想采取安抚政策。

(杨)璟还自广海(元代称广西),帝(朱元璋)问黄、岑二氏所辖情形。璟言:"蛮僚犷,散则为民,聚则为盗,难以文治,当临之以兵,彼始威服。"帝曰:"蛮瑶性习虽殊,然其好生恶死之心,未尝不同,若抚之以安靖,待之以诚,谕之以理,彼岂有不从化者哉!"遣中书照磨兰以权赍诏,往谕左、右两江溪峒官民。(《明史·土司传》)

但是，由于明王朝本身存在着许多复杂的矛盾，不可能推行正确的民族政策，加上前方将士的好战贪功，不能正确处理民族间的关系，以致一开始就采用军事征剿为主的错误方针，致朱元璋的初衷无法实现。从此重蹈元统治者的覆辙，压迫愈甚，反抗愈烈，致一发而不可收。明代少数民族的起义，与明王朝的残酷镇压，绵延二百七十多年，几乎与明王朝相始终。明朝瑶、壮等少数民族起义大致集中在大藤峡、八寨、府江三地区，其他左右江、古田、柳州等地也颇轰轰烈烈。总之，此伏彼起，互相声援，地区之广，遍及八桂，广西少数民族问题是明王朝非常头痛的问题。

清朝前期，广西少数民族的起事、动乱确实很少。清初，广西经过了李定国等的反清斗争和吴三桂等的三藩之乱的两次大动乱。一些少数民族及其上层如土司头领，确是蠢蠢欲动，如原泗城土府时岑映宸，乘机于云贵桂的边境扩大地盘，发展武装力量，企图称霸一方。在总督鄂尔泰的强大政治攻势下，只得交出兵权、官印，同意改土归流。其后又有西隆州八达寨土目颜光色兄弟，以及宁明州的邓横寨，均是勾结附近少数民族上层，负险顽固，抗阻多年，屡剿不下。最后均经鄂尔泰平定，改土归流。其后直至清中期以前，广西少数民族的起事、阻乱确实不多。但邻近的云南、贵州少数民族却发生大规模的事变，广西倒成为征剿这些事变的军事后方，出现相对平稳的局面。究其原因，主要是清朝吸取了明代民族政策的教训，防患于未然。首先表现在加强少数民族流官的统治，在少数民族地区，广设州、府、县，以及地方武装。并创建各级学校，增设瑶僮义塾等，从根本上提高少数民族的文化素质，加强思想上的控制。其次是大力开展改土归流政策，凡是土司强盛而为非作歹的均借故改土归流，消除动乱因素。土司保留的也有许多约束、禁革，对土司的各种苛残剥削陋习，均有所禁革，使统治下的土民生活有基本保障，消弭乱源。清金鉷所修《广西通志·历代驭蛮》有一段小结的话，颇有意味：

总之，侬、僮、瑶、俍，亢暴接迹，非由性殊，亦缘习锢。抚驭者识因势利导之宜，惠威并饬。一发即治，一治必清，勿以姑息养奸，勿使株连流毒。杀以止杀，其生实多。若夫被仁风于蛮错，不鄙夷其民，而教先平日，泽以诗书，驯其桀骜。将不惟索弓戢矢，千百年之边缴安宁，而宫墙弦诵，孝秀成风，人人皆化为良善。

《礼记·王制》云："南方曰蛮，雕题交趾，有不火食者矣。"这是对南方少数民族的描述,雕题,是指额头上刺花;交趾,是指南方人睡觉时双脚交叉;由于南方气候炎热,温湿多雨,水果、水产丰足,所以,古代南方少数民族常以果品、鲜鱼、蚌、螺为食,有时便不生火煮饭,故称之为"不火食"。由于《礼记》是儒家经典之一,影响很大,所以南方少数民族就常蒙上"南蛮"这个带有污蔑性的名称。而对南方少数民族的用兵,就每每冠以"平蛮"这个词。

古代统治者对少数民族用兵之后,为夸耀其武功,常在当地勒石刻文,希求永垂不朽。这种勒石纪功,可上推至东汉班固,公元89年东汉大将窦宪大破北匈奴于稽落山,出塞三千里,班固写了《勒燕然山铭》。东汉还有永和二年(公元137年)《敦煌太守裴岑纪功碑》,叙述征伐匈奴呼衍王的功绩(见清王昶《金石粹编》七)。吴孙皓有《天玺纪功碑》,唐代有显庆四年(公元659年)唐高宗李治为歌颂其父亲李世民而写的《纪功颂》,在汜水(今属河南荥阳)。唐代还有《灭百济碑》,显庆五年,灭百济,置熊津都督府,刻石为塔,立于百济白马江。又据《宝刻类编》卷三,录有立于成都的唐开元十八年(公元730年)五月,由萧晋用撰序,蔡希周作铭的《平南蛮碑》,惜原碑已不可考,已无法知其内容,据《资治通鉴》的记载,可能是记述吐蕃的屡败而求和的历史事件。那么,广西的唐大历十二年(公元777年)韩云卿所撰的《平蛮颂》,可以说是现存最早的平蛮碑了。

其后,宋元明清,每当一次大大小小的对少数民族的军事行动,都留下了诸如平蛮碑、纪功碑、平寇碑、纪事碑,以及与军事行动有关的如建立城堡、兵堡、州县、粮仓以及军事后的善后措施如义仓振济、建立学校等有关碑刻,其数量之多,广西实为其他省区所不及。

这些碑刻,在当时,是统治者为夸耀武功,自以为是"王师征伐,功同日月,垂诸金石"的不朽大业。对少数民族竭尽谩骂、污蔑之能事。那么,今天看来恰是一篇篇很好的反面教材。过去他们洋洋得意地对少数民族肆意镇压、屠杀、辱骂,今天看来,就是他们对少数民族所犯下罪孽的最好历史见证;这些碑刻的整理出版,实际上是他们犯下罪状的又一次公布。

"平蛮碑"一般是当事人所撰所记,当然,虽有时免不了有虚报战功,或讳言妄杀,或有失实之处,但其本身就是一次最原始的记录,以事件、时间、地点而言,决不可能向壁虚造。但事过境迁,或因史载失传,或为史家摈而不录,一些规模不大的民族起事史实,便逐渐湮没无闻了。今以明代的四十多篇"平蛮"碑刻而言,均记录了少数民族起义事件,但这些事件绝大多数在《明史·本纪》里就没有记载,有一些则散见于《土司传》或有关当事人的列传,有很多起义事件则并无记录。即以比较详实的明史著作如《明实录》《明通鉴》《明纪》《明史纪事本末》《国榷》等,有些起事资料也无从查得。所以,某些尚存的"平蛮"碑刻资料,就成为有些失载的历史事件唯一材料。

其次,这些平蛮碑刻在文献上重要意义是对史籍记载的订正与补充。例如,现存于桂林龙隐岩的《平蛮三将题名碑》,详细列出平定侬智高事件过程中狄青、孙沔、余靖三支部队各级将佐的全部名单,这是任何文献资料所没有的,这是唯一的珍贵资料。

又如,《宋史·徽宗纪》:"崇宁二年,二月辛亥,安化蛮入寇,广西经略史程节击败之。"同书《蛮夷三·抚水蛮》:"崇宁二年,其酋蒙光有者,复啸聚为寇,经略使遣将官黄忱等击却之。"而刻于今宜山的《黄忱石刻题名》作:"贼迎刃败北,即凯旋而还宜阳,……时崇宁元年十一月望日。"可见这一仗实是崇宁元年的十一月里打的,到次年的二月,捷报才传到东京。

又如《明史·孝宗本纪》:"弘治八年,秋七月戊子,广西副总兵欧磐击破平乐叛瑶。"《明史·欧磐传》亦作八年。但《明史·闵珪传》却作弘治七年。到底是哪个年代?明桑悦《平永安蛮碑》作:"皇帝治天下七载,……"盖事起于七年而平定在八年。等等类似情况,实在太多,不胜枚举。我们将在有关碑文的说明里逐一指出,这里就不多举了。

最后,"历史的经验值得注意"。综观数千年广西少数民族与中央统治者的关系,历代统治者御驭少数民族的成败得失,在为数丰多的"平蛮碑"里也有所反映。当然,他们所执行的民族政策不可与我们今天团结和睦、共同繁荣的民族政策同日而语。在如何处理民族关系等问题上,他们之间也不乏有识之士。这些"平蛮碑"这样的反面材料里,也并不是只见到烧杀抢掳,残酷镇压,在有些字行里也透露一些较为实际、较为符合客观情况的看法和做法,总结了一定的经验教训,这些对我们今天贯彻民族政策,也不无借鉴之处。

(本文是《广西历代民族问题碑刻校释》一书的前言部,并作为1989年汕头文献研究会与会论文)

醉心金石 妙擅丹青 情结砚刻
——介绍林汉涛先生精心力作
《桂林历代名贤砚石造像》一书

"江作青罗带,山如碧玉簪"是唐朝韩愈描绘桂林山水的诗句。韩愈没有来过桂林,而诗句能高度概括桂林山水的特色,一定是有人提供信息,可见在唐代,桂林山水就享誉神州了。而1928年来桂林的名画家黄宾虹先生说过:"山可以任意画,画出来便算做山,如果说不像山,那请他到桂林、阳朔两处去找一找,一定可以找到。"①这说明桂林的山不仅千姿百态,而且奇到极处,怪到极处。清澈的漓江及其支流汊港,萦绕其间,构成人间极致的山水美景。由石灰岩构成的山体,不仅奇特多姿,而又石质细腻宜于镌刻。古人身临仙境般的山水美景之中,往往不禁触景生情而形诸笔墨,刻石留念。这就在许多景点、名山之上产生许多石刻。清代金石家叶昌炽云:"唐宋题名之渊薮,以桂林为甲。"其后历元明清而更盛。石刻内容广泛,充分反映着各时代的桂林历史,故清代名臣陈元龙云:"看山如观画,游山如读史。"(陈此时任广西巡抚)故"游山看碑",成为游览桂林山水的一个特有景观。

金石篆刻家玉融林半觉先生(1907—1983)毕生从事粤西石刻的搜访踏勘与研究整理工作,曾深入桂林及各县名山景点、街道、寺观、公署、商会、学校(书院)遗址,广泛搜求,成精拓三千,虽遭遇战乱,颠沛流离,仍保存着它们,其功不可没焉。抗战胜利后,在桂、柳、邕、梧及广州巡展一年,令同胞热血沸腾。林老更对每件石刻所在地点了如指掌,而对其艺术特色及学术价值又如数家珍。他的诸多探索和发掘在粤西文物和某些文化领域中的贡献,具有开拓性意义。如今只有其五公子汉涛先生传其家学,汉涛先生长期受乃父艺术熏陶,不仅传承了篆刻艺术,还继承了乃父研究桂林石刻的事业。青少年时的汉涛聪明好学,考入湖北美术学院就读,并师从唐醉石、徐松安、曹立菴、钟鸣天等先生学书法,又从王霞宙、张振铎先生攻习中国画,又进一步师从马万里先生攻研篆刻,可谓师出多门而又能融汇各家之长,又经过自身的不断钻研、创新,在金石、书法、绘画、编著诸多方面造诣颇深进年来,因受桂林石刻"游山读史"的启发,汉涛先生采用中国传统文人欣赏的砚铭为载体,用现代美术造型手段,发愿为历代和近现代与桂林有关的名贤造像,创造性地在砚石上加以展现。根据形态各异的家藏砚台及砚石,把人物头像、半身像或全身像、题识等多种书画体文字设计安排于半尺数寸见方之内,构成一种以画为主,题款文字为辅,融金石书画于一炉前所未有的"砚铭",使砚铭这种古老而悠久但在近百年来已日趋衰落,甚至不见传承的艺术形式,重新焕发新的生命力。

说起砚刻,大家也许并不陌生。因为砚是我国传统的文房四宝之一,传世名砚不少,就笔者所见有东坡砚(现藏宜兴文管会)、米芾紫金砚(现藏于北京故宫博物院)、岳飞砚(现藏国家博物馆),砚上都有后人刻的题跋。清代扬州,地处南北要冲,商业繁荣,文化发达,尤其突出的是琢玉、牙雕、雕漆(剔红)等手工业,誉满全国。笔者也曾见到过扬州画派中金农、高凤翰的砚刻,但是他们的砚刻作品中很少出现绘画,而且他们作品受到当时经济条件、题材等方面的限制,作品原就不多。据史料记载,多者不过百件、数十件。能流传于后世的当然更少了。

经过三年不懈的努力,可以说是"三九不知严冬,三伏不知酷暑",孜孜矻矻至废寝忘食,林先生完成了自秦始皇至时贤的砚刻200余方,可以说是艺术史上少有的鸿篇巨制。又不惜重金购买肇庆名坑砚石百余方,聘请摄影名师为之拍片,或是精心捶拓,精心制版。名贤都作生平介绍,裒集成以图为主、图文并茂。本书相对于以往以铭文为主的砚铭而言,不失为推陈出新的大胆尝试,蔚为可观。

明人陈眉公(继儒)曾说:"文人之砚,犹美人之镜。"启功先生亦有诗:"山骨雕镂巧艺多,砚池如镜墨新磨。"他们都把砚比作镜。而唐太宗李世民又说:"夫以铜为镜,可以正衣冠;以史为镜,可以知兴替;以人为镜,可以明得失。"[②]林先生以砚刻造像反映桂林亘古至今的悠久文化,它们恰似桂林历史的一面面镜子,因此可以说林先生《桂林历代名贤砚石造像》一书是一部新颖别致的桂林史。

(本文撰于2000年12月30日,初刊于《贺州学院学报》2012年第1期。后收入林汉涛编著的《钵园谈艺录》第四辑.广西师范大学出版社2014年4月出版)

注 释:

[①]转引自郑逸梅《艺林散叶》3047条,中华书局1982年版,第222页。

[②]《旧唐书·魏征传》。

《桂林历代名贤砚石造像》作品中之何香凝像

《桂林历代名贤砚石造像》作品中之柯九思像

《桂林历代名贤砚石造像》中之唐书家李阳冰像

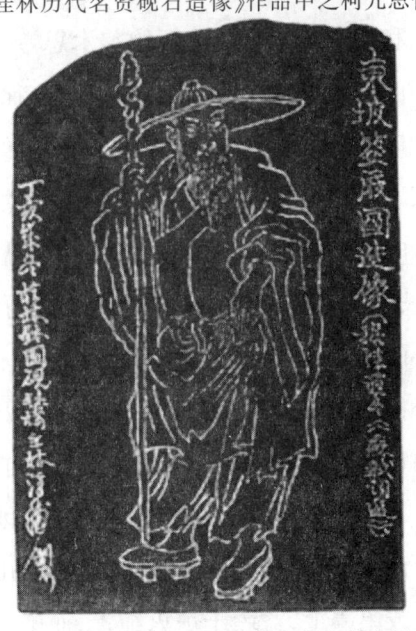
《桂林历代名贤砚石造像》作品中之苏东坡像

闲看云起云收
——介绍《邓福觉水墨山水》巨册

山色空濛,蓊郁一片。徐悲鸿大师的名画《漓江春雨》给我们有很深刻的印象:云翻雨过,把漓江两岸的奇峰洗刷一清,更显得苍翠欲滴,而云雾缭绕,明灭变幻,群峰倒影于清流江水之中。一个戴笠的船夫篙点轻舟,幌波荡漾,一若穿插于群峰山尖之巅。这幅诗境一般的巨幅大画,徐先生为其特制一枚腰圆大印,文曰"水晶域"。至今常使参观徐先生纪念馆的观众,在这幅巨幅画前驻足流连,叹赏不已。就在徐先生创作这幅名画的同一时期,他在桂林举办了三期"广西中小学美术师资训练班"。徐先生亲自讲授主要课程,他的一批学生分担一些次要的课程和辅导工作。一些新的美术思潮、新的绘画理论和技巧,都给当时较为闭塞的广西美术界带来新的空气和活力,徐先生还通过举办美展筹建美术馆等活动,活跃广西的美术气氛。在徐先生不断的努力之下,八桂大地果真涌现出一批青年画家、美术工作者和美术教师。邓福觉先生的先君家铨公就是内中之一,他是培训班的第一期学员,后来一直在家乡从事美术教学工作。福觉幼承家学,徐大师的许多美术理念,澹荡清空的山水画情怀和一些作画的基本技法很早就注入福觉幼小的心灵之中。这是邓先生绘画艺术的起步,也是邓先生艺术生涯根之所在。后来福觉考入广西美术学院,在繁花似锦的美术领域里,福觉曾受过多门类、多画种的训练并作过钻研,但始终情结在中国的水墨山水画上。后来邓先生进入出版界,从事策划、组稿、编审工作,但对水墨山水始终不离不弃。及至退休后更是心随意愿,不忘初心,专心致志于泼墨山水的钻研创作。人弥健而笔更老,无论在意境或笔墨上,益臻于炉火纯青,而辛勤耕耘,硕果累累。这本巨册,便是明证。

福觉山水画的特色是大写意、大泼墨,显得大气磅礴,气象万千。

"行到水穷处,坐看云起时。"唐朝大诗人兼大画家王摩诘,深谙大自然变幻的奥秘,水由何而至,云由何而生?笔者在数年前之夏,在庐山锦绣谷观景,无意间见一缕白烟由谷间而起,恰如有人放了一串鞭炮似的,而转眼间竟至弥山漫谷,再瞬间竟至对面不能相见。可见云之生是在顷刻之间。故李青莲又有句云"山从人面起,云傍马头生",也是深有体会之言。我们看邓先生《画集》的第 5 页《深云耕暮烟》、第 15 页之《众壑白云生》、第 29 页的《闲看云起云收》、第 36 页的《山居云烟图》、第 37 页《桂山烟雨》以及第 41 页的《东边日出西边雨》等图都有这种感觉。

山水风光,不仅有晴雨雾雪的自然变化以及春夏秋冬的不同面貌,即使在一日之内,也有昼夜朝夕、阴晴月晦之异趣。但宋人罗大经却说"山静似太古,日长如小年"(见《鹤林玉露》),在他看来,自然界的山光水色,几乎是亘古不变,是永恒的。即使有变化也十分缓慢、微小。他的话也有道理。所以自然界的动与静、变与不变,是有一个相对的稳定、平静、和谐的一面。相传五代时的北方山水画大家洪谷子(荆浩),每至深山绝壑、云中山顶、空谷幽深之处,必大呼大叫,冲破山谷寂静。但在山回谷应之后又渐归于平静沉寂。公元六世纪初,南朝梁的诗人王籍有诗句:"蝉噪林逾(愈)静,鸟鸣山更幽。"就一语道破其中奥秘。所以,自然风光的动与静、静与动、动中有静、静中有动、变与不变、不变有变,都是一对矛盾的辩证统一。而山林毕竟远离尘嚣,每当春日融和、夏木垂阴,或秋高气爽、水落石出、月白风清之时,那就是一片宁谧、祥和的世界。那时来到山林就会像刘阮之上天台山、渔父进入桃花源的感觉。我们看邓先生《画集》的第 51 页《绿满深谷》、第 53 页的《依山傍水》、第 54 页的《秋艳》、第 60 页的《石凉图》、第 61 页的《夏山拥翠》、第 62 页《山道》、第 65 页《江流有声》《桂北农家》、第 68 页的《家园》、第 69 页的《空山清晖》、第 70 页的《月下》《山居图》《空山深处》、第 71 页的《漓江清影》《秋》,等等,这些空灵幻境,只有在盛唐诗人王维、刘长卿等的诗句中才能体会得到。

"风霜凌竹柏,愈老愈鲜健",我们期待着天风堂主更大胆、更泼辣、更豪放,不但用泼墨,还要用泼彩,画出更壮丽、更具神韵的山水画,要超迈前辈大师而臻于新的高点。

(2012 年春暮于桂林)

谢世湖著《指书艺术》序言

最近在报上看到,有人对河北梆子演员在舞台上表演双手书写有微词,说这不过是演杂技。言下之意是说,这算不上书法艺术。对指书,也同样存在着不同看法。

其实,自古及今,现已遍于全球的书法艺术,不仅在形体、风格上婀娜多姿,百花齐放,即以书家的创作方法、成功之路而言,也是多渠道、多门径的,可以说是殊途同归,不拘一格。唐朝的张旭,书名煊赫,杜甫说他"挥毫落纸如云烟"。他在邺城观看公孙大娘舞剑器,公孙氏"来如雷霆收震怒,罢如江海凝清光"的变化多端的舞姿,激发了他书写的豪荡激情,自此草书长进。他又见挑担人在闹市中穿行,见缝插针,走起来如入无人之境,因而从中悟出草书的间架结构、布置经营。以书艺的练功而言,练字要用大量纸张。这在古代,来之颇为不易,所以,古人有"以锥画沙,聚米成字"的方法,以节约用纸。扬州八怪之一的郑板桥,书画名满天下,他的书法集篆、隶、草于一体,号为"六分半书"。据说,他的练功就靠指画,只要手有空闲,便在桌上、椅上或空中画个不停,甚至睡下或醒来,还在被窝上画。可以说,人的灵巧的手指是最好、最基本的工具,其他一切工具无非是手指的延伸,用手指作书是十分顺乎自然的事。远不说东晋殷浩以指空书"咄咄怪事",即从清代扬州派大家高其佩,乃至现代大师潘天寿,二百多年来流风余韵,不绝如缕,从来未被视为是旁门左道。

世湖同志自幼酷爱书法,曾对传统书艺狠下苦功,同时对文字学、书法理论也悉心钻研,造诣颇高。上大学时,因受山东孟庆甲先生的影响,对指书发生兴趣。通过不断努力,勤学苦练,他的书艺已在区内外获过不少大奖,作品也为东瀛、南洋等海外书法爱好者购藏。

本书是世湖同志多年来对指书艺术探求的小结,对指书的原委、流源、技法、艺术特色和特殊效果作了较全面的论述,试图从理论的高度加以研究探讨。这是一个从实践中不断锤炼、提高而又返复实践的总结,其中的点滴体会,一得之见,无不浸透着作者的辛勤汗水,志在为指书艺术在宽广的书法艺苑中争得一席之地,为灿烂的百花园中,增添一枝奇葩。我相信,它的出现,一定能引起广大书法爱好者的兴趣!

（谢世湖著《指书艺术》一书由广西师范大学出版社1992年12月出版,内容介绍我国书法艺术中的指书技艺。）

《实用文物珠宝钱币鉴定》后记

　　文物珠宝鉴定,是一项范围广、门类多、技术复杂的科学工作。随着我国人民文化生活的提高,人们对祖国文物的爱护及珠宝欣赏的兴趣也普遍提高,迫切需求这方面的知识。为此,我系在数年前就开出《文物珠宝鉴定知识》课程,作为高年级的选修课,受到同学们的欢迎。但因教学时数有限,缺乏合适的教材,我系组织了从事文物考古的教师和桂林博物馆部分专业工作人员,编写了这本通俗易懂,适合于初学文物珠宝鉴定的入门读物。并感谢漓江出版社的领导和编辑同志,对我们工作的大力支持和帮助。

　　本书的编写过程和分工情况,大致是这样:我系领导吕启翔副主任热心组织编写人员,并自始至终关心编写工作。经过大家努力,在各自提出编写细目的基础上,通过充分讨论,由廖国一同志编成写作大纲。由苏桂同志编写青铜器和古钱币的鉴定;廖国一同志编写古陶器、古瓷器和石器等方面(即《其他类》)的鉴定,并提供了封面、环衬照片;万竟君同志编写古书画、古玉器的鉴定;曾少立同志编写佛教文物、古墓葬的鉴定;朱杰军同志编写金银珠宝的鉴定;唐奇岭同志编写现代玉器的鉴定。由曾少立、廖国一两位同志审稿、润色,最后由万竟君同志统稿、定稿。本书图片由廖国一同志摄影提供。因为本书原作为教材,在编写中吸收了国内外各专家的研究成果,限于篇幅,不能将其一一指出,特谨向他们致谢!由于编写时间仓促,错误难免,并希读者指正!

　　　　(本文是为《实用文物珠宝钱币鉴定》一书所写的后记。该书由本人主编,曾少立、廖国一任副主编,漓江出版社1992年10月初版,后曾多次重印再版。)

百家荟萃　百花争艳

——介绍《明清名人名联选》赏析

对联是我国特有的一种艺术品，又叫楹联、楹帖或对子。它的形成、发展，具有一个历史过程，大约在清乾隆、嘉庆时，臻于极盛。它是融合了文学、书法、金石篆刻为一体的综合艺术品。

首先，对联是一种文学作品，这种形式，只有中国文学中才有。对联来源于联语，即对语，这也是汉语中特有的形式，它的起源很早，如《易经》，一般说是西周时期（公元前十一世纪）的作品，其中就有类似联语的俳句。如《家人卦》："九三，家人嗃嗃悔厉，妇女嘻嘻终吝。"《遁卦》："君子吉，小人否。"类似的句子，《尚书》中也有，现便不多举。在《诗经》里就出现更多了。如《王风·草虫》："喓喓草虫，趯趯阜螽。"《小雅·湛露》："湛湛露斯，匪阳不晞；厌厌夜饮，不醉无归。"《大雅·崧高》："崧高维岳，骏极于天。"《大雅·烝民》："四牡彭彭，八鸾锵锵"；"四牡骙骙，八鸾喈喈"等。

魏晋以来，我国音韵声调开始讲究，出现如"日下荀鸣鹤，云间陆士龙"这样的对语。南朝沈约、周颙等，始用平、上、去、入四声来区分汉字。沈约说："欲使宫羽相变，低昂互节。若前有浮声，则后须切响。一简之内，音韵尽殊；两句之中，轻重悉异。"（沈约《宋书·谢灵运传论》）诗文中声调、分韵也日见重视并讲究起来了。及至初唐，就在这个基础上产生了讲求平仄、对仗的律诗（包括绝句）。同时骈文也因声调铿锵而达到新的高峰。一种新的文学形式——对联，也在这个基础上应运而生。

那么，对联在何时产生呢？清代学者梁章钜所著《楹联丛话》，开头就讲述对联的起源，他认为五代后蜀主孟昶所作春联"新年纳余庆，嘉节号长春"是最早的对联。一百五十多年来，虽有人提出过不同看法，但至今介绍对联的书籍、文章，都仍是如此说，几乎已成定论。其实这种说法是大可商榷的。前面谈到唐初的律诗、骈文，对偶十分工整，已经非常接近对联，绝不会经过整整三百年到十世纪中期才出现对联。现随便举两个例子：一是盛唐时有枣强县尉名叫张怀庆，他专喜剽窃名人诗句略加改动，变为己作，时人嘲笑他："生吞郭正一，活剥王昌龄。"这就是"生吞活剥"的典故。其实这是一副典型的对联（见唐刘𫗧《大唐新语》卷十三）。另一个是著名的道士吕岩（中唐时期人，即吕洞宾），他云游四方，在所居寺壁题着"三千里外无家客，七百年前云水身"（见元辛文房《唐才子传》卷十二），这也是一副典型的对联。我们再看《楹联丛话》，孟昶是由于见到学士辛寅孙所作的桃符（春联）"不工"，才写了"新年嘉节"这一对联的，可见蜀国在这以前已经流行写春联（桃符）了。《楹联丛话》还记载了五代吴越国杭州碧波亭的一副对联："三千里外一条水，十二时中两度潮。"可见五代时，对联也不是蜀国所创始和专有，很可能吴越国或其他地区出现得更早些。而且，这副对联是挂在亭子上的，更接近于楹联。总之，对联起源于后蜀主孟昶之说，是大可怀疑的。

宋代以后，关于对联的记载就多起来了。如苏轼在黄州，曾为王文甫题门联："门大要容千骑入，堂深不觉百男欢。"及贺人生子联等（见明冯梦龙《古今谭概》文戏部）。元代赵孟頫为宫庭写门联："日月光天德，山河壮帝居。"（见《濯缨亭笔记》）在小说、戏曲里，更是有大量的联语出现。

但流传至今的对联实物，却都是明代中期以后的作品，清末，吴石潜所编的《古今楹联汇刻》，搜罗弘富，其所收最早的一联是明初方孝孺的一副五言联（即本集所收"大道母群物，达人腹众才"一联）。当然，此联是否方氏真迹，很难说，但来源有自，恐非向壁虚造。明末清初时转盛，仍以文人学士的创作为多。至乾隆嘉庆以后，走向民间走向全社会。其后，竟像匹脱缰的野马，冲进了各个领域，又不拘一格，不受各种形式的约束，诗、词、曲、赋、散文、骈文、俗语、俚语等都可以构成对联。现就对联的各种特色，结合本集所载各联作一简单介绍。

首先是对联的句子构成。它可以同诗词一样，也可以用奇特的形式出现，譬如四字联句，一般诗词、骈文结构形式是二二，从《诗经》开始直至后世的四言诗、赞、铭，大都是如此，对联就不是这样，它可以是一三，如：

到清凉地，生欢喜心。（清张祥河桂林叠绿山门联）

也可以是三一式：

芦中人出,河上公来。(清林则徐河督府客座联)

也可以是三一与一三相对:

不解字汉,真读书人。(某公书斋联)

七言对联的句式与诗词也大不一样,七言诗句大都是二二三式或四三式而七言联句则变化多端,如三四式:

曾南丰文章典重,王右丞居止清幽。(清俞樾集曹全碑字联)
其人如泰山北斗,是日也天朗气清。(胡衡斋阳山韩愈祠联)

本集中王翚一联也是三四式:

合六法气韵为用,得三昧画理自神。

本集中陈铣一联:

插新花似延佳客,读旧书如遇故人。

也是三四式。有一三三式:

洞五百尺不见底,桃三千年一开花。(绍兴东湖桃花洞联)

有二四一式:

南宫六一先生座,北面三千弟子行。(清袁枚贺史贻直七十寿联)

本集中邓石如一联为二一四式,尤为奇特:

消摇于城市而外,仿佛乎山水之间。

本集里收了两副十二字联,一副是明杨文骢的:

随处傍莺花,杉桧道林空四绝;
清梵夸鹫岭,云烟岳麓瞰三湘。

另一副是清王鉴的:

染成绿萼初花,好觉暗香入画;
偶得古人精册,较胜春月在庭。

前一联是五七式,后一联是六六式,亦可窥见对联句式的多样变化。

对联的对偶也有许多讲究,有一种名为自对,即上下联句互相对偶之外,上联、下联句子之中自身互对。如本集中八大山人一联:

一杯金谷赠,旧事老人知。

其上句之"一杯"与"金谷"相对,下句"旧事"与"老人"相对。又何绍基一联:

万树桃花千日醉,一天明月两人闲。

其中"万树花"与"千日醉"相对,"一天月"与"两人闲"相对。又有一些对联是每句子部分相对,如李鱓联:

脂红粉白春消息,淡墨浓烟老画家。

前句"脂红"与"粉白"相对,透露春天的信息;后句"淡墨"与"浓烟"相对,显出作者老画家的本色。又如著名收藏家吴荣光一联：

疏花密竹行有次，片纸只字自收藏。

前句"疏花"与"密竹"相对，后句"片纸"与"只字"相对，夹在每句的中间，显示作者的情趣。又如毛怀一联：

好书不厌看还读，益友何妨去复来。

前句的"看"与"读"相对，后句的"去"与"来"相对，而放在句子的最后。这一类对联，本集中还有多副，读者可自行寻找欣赏，这里就不一一列举了。

还有一种自对联语，每联自对甚为工切，而上下联之间反而不甚妥帖，只是平仄音声相对即可，这种对联以八字联为多，如本集陈希祖一联：

言必鼎彝，行修坛宇；门无杂尘，家有诗书。

其中上联的"言"与"行"、"鼎彝"与"坛宇"，下联的"门"与"家"、"杂尘"与"诗书"相对甚工，而上、下联的对仗，反而不见得工。又如陈洪绶一联：

左壁观图，右壁观史；无酒学佛，有酒学仙。

上联的"左""右"、"图""史"，下联的"无""有"、"佛""仙"自对甚工，而从上下联来看，"左右"是形容词，"无有"是副词，及"酒"与"壁"的对仗都不算工整，这是八言联的一大特征，在对联中是常见的，仍算是佳联。

对联中还有一种叫"借对"，用一种不相干或不相对的词，借来用于联内，由于字面相对就更显得奇巧，称之"借对"，这在古诗里也有，但很少见，如杜甫的名句：

酒债寻常行处有，人生七十古来稀。（《曲江》）

其中"寻常",古代八尺为寻,倍寻为常,借来与"七十"相对,初看不觉,细审后方知其工巧。这种借对,古诗中很少遇到,在对联中就大量出现了。如:

一条大路通南北,几家小店卖东西。(某乡茶亭联)

"东西"在这里指货物,而借来作方向与南北相对。本集中郑簠一联:

瀹茗夸阳羡,论诗到建安。

阳羡即今江苏宜兴,自古产名茶,叫芥茶,唐代为贡品,称"阳羡茶"。建安是东汉献帝的年号(公元196—220年),此时为东汉诗歌创作的高峰时期,有著名诗人七人,号为"建安七子"。建安也是古县名,属今福建建瓯县,也产名茶,叫"建茶"。这里建安是年号,借作地名、茶名,来与阳羡相对。

借对中最奇特的一联要推清阮元广州学海堂联:

公羊传经,司马记史;白虎德论,雕龙文心。

这里列举四部名著:《春秋公羊传》、司马迁《史记》、班固《白虎通德论》、刘勰《文心雕龙》。借用作羊、马、虎、龙四种动物来相对,既是互对,又自相对,显得十分工巧。

对联里有一种集句联,是集前人诗、文、词、曲等句子而成。如本集恽格一联:

五日画一水,十日画一石。

这是杜甫《题王宰画山水图歌》中的开头两句,这两句并非对句,这种情况对联中极为少见。

集句有集律诗中一对联句的,如闻诗一联:

重帘不卷留香久,古砚微凹聚墨多。

这是集陆游律诗中的两句,这种情况的集联也少见。一般是集两首不同诗的句子,如本集徐良一联:

静者心多妙,飘然思不群。

这是集杜甫两首不同诗的句子,前句是《寄张十二山人彪》中的一句,后句是出自《天末怀李白》。又如本集如山一联:

松柏有本性,山水含清晖。

前句是建安诗人刘桢《赠从弟诗》中的句子,下句是谢灵运的诗句。又如张照一联:

松竹有本性,林园无俗情。

上句是刘桢诗,下句是陶渊明诗,唯改"柏"为"竹",改"园林"为"林园"。这种稍有改动的集句联,本集中很多,如丁敬一联:

花竹秀而野,文章老更成。

前句是苏轼诗,后句是杜甫《戏题六绝句》中"庾信文章老更成"一句去掉"庾信"二字。又如汪得稻一联:

春水船如天上坐,秋山人在画中行。

前句是杜甫《小寒食舟中作》里的一句,后句是改元陈孚《衡州诗》中的一句,原作"人在潇湘画里行"稍加改动,在字面和平仄上以配对杜甫诗句。又如陶绍原一联:

泼墨为山皆有意，看云出岫本无心。

前句用唐王洽"泼墨画山"之典，下联改陶渊明《归去来辞》"云无心以出岫"之句。诸如此类联语，本集中还有很多，读者可以从中以此类推。又如张廷济一联：

槐花黄，举子忙；文选烂，秀才半。

这是集科举时代的俗语联。唐朝科举，进士未考上的，于七月尚可补试一次，槐树在夏初开花，此时举子们又忙起来了。下句也是科举考试的谚语，是说读熟了《文选》（指《昭明文选》），就是考上秀才的一半了。

还有一种集字联，某些书法家、金石家专心摹习某一种字帖或古碑，为了求得书法风格的一致，常用此碑中字集成联语书写，如近代吴昌硕，专攻《石鼓文》，他常集《石鼓文》中的字书写对联。本集王文治一联：

虚竹幽兰生静气，和风畅日契天怀。

就是专集王羲之《兰亭集序》中的字，写成对联。同样，费丹旭一联：

朗抱相于兰室契，清游合有竹林贤。

也是集《兰亭序》（亦称《禊帖》）中的字。又杨沂孙一联：

西舍东田，我心既爽；左图右史，有辞也工。

是集西周青铜器散氏盘铭文字。

本集共收明清两朝201家计210联，其中，有皇帝、亲王，有将相大臣；也有节烈名臣，如方孝孺、杨继盛、史可法、杨文骢、倪元璐、黄道周，后二人又是在草书上有特创的隶草法书家；有行为高尚的遗民、高僧，如傅山、朱耷、道济、龚贤、陈洪绶;有大学者,如王守仁、顾炎武、陆陇其、朱彝尊、翁方纲、阮元等;有名诗人,如徐渭、姜宸英、查士标、袁枚、张问陶,古文名家姚鼐、厉鹗;也有传统的大书家,如祝允明、文徵明、王宠、王穉登、董其昌、张瑞图、王铎、笪重光等;还有考据大师、名史学家,如毛奇龄、王鸿绪、高士奇、钱大昕、毕沅、李兆洛等;又有金石文字学家,如郑簠、杨沂孙、张廷济、桂馥、杨岘等;有名草书家莫是龙,米万钟、米汉雯祖孙;有以写颜体著称的大书家钱沣,何绍基、何绍京昆仲。

　　古人书画相通,大画家每每又是书家和诗人,而文人写作之余,也信笔画一些梅兰竹菊之类的小品,后来又与金石相结缘,故诗、书、画、金石四者常相结合,这就集中表现在对联当中。如明四家除仇英之外的沈周、唐寅、文徵明,以及华亭派的董其昌、陈继儒等,莫不如此,这里收集他们的对联作品是非常可贵的。又如清初六大画家王时敏、王鉴、王翚、王原祁、恽格和吴历,本集也全收了他们的作品。王时敏尤长隶书,而为其画名所掩,这里收的隶书联可以说是他的代表之作。清初四高僧画家里,八大山人和石涛的书法放荡不羁,这里收了他们的对联也非常难得。乾隆时的西泠八家,是浙派金石、书画名家,这里收集了丁敬、蒋仁、陈鸿寿、黄易、奚冈、钱松、赵之琛七家,他们的对联作品充满了古雅、清峻的金石韵味,不愧是传世名作。又乾隆时经济上特别繁荣的扬州,出现放荡不羁,超出于当时传统的、宫廷的画派之外的扬州画派,这里收集了金农、罗聘、郑燮、汪士慎、李鱓、黄慎、高其佩、华岩、朱青立等人的对联,也都是难得的精品。其中金农的隶书,风格独特,格调高古,自称"漆书"。郑燮则融会草、隶、篆于一体,独倡风格,称做"六分半"书。黄慎善狂草,高其佩擅长指书、指画,都有独特的风格。还有皖派名家程邃、邓石如、包世臣、吴熙载,不仅在金石上独开派别,在书法上也是各有个性,卓然名家。乾隆、嘉庆以后,随着金石学的发展,学者们也崇尚汉魏碑刻,形成一股归真返璞、追求古风的潮流,他们创导从汉碑、魏碑入手,开北派书风,此风开自包世臣等,继起者又有邓石如、包世臣、赵魏、郭尚先、姚元之、伊秉绶、翟继昌、赵之谦、如山等,从他们的对联作品里,我们可看到他们风格的一斑。我们不要忘记,还有一大批翰林院、中书等代表官方的所谓"馆阁体"书手,他们脱胎于赵董,书风流丽姿媚而功底深厚,深得皇室的赏识,并为一般知识分子仿效。其中有汪由敦、张照、钱陈群、钱维城、梁诗正梁同书父子、蒋衡、曹曰瑛、董邦达董诰父子等,这里收集了他们的对联作品,就反映这种书风。进入近代以后,上海开埠,在经济文化上突飞猛进,形成"海派"艺术。这里收集了不少上海画派中名家的对联作品,如虚谷、王素、任熊、任颐、胡远、费丹旭、张熊等,他们在书法上也卓有成就,出手不凡。本集还收集了少量女书家如陈书、翟文嫒的对联,这在妇女深受压迫的封建时代,实在是难能可贵的。

总之,这里汇集的 200 多副对联,一方面可看出五百年间,对联由初级至鼎盛的发展进程,同时也是明清书坛盛况的一个缩影。它就像一面镜子,照射出 500 年间绚丽多姿的书法艺术。包罗着各个时代,各地区,各种不同的流派,各种不同的风格。这 200 多位作者,其中不乏艺术大家、文学和书法的巨匠。他们的对联既是妙语连珠,又从正、草、隶、篆各种书体里体现出他们各自的高超艺术造诣和鲜明特色。真是群星璀璨,百花争艳。给人以五光十色、光彩夺目而又目不暇接的感觉,确实令人美不胜收而又余味无穷。

还有一点要说明的是:大家可能会担心,大幅的对联,缩小而制成像碑帖的模样,是否会描摹失真,能不能精确反映原对联的真实面貌?其实这部对联的结集、制作、出版,已经是进入 20 世纪初的清朝末年,当时,已经用照相技术来制版,是先将对联原件拍摄成十六开大小的照片,用底片投影在石版上,然后精工印制出来,其形式虽是用黑底白字传统的碑帖模样,而在技术上并不是用摹刻、响拓来翻刻碑帖、丛帖的传统技术。可以说,这是原件真实的缩小,其逼真的程度,完全可以达到"下真迹一等"的效果,所以在这一点上请大家放心。

(本文是为《明清名人名联选》写的导言,该书由漓江出版社 1995 年 12 月出版。)

绵远深厚的叠彩文化
——《叠彩联话》前言

桂林市叠彩山不仅是桂林山水中的精品,同时蕴结着深厚的桂林文化。

一

叠彩山之得名甚早,唐朝桂州观察使元晦题写的石刻《叠彩山记》说,"按《图经》:山以石纹横布,彩翠相间,若叠彩然,故以为名,东亘二里许,枕压桂水。"现亦写作叠彩山,终觉不甚确切。图经,这里指《桂州图经》,原是六朝旧籍,隋朝收入官方著作《诸州图经》中。可见叠彩山之名在唐朝之前就有了。

一般桂林史研究者都以为叠彩山辟为景区自元晦始,其实也不然。因为这篇《叠彩山记》石刻刻于唐会昌四年(公元844年)七月,第二年七月,唐武宗下令灭佛,这就是历史上"三武之祸"的武宗灭佛,我们看到叠彩山诸多石刻佛像大都肢体不全就是灭佛所造成,所以必在会昌四年之前叠彩山已经是佛教丛林、供人游览拜佛之地了。

叠彩山的主峰也叫明月峰,就是山体岩石层层横叠,彩翠相间的山峰,直插漓江,原来向南流的漓江至此转了一个小湾,略向东南流去。峰顶建有一亭名"拏云",就是形容其高。山腰间有一个非常大的溶洞,如南北两个大厅。而中间却是一个非常细小的通道,仅能容一人进出。因两头的空间巨大,虽小有微风而中间通道竟成大风,故名为"风洞",这座山也就叫风洞山了。老百姓流传有一副对联:"云峰寺云起即封寺,风洞山风吹不动山",就是指此。山脚濒临漓江处又有一大溶洞,称做"木龙洞",一条沿江小道在此穿过,洞口不远有一座唐朝建造的石塔正对古渡口。往北不远,就是引水工程木龙湖的出口,从漓江上游南洲岛引水入桂湖,再出铁佛塘、木龙湖,一部分湖水由此回到漓江。在这里有水闸升船工程,漓江的游船可以通过升船机进入木龙湖。

紧依明月峰的正南方有一幢三层楼建筑,便是抗日时期广西省主席黄旭初的公馆,这是一所极不安全的建筑,不用说从山上投掷炸弹、手榴弹,即使投下石块,也会造成极大的破坏,可是黄旭初在这里住了十几年,直至桂林解放才撤离去香港定居。也从没有听说黄公馆遭到什么恐怖袭击。中华人民共和国成立后作工人医院职工宿舍。2010年4月30日中午一点钟左右,叠彩山忽然滚下三块巨石,均比载重汽车都大,滚在进山的路上,正是黄公馆的西旁。适导游领一队上海游客刚刚经过此地,幸未伤人。不过十二天,四川便发生了八级大地震——汶川大地震。这时大家都很紧张,人们纷纷搬出黄公馆,它就被作为危房封存至今。

南边稍低一山便是四望山,山之阳是著名的定粤寺建于此,后来几经沧桑,现在是桂林市政府的一个部分。西头便是仙鹤峰了,如果我们从这个山的西北方向(最适宜是站在中山北路桥的北堍)来看,则仙鹤峰真如一只孵着的鹤,头朝东而尾身宛然。清后期的广东诗人张维屏在仙鹤峰的西壁题下了"天外飞来"四个飞舞的大字。仙鹤峰中部有一个大溶洞高约十丈,宽亦如之,长约二十丈,名仙鹤洞或瞻鹤洞,又叫碧霞洞。抗日战争时,这里是电信局的通讯车间,收发报机设于此最为安全。

叠彩山之南面还有一座小山叫于越山,上建长方形长亭,命名为"于越亭"。山下面南向有一小洞,人可容膝而坐,康有为来桂讲学时,因住叠彩山,不时在山下周遭盘桓,这个小洞,他认为是他所发现,遂命为素洞(康一字长素),洞口刻了"素洞"两个篆字。

二

自元晦至于宋朝末年的四百多年中(公元844—1279年),叠彩山在桂林景点中是比较冷落的,这反映在游者的题名与题诗上。其间叠彩山有题名的仅五件,内中只有一件题诗(朱晞颜)。当然,没有题名、题诗不等于人没有来。例如孙中山先生于1922年就来过叠彩山,一般人却不知道。元朝有一个叫妥妥睦尔的蒙古人,时任广西道肃政廉访副使,他在至正五年(公元1343年)的题名石刻说得好:"有宇宙即有此山,过而游者由古迄今,盖不知其几,惟石刻仅存若干人耳!"

但是一到明朝,叠彩山就热起来了。不仅题名石刻显著增多,诗刻也增多,还有许多人是一题再题。嘉靖间有一位大太监傅伦,在叠彩山的题诗,竟有七处之多。一提太监,大家会对他们的印象不太好,他们出身卑微,文化低,素质差。靠着贴近天颜,服侍圣上,就能代传圣旨、代圣上说话,皇帝也认为服侍他的人,最亲近、最可信,而太监们也往往将圣上玩弄于股掌之中。尤其是明朝,这种弄权的太监实在太多了。这个傅伦,在桂林其他景点上也题诗,他在叠彩山所题多是七律,有一首五律所署的官名是钦差镇守广西都知监太监,所署籍贯是湖南渠阳(今属靖州),七首诗的时间从正德十三年至嘉靖九年(公元1518—1530年)。我们从文献中找不到有关傅伦的材料,从他一首诗中有"烟波钓叟轻名利,不羡人间万户侯"的句子来看,似乎是看透了官场的凶险、倦于政治斗争,不像是倩人捉刀之作。

在这些石刻里,我们还要介绍两位武将,一位是正德年间镇守广西副总兵右军都督府署佥事张祐,广州南海人,字天祐,号可兰,两次题诗叠彩山,并书"风洞"二字。另一位是万历三十年前后任都督佥事挂印总兵官的王鸣鹤,为淮阴人,号羽卿,他除在叠彩山有两处题诗之外,在叠彩山前山路左方的一大块高约五米的大石上题"江山会景处"五个大字。这句话是对桂林山水的高度总括。因当时叠彩山的建筑物少,此处可东眺漓江,自东北而来,在明月峰下折向南行。马鞍山、虞山、辰山、屏风山、七星山、象鼻山、独秀峰、伏波山、月牙山布落其间,山川错差,气象万千。此处是桂林山川最好的观景处。大而言之,放之于全国也是有数的情景交会之处。

三

明清的易代在桂林遇到了麻烦,桂林遭到建城以来的第二次大浩劫。(第一次在宋元之际,元军攻桂林数月不下,费九牛二虎之力方攻下桂林,元统帅阿里海牙非常恼火,下令屠城。)公元1649年,在数度攻桂林不下之后,清令鹰犬刽子手孔有德率十五万大军自湖广破兴安,入严关,公元1650年11月进围桂林。在此前作为留守的大学士瞿式耜自公元1647年来曾三次击溃清军的进攻,瞿式耜亲冒矢石,阵前督战,激励将士。但他所扶植的桂王永历帝,不仅胆小如鼠,未警先逃,且心胸狭窄,对人疑忌,尤其不信任参加抗清阵营的农民军,即在大敌当前仍然内斗不已。对瞿式耜也极不信任,认为瞿不过要逼他"死于社稷而已"。这样的人如何能号召忠义、安定民心、团结一致面对强敌?但一些地方军又想拉他作为资本。所以清兵未到,永历帝就跑到南宁去了。这使瞿式耜非常失望。守城军走的走,降的降,根本不足以抵挡孔有德的大军。瞿式耜只有以一死来表其愚忠罢了。此时任总督的张同敞在灵川,一听见他的老师(张曾出其门下)决心与城同存亡,即来到桂林愿与老师一同成仁。11月城陷,二人同时被俘,孔有德展开劝降攻势,历四十余天,一直关押在风洞山的佛寺里。师生二人毫无惧色,互相作诗唱和,这些诗后来被杨艺收辑起来,共百余首,命名为《浩气吟》。今各录其一:

瞿诗:

> 已拼薄命付危疆,生死关头岂待商。
> 二祖江山人尽掷,四年精血我遍伤。
> 羞将颜面寻吾主,剩取忠魂落异乡。
> 不有江陵真铁汉,腐儒谁为剖心肠。

张同敞和诗:

> 异国凋零非故疆,首阳一死尚留商。
> 舌存不信乾坤去,臂断宁同儿女伤。
> 胡语可怜原汉语,帝乡无路是愁乡。
> 幽魂应变天边月,照见孤臣铁石肠。

瞿诗中"二祖"指明太祖、明成祖,"四年精血",指瞿式耜自公元1646年任广西巡抚拥立永历帝算起。"江陵真铁汉",指张同敞。张同敞和诗中的"首阳一死",指商代末孤竹君伯夷、叔齐兄弟不食周粟,饿死于首阳山,故云"留商"。"舌存",原是战国张仪的典故,这里指唐朝的颜杲卿。安禄山反时,颜守常山,城破被执,大骂不止,安命拔其舌而死。文天祥《正气歌》"为张睢阳齿,为颜常山舌"即指此。"臂断",指审讯时,张同敞大义凛然,怒斥孔有德,为清军打断左臂,打伤右眼。"胡语"一句,是指孔有德等一班汉族降臣,甘当满族的鹰犬。在他们关押四十天之后十二月十七日(公元1651年),孔有德再也忍不住了,把他们杀害在叠绿山佛寺的门口。虽然他们二人的忠勇事迹在乾隆年间已得到表扬,并赐谥忠宣、忠烈。但直到百年后的道光庚子(公元1840年),才由当时的广西巡抚梁章钜立了二公成仁处的碑。后来又造了仰止堂,刻二公的石像碑嵌于壁间。1963年3

月广西史学会召开成立大会,邀请郭沫若院长作学术报告,同时也来桂林进行学术活动。桂林文化界领导陪同其参观仰止堂时,因张二公遗像下方留有空白,说,这里留待你大手笔的。郭先生稍加思索就写了二公的像赞。瞿式耜的像赞是:

式耜瞿常熟,忠名满大千。
存心在畎亩,立志复幽燕。
歼敌能致果,临危自泰然。
南冠吟浩气,堪并文山传。

张同敞的像赞是:

的是奇男子,江陵忠烈张。
随师同患难,与国共存亡。
臂断何曾断,睛伤并未伤。
万人齐仰止,千古整冠裳。

20世纪80年代,广西师范大学严沛教授为仰止堂写了一联:

四年留守,三破重围,保永历危疆,一片丹心传碧史;
同声厉斥,弥月高歌,得扬州风骨,千秋浩气壮名山。

大家知道瞿式耜进士出身能写诗,但他也写对联,他为伏波山关帝庙写了一联:

浩气塞两间,万古纲常永赖;
威灵宣八表,千秋带砺本凭。

并题匾额曰"学本尊王"。关羽熟读《春秋》,而春秋的基本思想是"尊王攘夷",这里的尊王实是抗清之意。瞿式耜虽被杀害,但这副对联并未撤去,至清道

光时尚存在。张同敞亦曾为瞿式耜城东的别墅名小东皋,题写门联:

阶前古树思尧叟,门对名山忆伏波。

陈尧叟为北宋名臣,太宗端拱时状元及第,后任广南西路转运使,有惠政,后任宰相,这里指瞿式耜。下联由伏波山而联想到伏波将军马援,亦以歌颂瞿式耜。

四

这里要说一说清廷的凶猛鹰犬冲锋在前,杀戮同胞无数,不可一世的孔有德,他做梦也没有想到会栽在桂林。公元1652年7月,大西农民军旧部将领李定国以大军抄近路由湖南进围桂林,使孔有德措手不及而无法抵御,他见大势已去,便亲手杀死了几个美妾,然后自杀,聚历年掠夺来的珍宝,与火药一起燃放,半轰半烧之下使经营数百年的壮丽豪华的靖江王府化为一片废墟。其子为李定国所掳,而其女儿孔四贞则为部下所救。后辗转北至北京向清庭哭诉,被太后收养在宫里,当时她十三四岁,而顺治帝也不过十七八岁。二人在一起玩乐厮磨,渐生情愫,而形影不离。而太后也很喜欢她。于顺治十三年(公元1656年)六月由太后作主定孔四贞为皇妃。《清实录·世祖实录》卷102是这样记载的:

六月癸卯。上谕礼部:奉圣母皇太后谕,定南武壮王女孔氏,忠勋嫡裔,淑顺端庄,堪翊壸范,宜立为东宫皇妃。尔部即照例备办仪物,候旨行册封礼。

果真如此,不仅孔四贞有了好的归宿,就清初桂林的历史而言,恐是另一个样子了。偏偏顺治皇帝却是个多情种子,又爱上了他弟弟襄亲王博穆博果尔的老婆董鄂氏,关系暧昧而大胆,气得襄亲王自杀身亡。这样,这桩恋爱就称心如意了,哪里还把孔四贞放在心上,礼部请钦天监已选了吉日,定于八月十九日举行孔四贞的册封典礼,也就是成婚的日子。可顺治皇帝却一再推托,说是弟弟刚死,婚期必须延期。但到八月二十二日,忽然宣布立董鄂氏为妃的诏书。这使孔四贞非常恼火。当皇太后为她另行择配时,她才愤而扬言,自幼配给孙龙之子孙延龄,已经许人。此时才说出,岂不是"欺君"?太后、皇上看在孔有德的面上,也未追究,孔四贞以后才有以和硕格格的名义与孙延龄成婚,并于康熙五年(公元1666年)双双回桂林就任定南王旗主与广西将军之职,当他们的官船到达淮安(今属江苏)而康熙帝的诰封敕书亦到:封延龄为特进上柱国光禄大夫、世袭一等哈思尼哈番、和硕额驸镇守广西等处将军,而封四贞为一品夫人。四贞又大为不快,因夫人则妻以夫贵,和硕格格乃是郡主,岂有从夫之理,于是拒绝接受。此举实为"抗旨"。清廷要用她之时,也没办法。

五

综观孔四贞作为广西军政的一把手,自康熙五年至康熙十六年(公元1676年)孙延龄被杀,自己被挟持至云南离开桂林的十年中,似无甚善政可言,至少她没有处理好一些重要的关系。首先是旗主与旗都统之间的关系。都统原是一旗的首长,定南王旗都统王永年、副都统戴良臣、严朝纲由旗主提名,朝廷任命,实是向朝廷负责,按朝廷旨意办事,又是朝廷安置在旗内的耳目。故戴良臣等自以为有朝廷为靠山,每与孔、孙意见不合,时有矛盾。尤其是孙延龄,处处受限制与掣肘,对王、戴等十分仇恨,他之所以投吴三桂,固然是由其豺狼本性,也是对王、戴等都统仇恨所致。其次是没有处理好与孔有德旧部的关系。孔有德旧部,原本都是与孔有德共患难,同生死,英勇杀敌,战功累累的老部下。孔四贞、孙延龄乃是后生小辈,居然以长官坐大,蔑视旧部,不加体恤,致使部下不服,常有哗变。遂使孔、孙的统治基础不稳。最后是没有约束孙延龄的胡作非为,为所欲为。孙延龄一贯纨绔习气,流氓成性,无恶不作,造成极坏影响。孔四贞首先没有管好自己的老公,何以维系人心,稳定广西大局?待一有风吹草动,孙延龄就叛变了。所以孔四贞有负朝廷的重托,深负太后、康熙对她的厚望。

当然一个没有任何经验的少妇,把她推在政治军事斗争的风口浪尖,难免要多喝几口水,她的代价太大了。二次家破人亡,第一次家没了,失去了父母兄弟,第二次失去了丈夫、儿子。当康熙二十年(公元1681年)三藩平定,定南王旗也于次年撤销,并入汉军八旗。孔四贞两手空空回到北京,她的本钱全部输光了。所以朝野对其无人理睬。但是她毕竟曾是轰轰烈烈的人物,而两次破家的悲壮命运,获得了一般百姓的同情。老百姓才不会查什么《大清实录》,只知道有名的公主坟,就同她扯上关系,附会在她的身上,把北京西三环的公主坟实是嘉庆的两个女儿的坟墓,也硬说是孔四贞埋骨之所,而且有许多美丽传奇的传说。因此感动了台湾作家琼瑶,写了电视剧《还珠格格》,就是以孔四贞作原型加工。孔四贞留在叠彩山的就是定粤寺了。

定粤寺原为明代靖江王王室的专用佛寺,原名为普明庵,孔有德攻下桂林后,占用了靖江王府不算,也占有了普明庵,他自知入关以来,屠杀同胞太多,又血洗了桂林城,自知罪孽深重,只好皈依佛教,用来忏悔超度罪孽,祈求平安度过余生。因此改普明庵为定粤寺,大加扩建,来此拜忏。

孔四贞回桂林后,为了超度亡父,更加扩建、重装了定粤寺,并于康熙八年(公元1669年)在广东佛山定铸了一口重五千多斤(当时的衡量)的定粤寺大钟。抗日战争时定粤寺被毁,大钟已移置伏波山前。这是孔四贞留在桂林的唯一遗物。

定粤寺在清乾隆中期(公元1755年)又有一次扩建,山前增建东西厢房十二间,后山建楼屋一进。此寺规模,自山门至前殿、后殿,有钟楼、鼓楼,并有厢房十二间,后屋沿山而上至山顶又有三进。乾隆后期又进行一次大修。故定粤寺一直是殿宇宽广、房舍整齐。桂林百姓称它为大寺,如今的叠彩路当时称大寺街。

清末1905年,蔡锷应广西巡抚李经曦之邀来广西督练新军,并创立军事学校。1906年在桂林筹办广西陆军小学堂,一时找不到学校校舍,就办在定粤寺内。1908年冬开学,蔡锷任总办(校长)。从这里走出来的有赫赫有名的人物:李宗仁、白崇禧、黄绍竑、李任仁……而且李宗仁的最高学历就是广西陆军小学堂。为了面子,常把一个小字去掉,就成广西陆军学堂。

大约在嘉庆初年的十九世纪初,叠彩山风洞山前建造了一处巨大建筑名为景风阁。是由政府出资,是当时的巡抚满族庆保号蕉园所命名,同僚间有写诗、写序的都刻成石碑,镶嵌于四壁。因此景风阁成为政府官员节假日如中秋、重阳等举行庆宴、活动的场所。光绪二十年(公元1894年)十二月,光绪二十三年(公元1897年)二月,康有为两次来桂林讲学,就住在叠彩山的景风阁。他所讲的孔子托古改制、张三世等今文经学,是对守旧的传统儒学的冲击,令人耳目一新。这种变法维新的思想给桂林只讲科举八股、古文、诗词的文化界激起不小的波澜。听众内就有个十六岁的体用学堂的学生马和,就是后来的马君武。

六

这里说说叠䌽山的清代石刻。名诗人袁枚有《游风洞登仙鹤明月诸峰》诗刻石:"泱泱天大风,谁知生此洞。古剑劈山开,千年不合缝。我身伛偻入,风迎更风送……"此诗与另一首《独秀峰题诗》均未署年款,只署简斋袁枚。有人说是乾隆初来桂,似不大可能。因乾隆初他只二十五岁,既未中进士,尚未成名,他是浙江杭州人,能否远来桂林旅游,一作诗,就能刻石,似不大可能。因无其他确证,只能如此说了。

在风洞北口右方有篆字诗刻:"奇石嵯峨古渡头,訾洲红叶桂林秋;洞中穿过高楼望,人在荆关画里游。"诗格清新,书法古雅,因年款和名款长期被凝结的碳酸钙覆盖,自清末以来一直认为是嘉庆时任广西巡抚叶绍楏之妻陈长生的作品,她又是女作家,长篇弹词《再生缘》作者陈端生的令妹。20世纪70年代末,桂林文物管理委员会对桂林现存石刻彻底清理,铲除了覆盖的矿物质,才露出作者名款、年款,原来是:"道光丁亥小春月游风洞山,口占一绝以纪游踪,白下仙槎张宝脱稿。"至此才真相大白。道光丁亥为公元1827年。风洞山的北洞口左方,有象州才子郑献甫及李士莲、文万选、阳辉碧、罗承澍等五人刻于同治三年(公元1864年)为歌颂广西布政使刘坤一平定盘据在桂平平天寨会党黄三的纪功诗。今录郑诗一首:

> 石梯镇上羽书传,木赖江干首虏悬。
> 一部劫销王敬则,五溪师老马文渊。
> 银刀肃队秋移帐,铜鼓惊滩夜泊船。
> 从事归来督军笑,刘公飞札果翩翩。

初看起来很奇怪,一向反对诗文标榜派别,提倡自然的郑小谷,怎么也会对地方大员歌功颂德起来。细看他的诗中用典其实是有深意。石梯镇、木赖江都在桂平。江干,即江岸。首虏悬是倒装句,即悬虏首。王敬则,南朝齐的将领,因拥戴齐高帝萧道成为帝有功,封寻阳郡公,任南兖州刺史,位高权重。

大家知道南齐是一个短命王朝,只存在22年。这是由于王室内部的自相残杀,给外人有机可乘,以至自身灭亡。王敬则就成为内斗中的牺牲品,短短的四年之中便被杀。"一部劫销"是王敬则在消灭江南紫山"贼"中的一次很不光彩的诱降杀降事件而邀功获赏。下句马文渊即东汉名将马援。五溪,当时湘西一带的五个少数民族部落,称"五溪蛮"。建武二十四年(公元48年)武陵五溪蛮反,马援以62岁高龄出征。由于情况不明,进军路线错误,军队遇阻滞留不进。马援病死军中。汉光武帝听信谗言,竟全怪马援,追削马援原有的侯爵,取消身后的一切荣耀和待遇。铜鼓滩是邕江的险滩。滩上建有伏波(马援)庙,这里指刘坤一从此处进军。飞札,指奖励刘坤一的公文;翩翩,纷纷而至。从这两则典故来看,虽是歌颂刘坤一的劳苦功高,可是前途凶险,很不吉利。这些诗,可能是友朋所约,碍于情面,一时应酬之作。

七

这里还要介绍一位女诗人的诗刻,就是严永华的《留题叠彩山》,刻在风洞山北口右方。现处在迎风阁楼梯之旁,不易见到,碑文仍然可读。严永华是浙江桐乡人,广西巡抚沈秉成的继室,且长于填词与绘画,有《纫兰室诗钞》《鲽砚庐诗钞》存世。沈秉成(公元1823—1895年),浙江湖州人,字仲复。咸丰六年(1856年)进士,曾任总理各国事务衙门大臣,安徽巡抚。公元1887年,广西灾情严重,朝廷起用居家(年已65岁)的沈秉成。沈欣然接任,严永华亦随行。沈秉成在任期短短的两年内却做了许多工作,发银赈济,生产复苏,经济恢复。同时在文教上也有所建树,并主持纂修了《广西通志辑要》,因旧的《广西通志》材料,只编辑至乾隆末嘉庆初。这部辑要,是续嘉庆以后的资料。同时又编了《堂匪总录》与《股匪总汇》两书,是详细收录太平天国起义前后广西会党的起义活动与农民起义的详细资料。他去职后,叠彩山前大路旁右侧立了一块《思贤碑》,碑阴有两行小字:粤西士民敬为大中丞归安沈公印秉成字仲复立,岁在大清光绪十五年己丑五月二十日。广西的巡抚平均约三年一任,清代二百多年中要有多少巡抚,立思贤碑者似仅此一见。此碑在"文革"时被砸毁。严永华在沈离职前先行回苏(他们在苏州有别墅名耦园)。行前她带着儿子、侄女、外甥一家在叠彩山玩了一天,写了这首长诗,计310字,62句东韵到底,全学杜甫的《赴奉先》《北征》等长诗,内容有写景、抒情、咏怀、论政及民风民俗。

桂林山水窟,名甲寰宇中。天教廓诗境,宦迹留泥鸿。
未遑事幽讨,尘俗空填胸。携雏欲先去,归棹寻吴淞。
仆马已在御,歌骊行匆匆。阳侯若有知,恍惚来相逢。
为言名胜地,自古无异同。胡为浯溪游,长歌诗兴浓。
兹境不一顾,毋乃情不钟。因之小作虐,澎湃横流冲。
舟舆两难渡,挚梠访灵踪。山城无百里,跌荡多奇峰。
层峦叠锦彩,佳气郁葱茏。飞阁出岭表,清赏溯元公。
古堞隐崇雉,深洞饮长虹。坐久心颜开,瑟瑟来清风。
雨余空翠滴,洞古白云封。豁然忽开朗,异境探不穷。
老佛坐岩际,天半闻清钟。青山寿太古,底事首尽童。
俯仰忽有悟,山性与人通。斯人多质直,山亦无修容。
参差如束笋,夭矫若游龙。山下多沃土,潆洄水一弓。
种荷能逭暑,种桑倍农功。民瘠久必乱,民裕国乃丰。
愿民登衽席,蚕织毋疏慵。漓江波似镜,倒影青芙蓉。
小艇自来去,荡漾双桨红。清景俨图画,抽笔摹难工。
凭眺不忍去,夕照辉长空。何当携绿绮,一鼓风入松。

最后的题记和名款是:随宦桂林,未遂揽胜之愿,匆匆将去,阻雨衍期。朝兴,掣马甥瑞熙,侄女寿慈,两儿瑞琳、瑞麟,登叠彩山,盘桓竟日,赋此。光绪十五年岁在己丑孟夏,浙西不栉书生沈严永华留题。

由于沈家在叠彩山的这些渊缘,1964年桂林文物管理委员会函请上海著名书法家,沈秉成的族侄,沈尹默先生书写"叠彩山"三字,不久沈先生所写的"叠彩山"三字寄来了,就是今天大家在风洞山南口所见到力压千斤的"叠彩山"三个大字。刻成后,又把照片寄给沈先生审阅,沈先生看了照片说,有些走样,基本上可以。

就在南洞口左上方明显处,还刻了近代爱国领袖马相伯的平面像,由其弟子北洋政府的教育总长林素园用正楷书写的像赞：貌赤心慈，人瑞人师，形神宛在，坚弥高弥。林素园敬题。庚辰四月吉日。

马相伯原名马良，江苏丹徒（今镇江市）人，为早年的天主教徒，任徐汇公学校长，1903年创办震旦学院，1905年创办复旦公学，民国成立后曾一度任北京大学校长。"九一八"事变后，主张团结抗日，奔走呼号，为一时领袖。1937年沈钧儒等七君子出狱时，首先拜访的就是马相伯。马氏抗战时流亡来广西，居叠绥山，后拟去昆明，1939年病殁于越南。抗战胜利后，在风洞山刻像，并在瞿张二公成仁碑旁立碑，题"马相伯先生居留处"八个字。此碑在中华人民共和国成立初尚存，估计在1958年前后撤去。2005年，上海复旦大学举行建校百年大庆，听说创始人老校长马相伯在桂林叠绥山留有石刻像，立即派人来桂林联系有关部门，出资做了该石刻的防护玻璃保护。这是在叠绥山数百件石刻中唯一享受有玻璃罩特权的石刻。

八

1963年初，朱德、徐特立两位老革命家来桂林，同时攀登明月峰。当时朱老总已77岁，徐老已86岁高龄。

朱老总写的诗是：

> 徐老老英雄，同上明月峰。
> 崖高不用杖，脱帽喜春风。

徐特立老的和诗是：

> 朱总更英雄，同行先登峰。
> 拏云亭上望，漓水来春风。

充分说明了叠绥山是英雄山、长寿山。20世纪80年代初，桂林文物管会用朱、徐两老的诗作原稿放大，刻在明月峰顶峰的路旁崖上。

如今，叠绥山有引漓江水压送上山顶的工程，水喷头遍布全山，既可浇灌花

木,又可防火护林,林木面积与数量远远超过旧山林的数十倍。我们就更深刻体会到清代沈秉成所作风洞山山门的对联:

郁郁佳气,泱泱大风。

而瀑布淙淙,流泉汨汨,使山景因水而活,荷塘鱼池为前所未有。草木畅茂,巨木垂阴,遮天蔽日,虽溽暑而凉风习习。清张祥河(道光二十五年,公元1845年广西巡抚)所题一联觉得甚为恰当:

到清凉境,生欢喜心。

该联由已故广西师范大学伍纯道教授书写,镶嵌于风洞山山门两侧,张祥河在风洞山后山还有一联:

爽借清风明借月,动观流水静观山。

张祥河在景风阁还有一联:

漓江酒绿招凉去,常侍诗清赏雨来。

下联的常侍指唐朝的元晦,传说他纪念叠彩之胜的诗有《越亭二十韵》,旧有石刻,明人尚见,今已不存。明顾源有和诗石刻今存。梁章钜在风洞山后山背屋也题一联:

金碧焕楼台,远眺盘龙,近招白鹤;
烟云生几席,风来北牖,亭对南薰。

盘龙,今名马鞍山;白鹤,就是仙鹤峰;北牖洞,即风洞;南薰亭在虞山。梁章钜在景风阁还有集韩愈诗句联:

粉墙丹柱动光彩,高崖巨壁争开张。

而景风阁的右手门口还悬挂一联:

谁作画图传韵事,我来清赏溯名流。

画图,指宋代范成大请人画桂林的山水图,名为《粤山真形图》。
而嘉庆年间的广西巡抚叶绍楏也题过景风阁一联:

林间虚室足觞咏,山外清流无古今。

他这联全是集王羲之《兰亭集序》中的字。
景风阁前有一巨石,似一拳,名"一拳石",上建亭,名"一拳亭",上有徐宗培一联:

千古江流环槛绕,万重山色上城来。

又有谢光绮一联:

四望山深藏古刹,一拳石老跨虚亭。

又有曹谨堂集白居易诗句一联:

烟波澹荡摇空碧,楼阁参差倚夕阳。

大家知道王力教授写了七星公园小广寒的长联,其实他也为叠绿山写了一联:

过五岭,近月牙,秀水花桥竞秋色;

傍七星,邻象鼻,层密叠綵占春光。

此联原挂在叠綵山南面石阶五十三参的亭子正面,因对联用普通玻璃制作,为狂风吹折打碎,以后就鲜为人知了。该山亭的背面原挂着由现代书家张开政书写清代秦焕一联:

风景大文章,流水烟潭空万象;
洞天古图画,诗人名士共千秋。

首冠风洞二字,联语切景抒情,气势雄伟,后来也被撤去。现在叠綵山所有楹联,尺寸一律,都用木板黄底绿字,全请北京的书法家书写。整齐是整齐了,除了几件书法可观之外,内容千篇一律尽是花花草草,挂在哪儿都可以,全无叠綵山本身丰富文化内涵的特色。

《叠綵联话》实是叠綵文化的支脉,是这种文化的延伸。但做得很不够,虽然经过了十多年的努力,尚不过是谜楼之一隅,冰山之一角。敬希贤达君子,多所补正。

(本文出于《叠綵联话》一书,广西师范大学出版社2016年12月出版)

《叠綵联话》后记

党的十八大召开，一如融暖的春风，吹遍神州大地。也恰值农历龙蛇年的交接，大地春回，万象更新，今年的春节年味自然也就不同。我们且看一些春联：

一曲迎春调，
百花梅为先。

春来千枝秀，
财茂四海通。

大业中兴新世纪，
宏图再展小龙年。

梅花点点闹春意，
爆竹声声报福音。

大泽龙居藏远志，
莽原蛇蜕蕴生机。

山美水美春光美，宏图更美；
人新事新时代新，伟业鼎新。

瑞雪丰年，和谐社会小康景；
灵蛇蓄动，美丽中国大道行。

……

实在太丰富了,真是美不胜录。

正当大家在办年货、贴春联欢度春节之时,各级党委领导也在换班交接。今年的二月八日,桂林市委常委举行扩大会议,实质就是市委领导班子进行交接仪式。原市委书记刘君同志作了交职讲话。随后,新任市委书记赵乐秦同志作履新讲话,其中引用了一副对联:

    得一官不荣,失一官不辱,勿说一官无用,地方全靠一官;
    吃百姓之饭,穿百姓之衣,莫道百姓可欺,自己也是百姓。

笔者孤陋寡闻,只记得毛泽东同志在1942年的整风运动报告《反对党八股》中曾用了"墙上芦苇"一联,此后极少听说有党的各级领导干部在正式场合的讲话中引用对联的。赵书记引用清康熙年间知县高以永在任职期间所撰写的这副朴实无华却富有哲理的对联,可以说是难得的一件创举。

今年母亲节,有一位先生用一副对联纪念他的母亲:

    谆谆教诲,三春晖恩深碧海;
    赤赤丹心,寸草心情比蓝天。

还有一副对联是颂扬一位清官的:

    说实话、办实事,一身正气;
    不贪污、不受贿,两袖清风。

好了,一些新的联语暂录至此。总之,对联这种有趣的具有民族特色的文学形式,在新时期仍可发挥其作用,而且具有新的活力而生生不息。

遥想青年之时,余酷爱联语,至于痴迷程度。当时求学沪上,有关对联的资料购求颇易,历年所得居然成帙。其后也曾留意,虽一鳞半爪也不轻易放过。可惜,十年浩劫之中尽付覆瓿。至退休之后,又重检旧业。惜年齿侈长,精力就衰。就此区区小册子,也耗时十年以上,且是靠着许多朋友的鼎力相助,才有今天的模样。这里要特别感谢的是上海市金融服务办公室的黄升任博士,我多年的老朋友,他不仅校阅了全部书稿,搜集插图,并作了许多必要的改正与补充。再要感谢广西师大出版社李庭华(现任职《当代广西》杂志社)、黄佳梦两位编辑同志,在书稿作较大改动的情况下,不厌其烦进行整理和编校。此外还要感谢自治区新闻出版局新闻报刊处黄品良副处长,他审阅了全部书稿,并提出许多宝贵意见,使本书有进一步的提升。

年华易逝,韶光不再。一人或数人的精力识见毕竟有限,书中难免存在许多不足之处,敬请读者不吝指正。

(2013年炎夏作者谨志于叠绦山前斋舍)

第五辑

往事如昨:问学忆师友

幼年的艰辛求学之路

　　今日的青少年是生长在幸福的蜜糖之中,哪里有什么苦难的体会,哪里知道我们这些耄耋老人少年时求学的艰辛。就是六七十岁的老人也只能从父兄们的口中得知一些旧社会的苦难,也并无亲身的体会。

　　1937年,我的实足年龄是五岁,虚岁已经六岁,在城市里一般都是上学的年龄了。可是战争来了,日本鬼子步步入侵,得寸进尺,七七事变之后,接着就是"八一三"进攻上海的战争。我父亲在镇江江苏省建设厅工作,经常出差在外地搞测量工作,或是建筑公路、桥梁。日军从淞沪战争南下攻取杭州,从杭州沿宁杭公路(当时称京杭国道)取湖州、宜兴、溧水直逼南京,当镇江陷落、省府逃散时,我父亲尚出差在外。我们一家四口只能回宜兴躲避。因父亲长期在外工作,我老家蒋家村并无房子可供居住,只能投奔到外家高塍镇去躲难。因当时的日寇,见人就杀,不论军民,烧杀淫掳,毫无人性,我外公介绍我们到一处僻静之地,在宜兴、溧阳交界处叫上黄的乡下地方去躲避。附近有个小集叫寿生渡,进入深山小村(村名已忘记)附近有多处小山,也有山洞,出产一种半透明的石块(现在想来,那是方解石)。同行入住的还有我母亲外家的一对小表姐弟(他们的年龄都比我大)和我娘舅之子的表兄,他已有十六七岁,是一个小伙子了。我们在村里租住了三处空房,也常结伴到山里去玩,捡一些石块回来,这样大概住了有一个月光景。幸运的是,日军竟未到该处,我们总算躲过一劫。大家回到高塍。我舅家大门照壁后原有一小园子,就在此地建起三间小屋,西首一间作门厅,东首一间为地板房是正房,我父母居住,当中就是我和大妹住下,正房后面的一个小披间砌了一个小灶作厨房,我们一家就住下了。但战争并未结束,国民党军队也并非是一走了之,时常有反攻,就高塍一地而言,自1937—1939年间就有多次反复,多次拉锯战,中国军队死伤惨重而顽强战斗,日军也付出了沉重代价。只记得有一支中国军队番号33旅,装备甚差而与敌顽强斗争,伤亡惨重而战斗不止。他们的精神给当地群众以极大的鼓舞,其装备则成为群众揶揄的对象,凡是遇上破旧农具或残缺工具,每称之为"33旅的货色",或是"33旅的家伙"。

直至1940年后,国民党军队转入张渚山中,很少在高塍一带活动,高塍、红塔一带便是新四军的活跃地区,直至抗战胜利。

我还在镇江的时候,曾进过一所正规的幼儿园(当时叫幼稚园),附属于一所有名的小学,校名和地址都没有印象了。每天上下午上课,中午由家里送饭,然后在学校午睡(由家里带来一床小被子),下午课间,学校供应一餐点心,如牛奶、面包或饺子、稀饭等,记得幼儿园主任是一个中年妇女姓徐,梳了发髻,据说是个寡妇,对我们很严,大家都怕她。我有时也挨批,但不知所以然,也不知所措。教学内容主要是唱歌、集体操、跳舞、游戏。我还记得学过有这样一支歌:

飞!飞!飞!飞到花园里,
这里的景致多美丽,
有红花铺的床,供我们睡眠,
有绿草铺的地,供我们游戏!
飞!飞!飞!飞到花园里,……

表演时,同学们装作蝴蝶,边唱边舞。

还记得有一次活动,大概是参加高年级的毕业班的文艺表演,我们幼儿园的同学们坐在前排,观看大哥大姐们的文艺表演。

可是好景不长,"八一三"战争打响了,我们只能逃回宜兴,到外公家高塍镇避难。1937年冬、1938年一整年和1939年的春夏,我们都在此居住、生活。我的二妹塍育就是1938年冬天诞生在这里的。可是我父亲因抗战失业,坐吃山空,又不愿当汉奸为日伪做事,而蒋家村老家,有祖上传下水田20多亩,于是自1939年秋冬间,只能回老家蒋家村经营农业为生了。恰巧,原有村民万德铨,是做收购农民稻谷至无锡等城市发卖的生意的,当时有专门的名称,叫做"稻主人"。后来他去上海发展,举家迁沪。余有两间平屋两进,后间还有阁楼,我们一家就住进去了。

1937年下半年至1940年春,是我虚岁6—9岁,正是上学的年龄,可是由于战乱就没有好生上学。我家搬回蒋家村后,在村的西头有一所万氏宗祠,是蒋家村、邻村水淋沟和再往东的邻村毛家村三村万姓的祠堂,是一排五开间高大的平房。前有围墙,围成一个庭院,种植花木。平房的中三间有神柜,供奉万氏历代神主。东西两间称东、西梢间。抗战之前就在此办小学,是"单级独教"。即全校只有一位老师,一个教室,却有几个年级,教师上课时逐级教授,一年级教完教二年级……教完的学生或尚未上课的学生则做习题或复习。大致教完二三个年级下课休息。约十五分钟后再上算术课或其他课程。在下午上常识课或体操或做游戏。这种学校现在可能没有了,在旧社会的农村里是常见的。自1938年冬至1939年春间,我的一位住在周墅村的亲戚在这里办过学,我也在这里学习过。到1939年的春季,一位中年的私塾先生姓许,在这里办私塾,我在这里学过《百家姓》。1940年后,时局相对稳定,国民党军队也搞游击战,但退居在张渚的山区,我们家乡和高塍一带的地下局面,就是新四军的天下了。1940年后,我就在高塍的溮南小学读书了。且说这个高塍小镇,人不满万,当时尚无公路通外,可水路却四通八达。有一所溮南小学,在20世纪二三十年代,它是方圆数十里内唯一的一所高级完小。吸引着数十里内的学子来此求学,单说寄宿的学生,经常是十几二十桌,故人材辈出。不说政界、军界、科技、卫生界的人才,单说名大学的校长就出了二位。一位是清华大学校长蒋南翔,一位是台湾大学校长虞兆中,都是溮南小学走出来的。我在这里一直读到小学毕业,即1945年的夏天。这年9月,抗战胜利了。

关于这所小学,我还要说一说,它的校歌开头是这样:

溮湖之南士气昌,弦诵声琅琅。
教育改进精且详,菁莪造士良。

接下来是:

当年一炬同奋亢,惩前之不忘。
勉旃骥足奋腾骧,为我邦家光。

民国初年,随着社会的发展、人才的需求,溮南小学曾盛极一时,只是听前辈们传说,未作过调查。就我就读的五六年间的印象是校长时常换,当然,各有背景

(指靠山),三四个校长就像走马灯一样,你方唱罢我登场,各有一帮人马,不仅教导主任、事务主任要换,任课教师也各不相同。到我毕业的那个学期,1945年春,周同轩带了一帮和桥镇的教师来接收学校,原校长陈馥耕不让位,最后大家当不成校长。我们的毕业证书上只写教导主任陈馥耕、事务主任周同轩,真是少有的奇事。作为镇上的唯一的教育单位也是各方争取的阵地,日伪、国民党、新四军都在争取。学生们常被召集,听各方面的报告,尤以新四军为多。记得在六年级的第一个学期(1944年冬)学校号召每个同学捐出一个鸡蛋,就是慰劳新四军的。1945年夏毕业后,我在外地求学,后来谋食远方,再也没有去过我的母校。

高考与初入大学学习杂忆

入学前的辛酸曲折

崎岖曲折、艰苦卓绝的中学历程终于要结束了,正当满怀憧憬迎接毕业大考及高校入学考试的繁忙之中,我的噩运却悄然来临了。起因是这样的,1951年春天,当我们高中快毕业时,当时县教育局拟组织一次中学运动会,邀城区及近郊的中学生参加。当报名时我考虑到自己并无什么体育特长,步行习惯了,宜兴城区和高塍、赋村官林及湖㳇、张渚,来往都是步行,这些地方也有轮船或汽车,但都与我无缘,总是走路惯了,而且连跑一公里也不甚气喘,所以在体育教师动员之下决心报名参加三千米的长跑项目。既然报了名就得练,每日天微明约近五点就去体育场练跑,在空腹饥饿的情况在县里的体育场跑8圈左右。必须说明的是,当时学生的生活条件极端艰苦,一日三餐之中,早晚两餐均吃粥,只有一点萝卜干之类的搭粥菜,中午一餐干饭,下饭菜也只是一碟蔬菜而已;居住条件也差,约200多位寄宿同学聚居在一座租借的庵堂里,分做三个大寝室,每室住着一个年级的寄宿同学。毕业班的学习任务也非常繁重紧张,这种超负荷的运动量,偶一为之还勉强可以,天天如此,何能忍受得了,于是一种凶恶的流行病魔——肺结核便降临到我的身上了。大约是五月底、六月初,伴随着咳嗽、发烧、饮食不进,只能去看病了,我表姨丈虞镐南是县卫生院副院长,县内西医内科权威,在听、打诊以后,进入X光透视,结果是右肺出现浸润,右下肋膜有积水,结论是右肺尖结核引起右肋膜发炎。姨夫只对我说:"你没事,是肋膜炎。"须知,当20世纪50年代初,因受四十年代的影响,当时肺结核还没有治疗的有效药物,只有卧床疗养(号称"富贵病")。当时中华人民共和国成立之初,经济十分困难,医疗、疗养条件很差,肺结核实属不治之症,许多青年得此病者,觉得前程渺茫,而失去信心,每以自杀结束年轻的生命。故姨夫不敢当面告诉我真实病情,只悄悄对我母亲说:"是肺病啊,这个时候怎能生这种病!"后来,怎能瞒得住?但我也只得听天由命,因此不久后的毕业考试也只是勉强应付。记得英语考试题中最后有作文一篇,题目是 My family(我的家庭),我也竟写了三四百字,肯定是错误百出,也顾不得了。当时,中华人民共和国成立之初,经济困难,还是一个旧中国的烂摊子,夏天也正是青黄不接的时候,广大人民吃饭都难,哪顾得上治病?毫无办法,高中毕业了,从学校里出来,住的地方都没有,只能挤在我父亲的单位水文站里度过了一个夏天。休息甚差,生活不安定,至秋后复查透视,竟由右肺炎发展至第二肋间,只得回老家休息,土改后房间也没有了,只得在后披间架了一张破床,卧床休息。眼见同学们,一个个上大学的上大学,进修的进修,工作的工作,我只能偷偷地痛哭,深感自己处于这样困难的境地,真是太不幸了,怎么办呢?农村的条件更是困难。时已深秋,多亏母亲在园子里撒下一畦蔬菜种子,因地势向阳,很快成秧了。因此,保证了每天蔬菜不缺,即使在冬天蔬菜也很快的生长着,只须剥一些菜邦子就能保证每天有蔬菜吃,同时也养一些鸡,增加营养,就这样苦度岁月。有一次感冒,同时觉得体质很差,去姨夫(虞镐南)那里就诊,就问起万一有发烧怎么办?他说你不用管它,你只管卧床休息就行。这等于说是听其自然,实际上是听天由命罢了。

真是皇天不负苦心人,在毫无药物治理的情况下,到1952年春天复查病灶大大缩小,这使我信心倍增,这年夏季,全国高校招生进行首次统考,许多青年人都进了大学,我姨夫也后悔没让我去试一下。

高考与入学

至1953年初夏病情复查,竟是肺野清晰,病灶没有了。这不仅我听了高兴,连旁边的医务工作人员也为我高兴。其实我的病情决不会好得这样快,这样彻底。其一,单靠X光透视是不精确的,必须有X光照片,方能得出正确结论。其二,肺结核是慢性病,在短期内不可能说是痊愈,仍需必要的药物治疗,更须适当的休息与营养,在一段时期以后,方能有正确结论。但是没有这个常识的我,以为一切可与健康人一样了。结果是又一次身体搞垮,这是一个深刻的教训。

1953年的夏季高考,是第二次全国高校统一招考。当时县级单位还没有考场,宜兴县当时属于苏州专区,苏州市才设有考场。宜兴的投考学子必须往苏州赶考。因我不是应届高中毕业生,是社会青年了,当时报考条件是:一是具有高中毕业证书,二是具有县级以上医院的健康合格体检表;三是区政府同意准予报考的介绍信。以上三个证明,住在乡村的我,跑了许久才准备整齐。

苏州,是我旧地重游了。我的初中三年(1945年秋至1948年夏)就是在当年的江苏省立苏州中学度过的。1953年的高考考场,地点是江苏师范学院,旧时的东吴大学。在苏州天赐庄,旧时我也曾去过。1948年春,国民党空军的一架飞机失事就掉在东吴大学的校园里的。记得大概是7月中旬报名,我同宜中毕业的两位社会青年一起赴苏,报名后,考试却定在8月20日,其间约有一个月的时间住在江苏师院复习功课。有时也在天赐庄前后闲步。附近有一家小的馄饨店,制售小馄饨,每碗仅售六分钱,因而常去光顾。附近也有一家旧书店,出售旧书甚多,记得有一套郭沫若译的《战争与和平》软精装四册。而我只买了一本端午桥(方)旧藏的李邕书《麓山寺碑》,价只三角。而高考定在8月20日,一个月的备考复习期很快就过去,同寝室的三位高中同学及其亲戚大家都很愉快,结束了三天的紧张考试。回家等候录取的通知了。在那时我已经出现盗汗的现象了。这是肺结核病状之一。

紧张的学习,身体很快搞垮

自10月中旬在《解放日报》发榜公布录取名单之后不久,我就接到复旦大学的入学通知书。接着就是筹款赴沪,报到入学,因为老生(学校原有学生)在9月初旬就开学上课了。我们新生迟到近两个月。为了要完成一个学期的学习任务,只能把原来的学习任务压缩在短期内完成,只能用增加课时的办法把原来四个月一学期的课程压缩在二个多月内完成。这样,每周的课时是高等数学10课时,普通化学6课时,实验6课时,此外,还有外语(俄语)4小时,政治课4小时,体育课4小时。我的数学基础差,最吃力的就是高等数学课,费力最多而收效甚微。其他课程也要付出极大的努力,方能应付得了。因此,每天从早晨六点起床到晚上十点熄灯,足足十六小时都在紧张状态之中,不过一个多月人就支撑不住了,咳嗽、发烧、发热,吃不下东西,只能就医了。先在市区医院,后转到肺结核防治院。这座医院设在实业家叶澄衷的私人花园内,原称叶家花园,就在复旦大学的后面,由该院诊断后,我就只得休学了。12月初就回宜兴了,这时,回家疗养,情况就比过去好多了,首先有了公费医疗,看病买药有了公费,其次是有了专治肺结核病的西药异菸肼(商品名雷米封),这样对我的治病疗养就有利多了。1953年很快过去,1954年夏长江流域发生数十年未有的大水,冬天又特别冷,也是数十年来所未有,我在乡村住了八九个月。宜兴的公费医疗每月领异菸肼一瓶,鱼肝油一瓶。冬天转冷,1955年的1月天气特别冷,我去无锡的肺结核防治院拍片复查,就叫我住院。那治病更有保障了,这年的春节是在医院里度过的。到1955年的夏日又住进防治院的梅园疗养部,病情恢复更快,同时进行气腹治疗,至9月开出健康证明,回家几天准备,迁出户口。就赴沪复学了,开始了我五年的大学生活。

大学学习生活的雪泥鸿爪

1955年9月,在无锡梅园的肺结核疗养院取得了健康证明,结束了两年的休学期,去复旦大学化学系复学。新的学期,形势也变了。本来人心惶惶,学校要迁往内地的打算没有了。学制由四年改为五年,培养的目标是学科专家。首先在两所综合性大学——北大与复旦进行。当时提出的要求是"五年赶六年"。当时还没有学位,只有研究生,是本科四年,研究生两年。五年赶六年,就是五年之内的学习达到研究生水平。同时,进一步学习苏联,学校有了苏联顾问。在开学典礼上,校长陈望道向同学们介绍了苏联顾问,是一位很年轻的同志。

我在化学系学习了一个月左右,虽然各科课程学习,包括数学习题、化学实验都还跟得上,但医院给我的工作保证只是"轻度工作八小时"。考虑到今后繁重的学习能否赶得上,且受了"牛后鸡首"的俗套,还是决心转学文科,最后决定转历史系。于是向化学系系主任吴徵铠教授作了申请报告。吴先生说,要取得历史系主任蔡尚思的同意才行。于是又向历史系提交学历史的原由及决心的保证报告。蔡主任亲自接见了我,详细询问了我的情况,再三确定我的志愿后,方允许转系。我的学籍就改在复旦历史系了,而学号不变。这样,就开始了五年学历史的历程。

第一学期(1955年10月—1956年1月)

第一学期开设的课程有:

《世界古代史》,每周4小时,由周谷城先生主讲。
《中国古代史》,每周5小时,由邓廷爵先生主讲。
《中国历史文选》,每周4小时,由周予同先生讲授。
《原始社会史》,每周3小时,由李枫老师主讲。
《俄语》,每周4小时,由姚企文先生讲授。
《中国革命史与联共党史》,由政治部吴常铭同志主讲。

另外,还有体育课 2 小时,男女同学分开上课。当时各学科都没有教材,全靠老师的课堂讲授,学生记笔记。勤奋的学生,课后与同学还要对笔记。不像现在,连体育课都有教材,在当时是不可思议的事。由于我到历史系已开学一个月了,各课程的老师在开讲之前是否介绍一些参考的材料,我不知道。只是《中国历史文选》和俄语课有刻印、打印的材料发给学生,其余课程只有上课记笔记。记得第一次上《中国历史文选》课,适值周予同先生布置课堂作业,是一篇《资治通鉴》中的"赤壁之战"一段白文(当时《资治通鉴》标点本尚未出版)。要求把原文加标点符号,并解释其中的一些词语,如"刘芟大难"之类。当时我拔笔就加标点,不到两小时就交卷了。据同学说,当天周予同先生耐心等同学自动交卷,直到下午两点才交卷完毕。还有上李枫先生的《原始社会史》,第一次上课也适值李先生摸底测验,是十几道简单的填空题,如摩尔根是哪国人等等,也只是日常的基本常识,也能应付过去。李先生当时还是助教,年龄约有三十上下了。周谷城先生的《世界古代史》更简单,他念一句讲稿,约停半分钟,估计同学们已记完了,再念下一句。周先生是名教授,当时年事已高,已有六十左右,可是身体健康,声音宏亮,讲课之外,喜谈一些文艺、学术等问题。教《中国古代史》的邓廷爵老师当时还是助教,已经谢顶了,是从四川重庆到上海来的,讲一口四川话,他最服膺顾颉刚先生。顾先生院系调整后,安排在复旦历史系。可是长期在假,有时也来校走一下,或做一些学术报告。至 1954 年下半年,才由郭沫若院长聘至中科院历史研究所任研究员。据说他带到北京的书籍、古物、家具有整整一个车皮。这学期很快过去了。只有俄语、政治、中国古代史进行考试,其他学科只进行考查,只有及格与不及格,而中国古代史的考试成绩,我竟得了 5 分(当时学苏联是五分制)。

第二学期(1956 年 2 月—1956 年 7 月)

本学期开学之初,适值上海市工商业界进行社会主义改造的高潮,由于上海市的工商业当时在全国所占的地位,私有企业的改造也必然影响到全国。我们学生也聚在饭厅里收听陈毅市长对全市干部所作的报告。觉得这样的大好形势,确实令人欢欣鼓舞。上海的工商界改造的热情也很高,表示坚决接受政府的改造,改私营为公私合营。许多工商业资本家拿出黄金白银投入工商企业接受改造。

据说有一位钟表店老板,把藏在沙发里的一百多只进口手表(当时还没有国产表)拿出来扩充店面,接受改造。连陈望道校长和一些老教授也放弃午睡,到市区去看改造的热闹场面。我班的朱维铮同学也贴出大字报说,我们学历史的是学阶级斗争史,如今我国最后一个剥削阶级已经改造完毕,没有对立的阶级了。我们学历史的也要改行了。不料到第二天,就有高年级同学的大字报,批驳这是阶级斗争熄灭论。

这个学期的课程,基本上是上学期的继续。如《世界古代史》还是周谷城先生讲古希腊与古罗马帝国。《历史文选》还是周予同先生讲课,内容主要是史论,如唐刘知几《史通》,清章学诚《文史通义》及近代章太炎、梁启超等人的史论,以及《资治通鉴》《通鉴纪事本末》《通典》《通志》《文献通考》等的序言,等等。中国古代史秦汉魏晋南北朝一段,由吴应寿讲授。政治课是由一位年青的教师名叫包罗担任,讲联共党史、国际工运,通名之《马列主义基础》。这学期新开一门课逻辑学,是形式逻辑,由沈秉元先生讲授,讲定义、概念、排中律、演绎法、归纳法。沈先生一口常州话,后来也与周谷城先生在逻辑学上论战。这学期的暑假很长,我因经济困难也无法回家。这年夏天,上海遭十二级台风袭击。上海郊区沪淞还发生了龙卷风,有一所中专学校的教学楼遭袭击,竟有三十多位同学遇难。有重数吨的大铁筒,被风吹移几十米。

第三学期(1956年9月—1957年1月)

这是二年级的第一学期。开学的首要任务是迎接新同学。新同学主要来自华东六省市。二年级的同学就要到车站、码头迎接新同学,到校后,还要安排他们的起居饮食,指点澡堂、饭厅等,还要进一步了解同学中有无文艺人才,以安排迎新晚会的节目。因大学的学习生活与中学时代有很大的不同,我们还要介绍他们如何学习,做课堂笔记,如何复习,怎样考试,等等。

这学期开设的课程就不大相同了。除中国古代史继续由吴应寿先生讲授外,都是新的课程了。中国的中古史学时最多,每周有6小时。世界中世纪史由耿淡如先生讲授,每周4小时。耿先生带来欧洲中世纪史的地图,每人一本,但他声明,这是借用,一年后要收回,君子协定。果然,一年之后就全部收回给下一年级使用。其次是亚洲史,这是按国别讲述亚洲各国的历史。这课程,需修一年半。这学期由苏乾英先生担任。苏先生当时是副教授,广东人。我们一年级时,他协助周予同先生《中国历史文选》课批改作业。我也曾去他家访问,住在淞庄的一间套间,收藏一些宋代瓷器。他教的亚洲史讲朝鲜与越南的历史。俄语仍由姚企文先生担任。政治课由一位新教师仍上马列主义基础。

第四学期(1957年1月—1957年7月)

这又是一个不平凡的年代。由于1956年1月赫鲁晓夫在苏共二十大作了反斯大林的秘密报告,和上年(1956年)10月中的匈牙利政变事件,使得社会主义阵营内部发生了思想混乱。中共中央在1957年春决定进行党内整风,号召党外人士向党提意见。北京首先有六位党外教授活跃起来,费孝通教授首先发出"知识分子的早春天气"的文章。六位教授都非常积极。党一再号召"百家争鸣,百花齐放"。后来,先后有储安平、葛佩琦的反党言论,风向就转了,就成为"反右"斗争。接着,此风就转到上海来了。上海的风气非常活跃,以文艺界而言,当时非常开放,舞会亦多了,许多过去禁演的剧目,现在演出了,如沪剧中的《碧落黄泉》。又出现演僵尸的戏,这个剧团演,另一个剧团也跟着演,舞台上出现真的棺木,这些情况都是从报纸上看来的。因为我当时实在太穷,不仅没条件在上海看戏,就连去市区的路费都没有。当时上海各大报如《文汇报》《解放日报》版面很少,一般只有四版,却要留出半个版面刊登上海各戏院、电影院的演出广告,我都是从这里得知的。也听上海同学说起,他们住在市区,见识较广。学校由学生办的有线广播也在晚饭后、自修课之前这段休息时间,竟然放周璇的《五月的风》《钟山春》《慈母心》等歌曲,这对来自农村的我,更是闻所未闻有这样悦耳的歌曲。以前听周璇的歌曲只知有《天涯歌女》与《四季歌》。自五六月至七月左右,真是百草争荣,香臭并存。大概在五月份,上海的鸣放也开始了。记得当时的复旦党委书记杨西光同志在动员整风鸣放的大会上说:"有人说,这是'放长线吊大鱼',"杨说:"只要你不是大鱼,就不怕上钩。"于是提意见的大会、小会纷纷出现,一般是党支部或团支部主持召开。确实有些同学发言激动一些,但大都是心平气和提一些意见。我因许多事都情况不明,很难发言。大概到七月份,"反右"开始了,那时批判会、斗争会必须参加,这是立场问题。当时,学期还未结束,开批判斗争会也只在周五的政治学习时间,以及星期天,还没有影响教学秩序。当时周六还是照常上课。后来,这学期的暑假就没有放假,天天搞"反右"斗争。当时揪出了两三个"右派"分子。

这学期的课程有中国古代史第四段,即元明清至鸦片战争以前的一段。本来由陈守实教授担任主讲,现由其助教徐连达先上。大家都大失所望,当然,助教也必须有锻炼上场的机会而逐步成长。但我们年级助教唱主角的情况,似乎多了一些。陈教授后来接讲明清史。耿淡如教授继续讲世界中古史,内容主要是文艺复兴、城市的兴起、资本主义的萌芽。俄语仍由姚企文先生讲授。姚先生于次年(1958)调至安徽大学任外语系主任。政治课则由一位讲师讲政治经济学。亚洲史,由张荫桐先生讲授。张先生早年毕业于日本早稻田大学,当时还是讲师,他讲印度及日本的历史。张先生身材魁梧,白白胖胖的,风度翩翩,语言动人,并精通日语、英语。上完我们的课后不久,被划为"右派"。在我们参加劳动时,他也跟着一起劳动。后被某部队借调去部队工作,被部队保护起来,没有受到"文革"的冲击。到20世纪80年代末,才回复旦落实政策,已是白发苍苍的老翁了。这是后话,听同学讲的。

第五学期(1957年9月—1958年1月)

这是三年级的第一学期。由于上学期紧张的"反右"斗争,一直没有停止,整个暑假都用上了,并没有放假,揪出了三个"右派"分子。到这学期开学并未停止。但有一点就是不影响正常教学秩序,批斗会只在周五的下午,或晚上自修时间,或是星期天。这学期我们年级配备了一位年级主任苏松柏先生,原是亚洲史组的助教。他同我们学生打成一片。住在我们学生宿舍边头的一间房里,一起参加同学的活动,也同我们学生一起在食堂用餐,直至我们年级毕业。至学期末,又揪出一个"右派"分子。

这学期的课程有:中国近代史,由胡绳武先生担任。世界近代史,本应由王造时先生担任,现王已成"右派",便失去上课的资格,大家觉得有些可惜,去年冬天,"一二·九"运动二十周年时,我们也听过他在学校纪念会上的报告。谈吐也甚风趣。在打成"右派"以后,他就没有好日子过。谭其骧先生为我们年级开设了中国历史地理一课,是与四年级合上的。这学期主要讲历代的疆域,中原民族与边疆少数民族的关系。每周有四个小时。当时谭先生又应邀参加市里组织的科研项目,常因工作关系而有缺课。至学期终只讲到南北朝为止。而期终测验又用了隋朝的一张地图,故大家难于回答,成绩普遍不理想。亚洲史仍由苏乾英先生上越南史。

这学期有寒假,春节时我就回家一趟。那时,已经合作化了,农村情况还基本可以。

第六学期(1958年2月—1958年7月)

即三年级的下学期。这一年的一月,党中央召开了八届二中全会,即南宁会议。会上批判了"反冒进"的思想与做法,表扬了时任上海市委书记柯庆施关于上海"大干快上"的报告,掀起了全国学上海的热潮。上海市的领导即来了劲,不久即传达(党内)。学校党委即有全校动员大会。实际上寒假尚未结束,都是提前到校的。这学期显然劳动多了。先在秋季种下了小麦,春季就加强护理。同时也种番茄、土豆,当时学校后面的空地还很多,现在都起了房子了。不久出台了"教育为无产阶级政治服务,教育与生产劳动相结合"的教育方针,学生学习的气氛就不同往常了。这学期还补了一个漏划的"右派"分子,并揪出三个坏分子,当场就开除学籍,送去劳教。

这学期的课程基本上是上学期课程的延续。中国近代史,继续由胡绳武先生讲授,胡先生多病,时常缺课,由金冲及先生代上,金先生讲课条理清晰,语言动人。确是一把好手,当时还是助教,不久升任讲师。他毕业于复旦,是地下党的职业学生,"文革"后,调至中央,曾任中共中央文献研究室副主任,兼任中国史学会会长,这是后话。20世纪90年代,也曾来桂林讲过党课,我在电视上看到过。当年上课不久,金先生遇车祸,碰掉牙齿二颗,脸颊上缝了六针破相了,不能上课,就由助教陈匡时代上。世界近代史仍由程博洪先生讲课,主要讲欧洲各国的革命史。有一次把世界近代史的课,调在星期天的下午上。适值江湾体育场进行一场与外国的足球比赛,那公交车就非常拥挤。程先生说,公交乘客的力气比足球运动员力气还大。他花了九牛二虎之力,才挤上公交车。还有就是亚洲史仍由苏乾英老师上课,田汝康教授是下个学期的课。中国历史地理继续由谭其骧先生讲授,这学期的内容就丰富了,除继续讲隋唐宋元明清的边疆之外,着重在我国现有边界的形成,以及黄河的变迁,历代国都以及渤海海岸的变化等。还有俄语是最后一个学期了,由外语系派较高级的教师上课。政治课是马克思主义哲学原理。

第七学期(1958年7月—1959年1月)

上学期的暑假正是"大跃进"的高潮,发展为"三面红旗",所以我们也根本没有放假,为了完成1300万吨钢的指标,号召全民炼钢。我们历史系承担了两座小高炉炼钢的任务。因高炉不能熄火,同学们采取三班8小时轮值。我们体弱的男同学和女同学就到附近郊区的农村,收集废钢铁以补充炼钢原料。我和几个男女同学在郊区搜集了废车轮、废农具、废铁器、破锅头。几天下来,也搜集到一大堆,是否用上,也不知道。不久上街时见到商店、电影院、单位的铁门都没有了。报上也报导宋庆龄副委员长在上海寓所的小花园里,也建起一座小高炉炼钢支援国家。后来,我又参加学校印刷科的刻钢版油印蜡纸,效果不错。起先还给一些微薄报酬,后来就没有了,原因很简单,大家都在劳动,都没有报酬,刻蜡板怎可有报酬?其实此项劳动不同于其他劳动,学校请校外的人刻,每张蜡纸时价为二元,所以这项劳动为学校省了很多钱。

新的学年开始了。其实假期与开学根本没有区别。同学们每天一早要问班干今天做什么?然后布置工作任务或要上课。这学期的主要课程是中国现代史和世界现代史。分别由余子道先生和靳文翰教授担任。两位都是名教师。余子道先生也是老复旦的职业学生,既担任政治工作又任教学工作,当时已是讲师。靳先生是留美博士,一直担任世界现代史的教学。可是"大跃进"把正常的教学秩序打乱,不遵照正常的秩序进行教学。这两门课只上二三个星期就算学过了。大家各自选了现代史的某一个问题,做一篇约三千字的作业,就算是考查成绩,这二门课程就算完成了学习任务。说实话我的记忆力还是不错的,许多课程虽距今已垂六十春秋,还是深印脑海,唯独这两门课,老师讲些什么,竟是毫无痕迹,无从回忆。余子道先生却经常来到班级,参加一些班级活动,与同学们谈一些中国现代史问题。有一次,记得他谈了1947年刘邓大军进兵大别山,国民党的美国军事顾问团还不知为何事,认为是饥民流窜。这个学期基本就在劳动中很快过去了。

第八学期(1959年1月—1959年7月)

这学期,相当于四年制的毕业班了。在"大跃进"的形势下,我们班级也发生了许多变化。因当时自编教材、编书成风,我们年级在苏松柏班主任和田汝康教授的带领下,准备编写《亚洲各国史》的教材。我分配到编写印度尼西亚在近代独立革命的历史。于是找资料、找参考书,费了大约有两三周的时间,编出了大约有三千多字的讲义。后来怎样?结果是下落不明了。当时由谭其骧先生领导的历史地理研究所,是学校领导下的系一级科研机构,接受了国务院委托重新出版清末杨守敬主编的《历代舆地图》(简称杨图)。因为重新出版决不是依样画葫芦的照搬,必须重行订正、补充,这项工程工作量巨大,如要在短期内完成,必须投入大量的人力。因此从我们年级抽调了20多位同学参加此项工作。我们年级招进来时原是90位同学,去掉病休的、转系的有五位,去掉"右派"里的极右分子应开除学籍、以及坏分子开除的有五六个。(1959年春西藏发生叛乱时又有一个同学写了反动标语后被查出判刑)。全班也只剩下50多位同学。领导决定,我们年级干脆下乡劳动。这是全校的创举,其他各系均还未有。又留下一批班干在校工作,还有个别生病、体弱的同学之外,真正下乡的同学不到30人。我们不到30人的队伍于"五四"青年节就下放到大场飞机场以北的一个农业合作社其中的三个自然村,每一村是合作社的一个生产小组。当时尚未公社化,而已经办公共食堂了。我们都在各小组的公共食堂搭伙。这些小组的自然村村名已经忘记,我下放的自然村约有十几户人家,阶级成分却是齐全,有贫农、中农、富农,还有一户地主,他原来有一幢漂亮的住房,现在当然是分给贫农了。全村的正劳动力,也不过十几个壮汉,队长身材高大,是中农出身。食堂由妇女主任主持,下有一个帮手。我们十几个人在此搭伙,蔬菜都是自种的,有一定的食油。劳动三个月,似未开过荤,有时有用鸭蛋煎的荷包蛋,须自己出钱购买。

该生产小组的主要生产任务,是为上海市民提供蔬菜,除青菜之外,夏季的蔬菜还有豆角(上海人称之长豇豆)、茄子(当地人称做陆苏)、葫芦瓜(当地人称做夜开花、或称做扁蒲）、蕃茄、瓜类（如南瓜、冬瓜，而不种西瓜），也种少量的水稻供村民自用，养一些家禽如鸡鸭之类为食堂自用，还种棉花和一些药材如薏米、留兰香草之类。我们同学都是跟随农民劳动，农民干什么我们就帮着一起劳动。小组里养有一头牡牛，原来用它来耕田，农民们为了抢工分，耕地由农民自己开耕不用牛，那牛就闲下来了。队里就把养牛的任务交给了我。我少年时在家乡，就放过、管过耕牛，也就乐于承担这个任务。好在田头、路边杂草丰茂，一条牛的食用足足有余，下午割一大堆杂草，供牛晚间食用。在邻村劳动的同学，有时路上见到我在放牛，有时还骑在牛背上，悠然自得，觉得很有意思，但实际上养牛的工分很低。我们在劳动期间，每两周可休息一天。上海同学当然是要回去休息的，也可买队里的一些新鲜蔬菜如豆角、番茄之类带回去。我因口袋无钱，就是回校也无住处，每逢休息日也并不回去。有时则到附近的刘行镇一走，附近的一条大河叫蕴藻浜，是抗日战争时激战的战场。有时去小镇刘行理发，有时甚至走到罗店镇。后来，有个年老的农民接管我的养牛工作，大概是他争工分争不过年轻农民，就接了我的养牛工作。我仍与农民一起劳动，也就参加了田间的管理工作，如除草、松土、浇水、施肥等，直到七月底。最后几天，我们不下田了，做了访贫问苦、写村史和写一些贫农的家史的工作，算是三个月劳动的一个小结。我们从7月底、8月初回到学校之后，放了近一个月的暑假。

第九学期(1959年9月—1960年1月)

我们年级是毕业班了。鉴于四年级时根本没有上什么课，这最后一个学年，一定要学一些东西，才是一个五年制的毕业生。领导也动员老教授、历史系的四大教授周谷城、周予同、蔡尚思、陈守实都给我们开课。同时，年级里的50多位同学分成三个专门化学习班：中国古代史、中国近现代史、亚非拉各国革命史。在校的四年级同学也同时分班。这学期我们古代史专门化小班的课程有：周予同先生的《经学史》，陈守实先生的《中国土地制度史》，杨宽先生的《春秋战国史》，赵人龙先生的《中国农民战争史》。

《经学史》详述儒家经典的产生与派别，经典的今文与古文。古文经产生于西汉末，以刘歆为代表，至东汉大盛，郑玄为集大成者；今文经盛于西汉，以董仲舒为代表。今文经尊从的经典《诗》是三家诗。《尚书》是今文二十八篇,西汉伏生所传;古文经则有三十四篇,东晋梅赜所传。礼,古文派尊《周礼》,今文派尊《仪礼》。《春秋》,则今文派尊《公羊传》,古文派重在《左传》。自东汉以后,古文派盛行,今文派销声匿迹,直至清中期乾嘉以后,常州学派兴起,治《公羊春秋》。至清末大盛,压倒了古文经派。以两位今古文学派的代表人物,今文派大师梁启超与古文派大师章太炎为终结的两位大师。

陈守实教授的土地制度史,主要是从马克思主义的理论上,阐说古代的土地问题。中国古代绝无整齐、划一的土地制度。古代的各种土地制度均是因地制宜,绝对不是统一的。在所有权以及分配上,也各有不同。

杨宽先生的《春秋战国史》着重在介绍研究的史料,各国的经济、政治制度和从分裂走向统一的必然历史规律。

赵人龙先生讲的《中国农民战争史》也着重在理论上阐述中国封建社会的小农经济从繁荣走向土地集中、农民失去土地而揭竿而起的发展规律。

总之,就古代史小组而言,大家对这些课程的学习都很认真,都争取在考试、考查过程中取得好的成绩。这个学期很快就过去了。

第十学期(1960 年 1 月—1960 年 9 月)

这学期的寒假,是我们大学生活的最后一个寒假了。所以就回家一次,原来我父亲调任镇江水文站任站长,我大妹在宜兴的大浦水文站工作,妹夫又是大浦水文站的负责人,所以我母亲和弟妹们一家都搬到大浦去了。大浦地处太湖之西滨,宜兴城之东约 10 公里。是宜兴的东、西氿以及溧阳县乃至安徽的水系通往太湖的出口。水文地位重要,大浦水文站水文设置完备,仪器较为齐全,工作人员也较多。我们一家就在水文站搭伙。1960 年春国内经济形势很紧张了,全国都用上了粮票。上海市当时上饭店吃饭或买一些糕点饼干之类的食物还不用粮票。于是我在春节期间买了一些糕点回宜兴探亲了。凌晨二点上了火车,六点到无锡,乘早班汽车就到宜兴,又乘轮船到大浦,不过刚过中午。由于我未去过陶都丁蜀镇,而丁蜀距大浦仅六七公里,有一天,我就单身去丁蜀镇参观。走的是大路,春节期间,行人往来不绝,根本不用问路,跟着走就是。不过二三小时就到了。因无人指引，其实我只到了蜀山，未到丁山。附近有个烧饼摊，买了几个烧饼充饥就算是午餐了。却也引来不少前来参观人群，露出羡慕的目光。附近有一家工艺陶器的小小门市部，出售一些大路的陶艺品，价钱非常便宜。秤锤壶每把只四角，我买了两把；佛手壶是淡黄色的，每把五角，我买了一把；梅桩壶每把六角，我也买了一把；小型的鱼化龙壶，棕色的紫砂泥做的，每把一元，我也买了一把。共计只花了三元多钱，准备回校后送给同学的。不料回校后被同学们抢之一空，都不要我送，都付了钱。

这学期是我们在校最后一个学期了，原来布置要写一篇毕业论文，我已选好题目写《秦的兵制》，已准备了参考材料，后来又不做了。开学初，我们年级听了一些外系文科高年级的课程。有哲学系全增嘏教授开的西方哲学史，我听了古希腊哲学，介绍了众多古希腊的哲学家。经济系蒋学模先生开的《现代经济史》的社会主义经济。蒋先生早年毕业于复旦，以翻译法国作家大仲马所著《基度山恩仇记》著名（原书名应作《基度山伯爵》）。此书在当时市场上早已绝版，唯复旦图书馆尚存数十套（每套四册）。学生可以自由借阅，风行一时，当时不论文科还是理科，同学们都爱看，饭厅、校园等公共场所常能听到议论爱德蒙·邓蒂斯（该书主人公）的故事。蒋先生此时已逾中年，新升副教授，而谈吐风雅，语言简练通达，又分析问题入微，比喻切当，确是讲课一把好手。也听了蔡尚思教授上的《中国现代思想史》，他讲胡适、冯玉祥、梁漱溟等人的思想论战，细致入微，论证令人信服。大概到了4月初，中国古代史组分成三个组，一个组编写中国农民战争史，一个组查阅摘录《清实录》中康、雍、乾三朝的土地问题资料，后来这二个组都编成了成品，打印成册，我一直保存至今。我和其他五六位同学，是大批判组，批判的对象是中山大学教授陈寅恪先生。从他的史学观点、治学方法上批判其资产阶级史学思想。两三个月间大概写了五篇左右的批判文章，都寄给了《解放日报》。报社十分重视，写了收据，说俟机发表。后来也就如石沉大海，并无下落了。

这学期劳动仍然很多，多半是参加校内的基建工作，帮做辅工，如运砖、搬砖、调灰浆之类。还记得我们所拍的毕业照，其费用就是一次辅工所得的报酬。记得还有一次参加郊区一所粮库的晒稻谷的劳动，因坐的是篷车，看不到外面，所经何地何所，根本看不到。主要是帮助运谷至晒场，把谷子平晒在谷场，一小时后把稻谷翻一道，以及驱赶来啄食的麻雀。中午粮仓请我们吃一顿午餐，是油煎小鱼，大家觉得很有滋味,大约三点多太阳西斜,就急忙收场回去了。记得还有一次,校党委要开一次扩大会议,会场选得很偏僻,是老复旦农学院的一所平房,已废弃多时,派我组去打扫清理。据说会议还要在深夜召开。我们组六七个人,忙了一个下午,把会场清理得干干净净,座位排得整整齐齐。

  大约到了六月中旬就开始做毕业鉴定和分配工作了。首先由当时校党委书记王零同志做动员报告,讲得也很风趣,他先从自己如何参加革命,如何申请入党讲起。然后分组作自我的毕业鉴定。接下来是填志愿,我因写了古籍书店资料员一项,因为我想做整理古籍的工作,不好意思说要做编辑,这就成为后来较长时间搞资料工作的依据。最后分配工作,我和其他四位同学被分配到广西。然后系领导就不管我们了。依我之见,不久即要赴任报到。两位上海同学留恋上海生活,迟迟不肯离沪,说我们的工作早已派定,迟至9月2日方启程赴广西。结果是分配困难,我至9月底方赶赴桂林报到。其他四位至10月中旬方走上工作岗位。

几位老师的风采一瞥

周予同先生

周予同先生,浙江瑞安人。早年毕业于北京师范大学国文系。在校时,适值五四运动爆发。周先生当时是二十左右的小伙子,不畏强暴,是冲进赵家楼(赵家楼是当时卖国贼章宗祥、陆宗舆的住宅区)的少数学生之一。后来,在他晚年回忆说,当时只为"内惩国贼,外争利权",收回山东。凭着一股冲劲,哪有社会先觉、开创一个新时代、作为新民主主义的革命起点的伟大觉悟。

周先生初任商务印书馆编辑,周先生的许多经学著作均由商务出版。如清皮锡瑞《经学历史》详注及导言、《经今古文学》《群经概论》等都由商务印书馆出版。后又任开明书店编辑,中华人民共和国成立后,是开明书店资方代理人。开明书店后来并入中国青年出版社。他又曾在多所高校任职,如安徽大学任文学院院长、暨南大学历史系主任、复旦大学史地系主任等职。中华人民共和国成立后一直任复旦大学教授和副教务长。1953年秋,我的休学补贴,就是由周先生批发的。

关于周先生的学术思想,他的经学史研究成果,它们的特色、时代背景等,朱维铮同学在他编集的《周予同经学史论著选集》一书的后记,即《经学史研究五十年》一文中有详细论述,我这里只是记述周先生授课时给我们留下的一些印象。

周先生对于《历史文选》课程,他主张先选读近代的文献,对史学史、中国历史研究有一些初步的认识,然后上推至秦、汉,至三代的历史文献。但遭到许多人的反对,我系(当时广西师范学院历史系)的苏康甲教授就竭力反对,他说,从近现代开始似乎是由浅入深。其实不然,近代学者如章太炎、王国维等学者的文章并不好懂,而古代的《左传》《战国策》等古籍却是琅琅上口,好懂。后来,周先生接受高教部委托,编一套综合性大学历史系使用的《中国历史文选》教材,仍然是由古及今的教材安排。

周先生讲话带有温州方言,如读"班固"为"包固",但这并不损害他讲课的教学效果,而是谈吐风雅,语言生动,娓娓而谈,把枯燥的古代文献讲得活泼生动,头头是道。记得有一次他讲到"邯郸学步"这一典故,竟学起上海小姐们的走路,说上海小姐走的是"一字步",切忌走"八字步",引得同学们哄堂大笑。当时还未有模特时装表演,而他对儒家经典的《尚书》《诗经》《左传》等,叙述这些经典的来龙去脉、传承授受、流传派别等,则娓娓道来,如数家珍,滔滔不绝,而不用片纸的讲稿。周先生也讲一些20世纪二三十年代的文坛逸事,如说叶绍钧(圣陶)先生编《十三经索引》,这是一部很畅销的工具书,二十开本精装一巨册,有弘一法师题签。说叶先生动员了全家出动,有大儿女、太太、老太太,全家动手。这部大书直至前不久由中华书局重新排成十六开本一大册,与《十三经注疏》两巨册同时发行,以便一起使用与上架收藏。

1959年秋,周先生为我们年级开设了《中国经学史》选修课程。我们年级的全班同学都选修了这门课程。当时周先生已居住在沪西的一套寓所里,与复旦校区相距甚远,来往不便,当时上海的出租车还很少,时常由助教扶着挤公交车来校上课。此时周先生已患高血压症,上课时常面带潮红,行动已不很方便,讲课则驾轻就熟出口成章。其内容大致是:什么是经,儒家经典的产生及其门类,其渊源及流传过程,来龙去脉,流播的派别,发展到后期的水火不容。每周4小时,一学期连复习、考查在内也不到80小时,很快就过去了。据留校工作的同学说,后来周先生再也没有为本科同学开过这门课,连基础课的《中国历史文选》也不开了。由助教开讲,留校的助教包括中国古代史组,近现代史组的助教,在第一年必定要为一年级同学开这门基础课。

早在1965年,上海一帮人在江青指使下,批判吴晗时,周先生说了一句"文如其人",就被揪出来了。从此批判周先生的文章如雪片飞来。原来,批周先生是江青一帮早有预谋,曾说,上海同志能把周予同揪出来,我们就请你们吃烤鸭。"文革"期间周先生被诬为"反共老手",屡次被斗,有时脸上抹黑,使周先生身心受到极大伤害。待到"文革"后落实政策,恢复名誉时,周先生已瘫痪在床了,不久就与世长逝了。

周谷城先生

周谷城先生是湖南益阳人,周家是益阳大族,益阳周家有名的人物还有周扬、周立波等人。周谷城先生早年毕业于北京师范大学外文系。后来曾一度任毛泽东同志的秘书,毛曾称其为"我的老同事"。周先生学贯中西,学问渊博,著作等身。作品除《中国通史》《世界通史》之外,尚有各种专门史及其他考证、哲学、逻辑等数十种。老来弥健,又享大年,著作益丰。据老同学说,"文革"时,造反派抄出周先生所有述著、手稿、藏书,堆在他家门口有数尺高,竟被付之一炬,全部烧毁。

1955年,他担任我们一年级《世界古代史》的教学工作。当时国内还没有统一的教材和课本,各高校都是由自己的教师找材料编讲稿,讲稿也不发给学生,学生只在课堂上做笔记。学习勤奋的同学,还要在课后互对笔记,相互修正、补充。周先生讲课认真,一丝不苟。念一句讲稿,停一停,让同学们好记笔记。

有一次做课外作业,是做世界史某个问题的阐述,要作为平时的学习成绩,要求同学写上姓名之外,还要写上籍贯。

记得一次,大概是1958年的暮春,一个明媚的下午,大约三时左右,我们正集中在宿舍,有一些活动刚完毕,周先生忽然光临。他戴了墨镜和便帽,竟一时认不出来。他坐在同学们睡的架床上,谈了许久。给我印象最深的一些话是:你们什么书都可以看,诸子百家,天文地理,物理化学都可以看,但小说不要去看它,浪费时间。他的话确实有道理,当时许多同学都把大好青春消耗在看小说上,甚至上课时还在偷偷看。他讲话时,当时在场的同学虽然没有人起来反驳,但大家都不以为然。我认为,作为文科学生,名著小说一定要看,一些平庸小说,如言情小说之类,大可不必看,而一看上瘾,废寝忘食,哭哭笑笑,既浪费时间而且伤身,确实没有好处。

1956年深春,埃及考古学家埃米尔教授来我校作学术报告,地点在1200号教室楼的四楼大教室,报告会由周先生主持,首先介绍埃米尔教授的学术成就,并说今日的听众有教师、研究生和高年级同学(其实,我们那时只是一年级),特别介绍翻译是北大副校长周培源先生的女儿周小姐,报告大约有两小时。报告完后,周先生上台,说了许多赞扬的话,又说"深入浅出,通俗易懂"。最后用英语说:"非常感谢,教授!"并与埃米尔握手告别。

周先生在"文革"后升任全国人大副委员长,身享大年,寿近百岁。且老而弥健,尚招博士研究生,且与各方论战,不服老。此是后话。

陈守实先生

陈守实先生是江苏武进人。是靠宜兴县西邻的一个镇(镇名已忘记)。也有同学说他是宜兴人。关于陈先生的学术渊源、学术成就,王春瑜同学已写了详细的传记,我这里写的是我在复旦大学学习时对他的一些印象回忆。

陈先生为全校的学习委员、二级教授,是上海市政协委员。他对我们年级确是很关心的。不知是我们班干的邀请还是陈先生主动,多次到我们年级做报告,辅导我们学习。记得在第二学年的秋天,我们二年级刚上课不到两个月的时候,陈先生就到我班做学习辅导报告。报告后提问题的时候,陈城同学就提出,胡厚宣先生走了(胡先生原是我系教授,给我们年级上《甲骨学》,不过一月就调去中科院,连研究生都带走)。我们学《甲骨学》只开了一个头,今后怎办?陈先生说,这是个问题,但不是很大。后来,系里从华东师大请来戴家祥先生来完成《甲骨学》学的教课。戴先生是国学大师王国维的学生,也是清华大学国学研究院的学生(与陈先生同学),此举是否是陈先生的推荐,不得而知。戴先生的讲课与胡先生讲的不是一个体系,讲授方法没有胡先生那样语言生动,引人入胜。胡先生是中央研究院的,是董作宾(彦堂)、李济一路的学术路子,工作研究方法较新。戴先生上完一学期,我虽听完他的课,但印象不深。第二年"反右"斗争中,戴先生被划为"右派"。1958年秋,华东师大历史系主任吴达先生来我系做学术报告,也将戴先生一再批判。后来,戴先生身享大年,完成了由他主编的巨著《甲骨学诂林》和《金文诂林》后,才过世的。这是后话。

本来我们第四学期即二年级的第二学期(1957年春季)《中国古代史》的第四段,元明清时期的历史是陈先生担任主讲的。陈先生却让助教徐连达上元史,使我们大失所望。当然,助教也要有上课的锻炼机会,但我们这个年级,助教上课的锻炼机会似乎多了一些。以后还有《中国近代史》(陈匡时助教上)、《考古学通论》(李枫助教上)等。同学们对徐老师的讲课也提了许多改进意见。后来,陈先生接着讲明清史。记得陈先生讲明代资本主义萌芽问题时说,萌芽是有,但是很微弱、脆嫩。我认为的确是如此。而不是像一些史学家所说萌芽已十分茁壮。这是因为同样是封建制,中国与西欧略有不同。西欧的封建制主要体现在庄园制,封建主的主力在农村,而城市是封建统治的薄弱环节。而中国古代恰恰相反,封建统治者集中在城市,城市是封建主的坚强堡垒。而资本主义的萌芽又产生于城市,顽强的封建主决不会允许他的掘墓人在他的身边成长发育,所以一有萌芽冒出,会被他们掐死在摇篮之中。

我们第五学年的第一学期,即1959年秋,陈先生为我们开了《中国土地制度史》,是与四年级合上的。陈先生此课的许多观点,也与时贤相左。陈先生认为在封建社会决不会有整齐划一的土地制度。即以土地面积的计量而言,差别甚大。如西藏、伊拉克是以种子的量来计算的。而繁华城市的地段,土地的计量可达亩下的好几位小数点,如分、厘、毫、丝、忽。我也听说清末民国时广西的桂南地区,某些地方的田地面积是用谷种来计算的,如某人有两百斤谷种的土地。又如地租,差别亦甚大。以我家乡而言,我们村附近的水旱田地租每亩为谷子150斤;而往西,离我们不过数十里,其近湖水田的地租就是白米150斤。故在落后的封建社会,很难会有整齐划一的土地制度。

后来,我在1971年曾去过上海,曾向复旦史系领导提出想见一见陈先生,问他一些学术问题。复旦历史系的领导不置可否,也不安排,不了了之,大概陈先生当时还没有"解放"吧!不久陈先生就过世了,真是遗憾!

蔡尚思先生

蔡尚思先生,福建德化人。早年毕业于北京大学。毕业时当时的北大校长蔡元培赠给他一张有底板的照片,上写"尚思吾兄同学惠存"。后来,这帧照片就制成铜版,放在蔡先生的大作《蔡元培先生学术思想》的首页。这是一本二十开本厚厚的一本大书。

我第一次看到蔡先生是在1953年秋天复旦大学的迎新大会上。当时的礼堂叫登辉堂,坐满了新同学。主席台上坐的是学校领导、教务长、各系的系主任。陈望道校长——作了介绍:历史系主任是蔡尚思,化学系主任是吴徵铠。最后说:"我就是陈望道!"引起同学们大笑且热烈鼓掌。当时全国高校刚进行院系调整,蔡先生是从沪江大学合并过来的。

我原是化学系1953届学生。由于学习繁重,体力不支,致旧病复发而休学。1955年9月复学后,在化学系学习约四周,虽然各门功课都能跟得上,但考虑再三,还是想转读历史系。于是向吴系主任提出申请,吴主任说,你写申请报告,请求转系理由,得历史系蔡主任同意方行。于是我写了报告,说明我的入学第一志愿就是学历史,很愿意来贵系学习。蔡先生在办公室接见我,反复问我转系的决心。在当时重理轻文的情况下,我确实有些犹豫,最后我下定决心,坚决转系。蔡先生也就同意了。这样我就成了历史系1955级的学生,但学号不变,一直用到毕业。

记得1956年春,我们年级是第二个学期,蔡先生来听周予同先生讲授的《中国历史文选》课,正坐在我旁边的空位上。周先生讲课是通篇串讲,蔡先生认为不必要如此通篇全讲,择要讲就可以了。

第二学年,蔡先生去学生宿舍看望同学。问起怎不见万同学。同学们说我身体弱,没有同他们住在一起。蔡先生叫同学们带信,要我去蔡先生家访问。1956年秋天的一个晚上,我就去蔡先生家访问了。蔡先生住在淞庄(当时的教工宿舍),住房面积不是很大,不能与今天的教授相比。蔡先生是在书房里接见我的,看来,并没有客厅。房里有装得满满的两大书柜。我谈了一些学习的情况,开什么课程。蔡先生说,历史系的学生应开一些有关国民经济的课程。后来,东境西县,又谈了好久方告辞回宿舍。当时年轻不懂事,不懂得蔡先生工作忙、责任大,时间宝贵,竟闲谈了许久,现在想来,真觉抱惭汗颜。

后来,蔡先生因健康不佳,必须休息一段时间,系主任一职请谭其骧先生暂代一下,不料,谭先生一代就脱不了身,不久就正式任命为系主任,直至"文化大革命",这是后话了。

蔡先生后来奉命参加中国人民大学胡华主编的《新民主主义革命通史》的编写组,负责该时期思想意识形态部分的编写,去北京多时。至1960年春方返校工作,开出《中国现代思想史》。我们已是毕业班了,而且分了专门化,因我选了中国古代史专门化,不好选这门课,只旁听了几次课,听他讲了胡适、冯玉祥等的思想,材料非常丰富,抓住了他们的思想本质,非常生动。

蔡先生后来调到哲学系,并升任复旦大学副校长,并身享大年,寿至期颐开外,为复旦历史系诸老的鲁殿灵光。至1999年初夏,我们历史系同学毕业四十周年聚会时还健在。我很想再去见他,但没有人引导,他住哪里都不知道,只得作罢了。

谭其骧先生

谭其骧先生,浙江嘉兴人。字季龙。嘉兴有秀水,是嘉兴主要的河流。宋代称嘉兴为秀州,清代又把嘉兴县分出秀水县。秀水又名长水。谭先生的文集称做《长水集》,是上下两厚册。20世纪20年代后期,谭先生进入燕京大学研究生院,谭先生曾说,青年时想写小说、搞文艺,结果,后来还是研究历史学。在燕京大学研究院,师从著名史学家顾颉刚先生。顾先生培养研究生的方法与众不同。他布置的学生作业,要求学生在解答对某个历史问题的阐述、评论时,要提出正反两方面的意见,既要提出该历史问题解答的正面意见,同时也要对该问题提出相反的不同意见。谭先生是顾先生的得意高足,从而结下了数十年的师生情谊。

谭先生在燕京大学研究院的毕业论文《新莽职方考》被收进顾颉刚先生主编的《二十五史补编》中。《二十五史补编》是收集历代史学名著,如诸多名家所著的志、表等著作,以补充二十五史。当时谭先生还是二十多岁的青年,人称为才子。当时,他在北师大代课上地理沿革史也很受欢迎,还兼任北京图书馆(今国家图书馆)馆员,整理馆藏的地方志,均由顾先生介绍。

20世纪30年代初,顾、谭两位先生还主编《禹贡》杂志,它的英文名字就是The Chinese Historical Geography(《中国历史地理》)。后来谭先生去浙江大学任教,副主编一职才由冯家昇先生接任。直至抗战爆发而停刊。

1936年由中央研究院主编的《纪念蔡元培先生六十五岁论文集》,精装两册,由商务印书馆出版。内中一篇署名顾颉刚的《两汉县制考》的论文,实由谭其骧先生捉刀,顾先生一字未改。

20世纪50年代,顾颉刚先生与章巽(丹枫)先生合编了一本《中国历史地图集》,又请了谭其骧先生担任校阅。(该图册因一些边疆问题,暂作内部发行)。

1952年,谭先生从浙江大学调整来复旦历史系,担任基础课秦汉至宋金一段的教学工作。至1956年春,我们年级的该门课,就改由吴应寿先生开讲。吴先生本是谭先生的助教,此时才升讲师,又是新婚之喜,据说他特地在国际饭店请了两桌酒。吴先生后来发给我们该课的讲义,特别标出:"谭其骧讲稿,吴应寿讲述"。

1957年秋,即我们三年级第一学期,谭先生为我们开了《中国历史地理》这门选修课,是与四年级合上的。这学期的内容是各王朝的兴起地域和周边民族的关系与疆土的开拓。夏、商、周三代讲得尤为详细,材料以后世为多。后来是秦汉、三国、两晋南北朝。上了一个学期,只讲到南北朝为止。(其时因谭先生参加其他科研活动,有一些缺课)。学期结束,考试题目是开卷的。第一道题是一幅隋朝的地图,根据地图,出两道问答题。由于谭先生只讲到南北朝,大部分同学对隋代疆域毫无认识,因此问答题就答不全了。第二道题是《宋书·地形志》的一段原文,且没有标点符号。因为当时《宋书》还没有出版标点本,根据这段文字回答问题。因古汉语是我的强项,回答问题没有什么障碍,这道题可能是满分。结果沈重同学(当时任团支部书记)名列第一,我以一分之差居其次(谭先生仍用百分制,不是五分制)。

1958年春第二学期,该课继续。授课内容更为丰富,边疆问题自隋唐直讲至近现代。论及中朝、中印、中缅的边界问题较详,兼及中国港澳台问题。唯中俄之间的绵长边界,以及外蒙古问题讲得简略,只说巴尔喀什湖以东外兴安岭以南之地,自古就是中国领土。以后讲政区的变迁。郡县、州郡、道路,至行省的产生,督、抚制的形成。然后是历史上的都会,如七大故都,长安、洛阳、北京、开封、南京、杭州及邺(今河北临漳,包括附近的邯郸、河南安阳)。谭先生也讲一些历史自然地理,如历史上黄河的变迁,黄海、渤海海岸的变迁情况,这是由于黄河水夹带大量泥沙堆积所造成。

当讲完七大故都时,我曾递上条子,希望也能讲一讲现代的大都市如上海、武汉等城市的历史。谭先生看到条子,因毫无思想准备,当时觉得很窘,我也觉得很不好意思。因在当时上海历史的研究还是一片空白,上海历史的研究,热闹起来是20世纪60年代的事。事后，谭先生也简述一下上海市区的形成，及长江中游的开发与繁荣，促使武汉成为长江中游的经济中心。据留校的同学们说，谭先生后来再也没有为本科讲过历史地理的课程了，我们是谭先生最后的本科关门弟子。

谭先生年青时喜哼昆曲，有时同学们聚会也请他露一手。1958年的春末夏初，我们年级有次节日聚会，也邀请一些老师参加。当时他是代理系主任，是作为领导来参加的。会上，大家一致要求谭主任来一段昆曲。谭先生说，我唱了要把你们吃的晚饭都吐完了。谭先生唱了一段，是用假嗓唱的。当时，我对昆曲一无所知，也不知唱的是女角还是男角。后来，听高年级同学说，这是《长生殿·惊变》一出。

20世纪70年代，谭先生两次中风，致左肢偏瘫，行动受阻，只能扶杖而行，也不能远走。左手也不灵活，穿衣也有困难。但右手灵活，且思维清晰，不影响其科研工作。故此后尚有多篇论文面世。1984年冬12月，坐落于桂林的中科院岩溶研究所新琢造汉白玉徐霞客像雕琢完成。敦请谭其骧先生来桂为新像揭幕并进行学术活动。谭先生应邀来桂。由博士研究生王妙发陪同照顾其生活。上海古籍出版社一位女编辑也随同来桂。还有一位上海女同志闻谭先生来桂进行学术活动，竟自费跟随而来，后来一打听，竟是宜兴老乡，是宜兴张渚人。同住在阳桥旁的桂林市政府招待所（由原来的大华饭店扩建）。其时，我正参加桂林地志会议，与同时与会的岩溶所同志相遇，谈起谭先生正在该所进行学术活动，顺邀一起参加活动。于是我随他们一起听了谭先生在市委小礼堂所作报告。题目是《王宗沐和他的〈广志绎〉》。王宗沐，浙江临海人，明嘉靖二十三年进士。嘉靖二十九年（公元1550年）任广西按察佥事兼督学。三十二年（公元1553年）调任广东左参政，至三十五年（公元1556年）调任江西提学副使。在两广首尾达七年之久。他所著的《广志绎》中详述两广的山川形胜，地理地貌等自然环境，其叙说有独到的见解，对两广地区特有的风俗民情，也有详细记述。这是一部很好的两广历史地理著作。谭先生说，20世纪30年代，丁文江（著名的地质、地理学家）大力宣扬《徐霞客游记》的学术成就，使徐霞客名声鹊起。今天我讲《广志绎》，也要给王宗沐一定的学术地位。可是谭先生五十年代的那种神采奕奕、谈吐风雅、妙语联珠而又极具逻辑性的风貌不见了。

后来我又去他的下榻处拜访,他也问过我一些问题,有些问题我竟当场答不出来。我们邀请谭先生去我校做学术报告,谭先生也答应了,这是定在他离桂的最后一天的下午。该日中午,因谭先生为桂林市教育局刘英同志母亲八十岁题写了祝寿辞,请谭先生在一家有名的米粉店吃桂林特产马肉米粉。我也是被邀之一。这家米粉店可能是个老字号。装米粉的容器不是碗,而是一种老式的酒杯,侈口尖底,杯口有两道蓝色的边。这种酒杯市场上早已绝迹,大概还是20世纪30年代的产物。在我们家乡大户人家常见,称做酒盅。每盅盛米粉至多在一两。原粮计算是半两。而桂林米粉的计算是以原粮即制米粉的用米的分量来计算的。故每盅只能装半两米粉。当时大家都是文质彬彬,我大概吃了四盅就不敢再吃了,估计谭先生也不会多吃。殊不知米粉是极易消化之物,顶不多久就饥饿了。接着就去我校作报告。地点是广西师大王城校区在东边的第一幢教学楼下的大教室,虽然事先我写了大幅的谭先生来校演讲的广告,到会者也不多,只百人左右。谭先生讲的是学习历史的一些方法和体会。讲话不过一小时左右,而回答问题才是当日的主要关节。那就是古代象郡的地望问题。历来都根据《汉书·地理志》的一句"象郡在日南郡"一语而把它定在越南中部。而谭先生在20世纪40年代就撰文反对此说,当时谭先生最近新出版的《中国历史地图集》第二册竟把象郡郡治画在今广西百色地区境内。这使学术闭塞的广西人闻所未闻,惊诧莫名,群起而攻之。当我校老师问起此问题时,谭先生在作报告后已非常疲惫,估计肚子里的少许米粉,早已消化,又毕竟是病残之身,精力很差了。只说了《汉书·地理志》也是权威,但《汉书·昭帝本纪》更为权威。这是指昭帝元凤五年(公元前76年)"秋,罢象郡,分属郁林、牂柯"一条。因此,把象郡就定在广西与贵州境内。(当然还有许多旁证,如《山海经》等)。谭先生没有精力再讲下去了。报告会就此结束。我和当时的系主任潘香华送谭先生和他的博士研究生王妙发先生到宾馆,只见他们忙于收拾,因当晚他们就要坐飞机离桂回沪了。这里还要谈一下给谭先生报告的报酬问题。当时学校对做报告的开支只能支付20元。我想,以谭先生在学术界的地位与声望,这区区20元钱如何拿得出手。还不如送一些礼物罢。我想当时桂林有一个工艺美术社,专门出产美术手工艺品。曾出一种方竹杖。用方竹做杖,把手弯柄,则用白木雕成方竹根状,每支当时价格约15元。记得1975年,杨荣国教授来桂讲"评法批儒",当时市革命委员会所赠礼物就有方竹杖。所以赠谭先生一支方竹杖也很合适,可是负责采购的同志,竟买不到方竹杖,只买了一些书签、筷子之类的文具、生活用品,谭先生也欣然接受了。这是我每每想起都深觉遗憾和极为抱歉的。

春风化雨　热心后进

——纪念万仲文先生百岁诞辰

万仲文先生出身寒素，因受反动政府迫害未能读完高中，靠勤奋自学维持中专的学习。后来竟凭中等学校的学历，以优异的成绩考上日本东京帝国大学研究生院，专攻日本外交史，旁及日本政治史。1937年，中日战争全面爆发，遂毅然离开日本回国，参加抗日活动。他除担任广西建设研究会的工作外，还兼任广西大学教授，并参加创办多种学校、文化机构。从而团结了多方面的爱国力量，并为抗战时期的教育、文化事业贡献殊多。抗日战争胜利后，又为实现和平、民主的政治理想而奔走呼号，因而受到反动派的迫害，以致居无定所，在广州、台湾等地流动任职。解放前夕，来至香港，在南方学院任教。1950年广西刚解放不久，应西大校长杨东莼之聘，回桂林任广西大学教授。院系调整后，任广西师院教授兼总务长，为师院的迁校建校尽心尽力。今天广西师大王城校区的规模并在此办学五十多年，这和万先生的努力是分不开的。但"忠良兴谗，贤能启嫉"，1957年，万先生在政治上遭到极惨痛不公正的待遇，工资由200多元降至74元。同时，家庭、生活上也是屡遭变故，爱妻又过早离世。万先生年老体残，多病缠身，孤独一人，艰难生活。幸好1979年，春回大地，拨乱反正。万先生的不公正遭遇得到彻底的改正，恢复原有待遇，并重任历史系教授。我与万先生的接触也在此时！

历史系资料室藏有一套日人诸桥辙次主编的《大汉和辞典》计12巨册，于20世纪五十年代末出齐。其收汉字、词汇之丰富，字的形、声、义，词的释义，书证之齐全，在当时无出其右者。当20世纪70年代末、80年代初，台湾所编《中文大辞典》尚未大量引进、翻印，故诸桥此书仍不失为重要工具书。该辞典的字头、词语和书证全用汉字、汉文而释义部分用日（和）文。这就给我们使用时带来困难。万先生总是充当翻译，耐心讲解。这里要特别提到的是万先生在系内、在民主党派甚至在家里举办多次日语班，参学者有同事、同学盟友、邻居或者不相熟的同志。他们之中多数学有成效，为自己的专业服务。有的后来竟留学日本，或能去日本进修。而万先生不顾自己体残多病毫无保留地全心全意讲授,而不收丝毫的报酬。

1985年冬,著名历史地理学家谭其骧先生来桂林讲学,我们去他下榻的饭店拜访。谭先生问起:广西省会何以会从桂林搬至南宁?我便根据谭先生在课堂上讲的"政治中心与统治者根据地相关"的论述说:桂林自唐宋、元末以来一直是广西的政治中心,明清继之,直至清末民初。清末,陆荣廷出身"绿林大学",受清廷招抚,后升任广西提督(广西地方军最高长官)。辛亥革命后摇身一变遂为广西督军(广西军事政务一把手)。其老巢在南宁一带,其势力范围亦在桂东南、桂西南,故省府遂迁至南宁,改称邕宁。谭先生听后很高兴,又问:那新桂系何以亦以南宁为省会呢?我就答不出来了。就带着这个问题请教万先生。万先生说不错,李宗仁、白崇禧都是桂林人。但李是陆荣廷旧部,其起家根据地仍在桂东南一带。黄旭初等为容县人,其地又为侨乡,华侨在经济上、传媒舆论上均一致支持新桂系,故省会仍设在南宁。至1937年,抗战军兴,日军占领越南河内,其飞机由河内起飞15分钟即可到达南宁。为避免日寇空袭,省会迁回桂林,直至1949年11月桂林解放。

又一次,我去历史系途中正遇见万先生在前缓缓而行(当时他住南区,我住东区),遂又相与闲谈,谈及古代科举取士其偶然性是很大的。清道光时有一位满族宰相(大学士),他曾多次担任会试的主考官。他录取的办法竟然是用"摸彩"法。他用两枚鼻烟壶,大小形状相等,唯一为翡翠一为绿玉。当房师提交推荐的试卷(房师是指分房阅试卷的官员,因参加考试人多分若干房阅卷,由其选出较优的试卷供主考官最后定夺),该主考大人竟一本都不看,只见他焚香祝告,默念"为国求贤,从优取士",从囊中探取一枚烟壶,得翡翠者便录取,得绿玉者被否定。在取得一定数目之后余卷全部摒弃。此人在电影《林则徐》中也曾露脸:身穿朝服,吸食鸦片,属保守派的。可惜记不起他的名字了。万先生略加思索说,既是宰相,属保守派,可能是穆彰阿!我说,正是此人!万先生的博闻强记,大率类此。

九京不作,哲人已远!万先生的功业俱在,著作辉煌。其热心于后进的事迹还有许多,我只能从这几件小事的回忆中想见先生的风采,聊作纪念。

(本文原载《万仲文百年诞辰纪念文集》一书,由桂林市民革命委员会编印2010年8月出版(准印证10005822)。)

后　记

　　我于1960年9月底至广西师范学院(今广西师范大学)报到时,开学已过一个月了。当时适逢三年困难时期,广西是重灾区,而桂林地区尤甚。政府号召各单位生产自救,"自己动手,丰衣足食"。干部、教师,都有具体产量指标。当时,历史系学生众多,乃自办农场,开荒种小麦、豆类,并自办食堂,养猪、养兔。这些工作大都落到青年教师身上,每周除固定的劳动日外,总有一些临时的劳动任务。由于缺乏营养,我也患上了肝肿大,而且腿脚浮肿,这就影响到我的工作和学习。1961年9月,中央颁布了"高教六十条",工作较有起色。但接着1963年就是"四清"运动,后来"四清"扩大到各个领域,连我们系都来了两个工作组。1966年"文革"来了,学术工作也因此停滞了十年之久。我大学毕业后的整整16年青春就这样过去了。

　　1976年春,组织调我参加《辞源》的修订工作,才使我重新回到学术之路。当时《辞海》由上海市负责,《辞源》由广东、广西、河南、湖南四个省区负责。广西的领导很重视,组织了南宁、桂林两套班子参与修订工作。我参加修订工作自始至终长达4年之久。《辞源》是一部综合性的古汉语辞书,内容涉及古代学术的各个领域,而且词条修订还得找出书证。这种工作对我后来从事历史文献专业的教学和研究是很有帮助的。本集里最早的一篇论文《桂林定粤寺大钟铭文考释》就是这个时期在文献资料和工具书还是极端缺乏的情况下写出来的。此后多年,在教学之余,我陆续撰写了一些文章,但一直没有机会结集出版。

　　今春以来,我国东北及东南部分地方新冠肺炎疫情严峻,而上海首当其冲,自3月至6月实行的全域静态管理达3个月之久。我的一位上海朋友黄升任博士,在这段日子里,既把精力倾注于梳理我这些繁杂枯燥乏味的文字之中,又把书稿的文章重新分类,编为五辑,更突出了我对桂林地方史和历史地理学研究所取得的些许成果。同时,他还积极联系天津古籍出版社,洽谈出版合作事宜,帮助落实出版计划,使得这本集子得以顺利出版。这里,要对黄升任博士的帮助表示诚挚感谢。同时,也要感谢天津古籍出版社和张福寅先生等编辑所做的编校工作。他们付出了大量劳动,使本书增色不少。

  拙作编成出版之际,恰逢广西师范大学喜迎90周年校庆,欣喜之余,以此奉庆!

  学不可以已。本书难免有错漏讹误之处,愿读者诸君不吝指正。

二〇二二年壬寅夏日谨志于桂林

万竟君